一個人走得快，
一群人走得遠。

一個人走得快，
一群人走得遠。

# 夢的實踐3

# MAPS種子教師教學現場紀實

# 第三屆 MAPS 種子教師作者群

第三屆「MAPS 教學法推廣計畫」有七十八位種子教師，本書匯集其中十四位種子老師所提供的實證解方：

### 鄒庭涵

畢業於國立科技大學化學工程系，因在實習中看見教育的影響，決定轉行勇闖教育領域。曾在雲林縣元長鄉和平國民小學擔任代理教師兩年，享受與孩子一同探索未知、共創火花的時刻，期許自己能讓更多孩子看見世界的美好。現為國立臺北教育大學教育創新與評鑑所學生，努力進修學分中。

### 簡如敏

不務正業的美術專長教師，喜歡用圖像與文字來說故事，總相信教育有著各種不同的可能性，所以把課堂打造成「卡樂否」的學習樂園，用最多元的教學，啟發孩子的天賦，期許能夠成為一道溫暖而有力的光，陪伴、指引他們前行。現任教於臺中市霧峰區桐林國民小學。

### 廖敏惠

「喜愛旅行的撫慰人心，更留戀於課堂中的美好風景。」追尋兼顧教學與玩樂的理想生活，喜歡不斷挑戰自己。打從踏上教育這條路起，就知道不能停止準備，途中或許曾徬徨無助，但慶幸仍舊義無反顧，堅持承諾。願培育的孩子能在愛中成長，在風雨中茁壯。現任教於臺中市北屯區仁美國民小學。

### 沈昱儒

從小就熱愛畫畫，長大一些，鑽進迪士尼的奇幻世界，曾想像自己是神仙教母，有魔法可以實現願望。因為熱愛閱讀，開始對花草樹木產生興趣，總愛拿著圖鑑在校園中穿梭，期待自己可以成為一名小小園丁。帶著一雙好奇的眼睛以及像孩子般的心靈，從遙遠的花蓮開始，決定為教育種下一個夢，自此一生，任重道遠！現任教於新北市石碇區永定國民小學。

### 鍾牧桓

喜愛閱讀及學習，常在研習精進。因為遇到了 MAPS，讓自己的語文教學系統更具脈絡化和可變化性，也從而在教學現場看見孩子更多的成長和快樂。期待學生在課堂上感受學習的快樂和更深入的思考。現任教於屏東縣林邊鄉水利國民小學。

### 管玟羽

擁有輔導與語文雙專長，看似溫和的樣貌下，隱藏一顆不甘於平凡的心，常跨越舒適圈，帶領孩子體驗生活中上山下海的滋味。熱衷教學，盼著孩子感受到學習的美好，共享語文世界的酸甜苦辣。期許孩子能從語文中找到一片屬於自己的風景，成長為有溫度、有思考力的人！現任教於臺北市信義區光復國民小學。

**陳權滿**

自認為是憨慢的人，因閱讀而學習到成長型思維，再加上恆毅力的持續累積學習能量，在四十歲重新開機，進入師資班；在五十歲成為小學正式老師。用「權」方位的教與學，「滿滿」的愛與奉獻，成功翻轉自己的人生下半場。現任教於嘉義市西區港坪國民小學。

**胡心如**

畢業於高師大及臺中科技大學商業設計系碩士，現為南投縣仁愛鄉仁愛國民中學怪怪美少女老師。一直在編織文創畫家夢，喜歡跨領域學習，正努力上歐陽立中老師的課來轉變寫作、教學和思考模式，並在瑜珈、音療、天使卡等療癒身心的知能大海中「越游悅開心」。

**陳祥**

一個教育崗位上不年輕也不算最資深的擺渡人，以 MAPS 教學法融入科學教育的模式中，在教學上提升學生對科學的興趣和素養能力；同時致力將 SDGs 指標融入國際教育輔導團的推廣活動中。曾任教於雅加達臺北國際學校，目前也從事新住民二代印尼語的推廣活動。現任教於新北市永和區永平高級中學。

**黃暉凱**

二十年的教學生涯，與孩子一同面對文本，試著讀出作者隱含在字裡行間幽微之意，聽到孩子驚呼：「噢！我懂了。」是比天籟更加美妙。「卻顧所來徑，蒼蒼橫翠微。」從來不是自己教給孩子什麼，而是孩子帶給我什麼。過去、現在、未來，一輩子，會在雲林縣斗六市斗六國民中學服務每一個孩子。

**潘渝鈺**

畢業於臺師大國文系，卻沒修教程。少也健，做過編輯、業務、牙助、臨演……峰迴路轉，依舊走上教育之路。夢想是成為「幽默大師」——因為生活不該只有一種樣子，我愛諧音雙關；因為生命有太多的皺褶，不說笑不暢達。當時任教於彰化縣彰化市彰興國民中學。

**温展浩**

東吳大學中國文學系畢業。努力學習各種教學方法，希望為孩子客製化與眾不同的國文課堂。教學就像美麗的冒險，很感恩，在冒險的旅程中，有諸多夥伴的扶持與提攜！曾任教於新竹縣竹北市鳳岡國民中學，現任教於新竹市私立曙光女中國中部。Youtube 頻道：温展浩。

**王慧玉**

喜歡閱讀，所以讀了中文系，幻想自己可以很氣質，結果也只是想想。成為老師的路上跌跌撞撞，跟著孩子一起成長，漸漸發現原來喜歡的不只是國文，還有那群正在學習的孩子。現任教於苗栗縣公館鄉鶴岡國民中學。

**蔡金錠**

臺師大國文研究所碩士。精進學習、樂享教學，致力於創意語文教學。期待在教學路上，化為點石成金魔法師，以愛為圓心，專業與熱情為半徑，畫出心中理想的教育夢，點燃學生的學習之火。現任教於新北市中和區中和國民中學。

（以上依篇目順序排列）

# 目次

●【國高中領域】

總策劃序

# 你 TPACK 了嗎？——給孩子不失焦的教學

前陣子受邀參加某教育科技企業辦理的年會，擔任開幕演講者。會場氣氛歡愉而溫暖，接待細節隆重而氣派，看著滿座眾多中小學現場教師——多數被該企業認證或培訓成為旗下教學軟硬體品牌的講師，我還是決定照著自己準備的演講內容，提出我的建議。

「你或許可以岸上旁觀數位浪潮，但你無法在疫情海嘯裡閃躲奔逃。」這是我的開場白。

過去，一個好老師被要求的基本功是：PCK 俱足。

「PCK 俱足」意指老師能夠清楚掌握學科知識內容（CK），也能理解並熟練各種教學法或學習策略或運課技巧的操作技術（PK）。能遇上這樣的老師，在數位浪潮來臨之前，是家長與學生的福氣。

隨著數位浪潮來臨，PCK 老師面臨了 TK 的挑戰。

TK 指的是運用科技工具或網路資源輔助教學的思維與能力，能夠熟練 TK 的老師，更能協助與帶領這一代數位原住民的孩子面向世界學習，更能克服城鄉學習資源差距。我想，沒有人，或者說沒有任何一個老師可以否認 TK 的必要性。

但教學現場的事實是：多少老師仍心存觀望？多少學生仍看得到用不到？多少平板或大屏只能用來看影片？

後來，疫情海嘯席捲而來，老師再也不能觀望了，誰都無法從線上線下同步非同步的教學新模式裡閃躲奔逃。

各家公司紛紛搶食這塊市場大餅，不論是從商業會議模式轉進教育模式的品牌，或者是教育本業起家，自願或非自願走進科技服務的企業，都開始嘗試整合軟硬體開發或推出能夠滿足（代勞？）教師遠距線上教學的產品。

於是乎，TK 成了顯學，網路同溫層精彩熱鬧，透過各種商業或微商業模式，大舉面向主要客群——親師生，展開行銷與影響。

我不予置評各種模式，我只在乎老師是否清楚明白與掌握自己的主體性。

只有 PCK，雖然多數學生還是能在實體課堂上，透過精彩講述獲得該獲得的學習內容，但疫情來襲，數位技能與線上策略的必須，已經無法讓這類老師置身事外，後疫情時代更是如此，面臨 TK 挑戰，的確需要與時俱進；只有 CK 與 TK（TCK），就是科技硬著陸，沒有考慮不同學科不同年段不同學習目標的各種教學設計，為了科技而科技，課堂成了科技產品軍火庫，沒有設計的教學內容是盲的，教與學容易事倍功半，往往讓老師心累，怨嘆自己一片真心換來孩子學不好的絕情回應；只有 TK 與 PK（TPK），就是類教學、類素養，「類」就是「沒有」，這樣的教學充其量只是失焦或多焦的教學，學生的學習是歪樓的，在遊戲換裝特效工具包的熱鬧一節課之後，犧牲的是孩子需要的、實實在在的、深化的學習，這是極其危險的教學現場大災難。

你 TPACK 了嗎？我這樣結尾。

聚焦 CK，對焦 PK，柔焦 TK，教學不失焦，就是 TPACK。

在那樣歡鬧與溫馨的現場，當著企圖心十足的主人家，面向滿座仍然願意聽我說話的中小學認真熱情的教師夥伴，我用這樣的話做結：讓我們時刻警醒自己才是教學的主體，時刻警醒自己永遠不忘帶給課堂孩子不失焦的教學。

MAPS 教學法始終追求的就是在 PCK 的基底之上，適切的融入 TK，讓國文科的學科本質鞏固並進而彰顯，讓閱讀理解的途徑明晰並進而多元開展，讓各種不同樣貌的國文科教學現場都能如其所是並得其所願。

謝謝十四位第三屆 MAPS 種子教師認真學習並努力實踐，這本豐富而扎實的課堂紀錄，僅能說明你們克服萬難踏實前進的千萬足跡之一。

謝謝 MOXA 心源教育基金會一路支持我推動 MAPS 種子教師培訓計畫，二〇二三年我們將持續往前邁進，並首次進行 MAPS 講師培訓及認證，讓更多有心學習 MAPS 的中小學教師夥伴能獲得更全面而落地的扶持。

未來，祈願 MAPS 基地教室遍地開花，臺灣教學現場百花齊放。

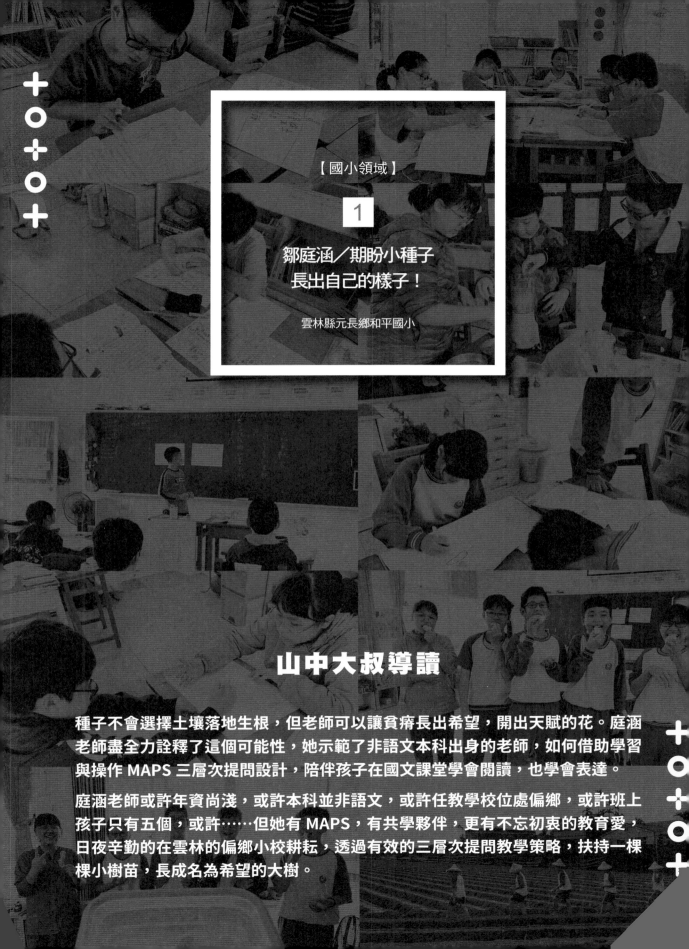

【國小領域】

1

# 鄒庭涵／期盼小種子長出自己的樣子！

雲林縣元長鄉和平國小

## 山中大叔導讀

種子不會選擇土壤落地生根，但老師可以讓貧瘠長出希望，開出天賦的花。庭涵老師盡全力詮釋了這個可能性，她示範了非語文本科出身的老師，如何借助學習與操作 MAPS 三層次提問設計，陪伴孩子在國文課堂學會閱讀，也學會表達。

庭涵老師或許年資尚淺，或許本科並非語文，或許任教學校位處偏鄉，或許班上孩子只有五個，或許……但她有 MAPS，有共學夥伴，更有不忘初衷的教育愛，日夜辛勤的在雲林的偏鄉小校耕耘，透過有效的三層次提問教學策略，扶持一棵棵小樹苗，長成名為希望的大樹。

## ◆ 播下種子

### 什麼都沒有的老師

「發芽吧！在小校的 MAPS 種子」是我在二〇二〇年八月夢N南投場次實踐家分享的主題，也是初任國小教師滿一年的第一場教學分享。當時我這麼說：「我任教於雲林縣一所偏鄉小校，擔任高年級導師，我們班只有五位孩子！」臺下教師無一不瞪大雙眼，甚至有老師將手掌打開，明顯表示What？我知道老師驚訝原因在於「五位孩子也能實施 MAPS 嗎？」哈！我也曾不相信自己可以在課堂實施 MAPS，可是我與孩子一起扎扎實實走了這段歷程，我能大聲說：「五位孩子真的可以實施 MAPS！」

請容許我先簡單介紹自己。國立科技大學化學工程系學士，畢業前曾在某大輪胎工廠實習，看見許多底層員工與了解薪資結構後，和當時主管討論此現象並延伸至教育問題（關於出生地、城鄉差距），當時與主管的對話深深打動了我，因此結束實習後，我便決定進入教育現場，實際理解此問題。很幸運的（一切都這麼剛好！感謝當時的主管！），畢業後即加入雲林縣和平國小，擔任五年級導師。

回想那年初入教育現場的我，真是什麼都「沒有」的老師，沒有教學能力、沒有教學經驗、沒有帶班經驗……只憑著一股熱情就闖入不熟悉的領域，但我想，我應該還有「沒有畏懼」、「沒有放棄」吧！正因什麼都沒有，我總認為這段 MAPS 歷程是由我與孩子共同創造。如果你和我一樣，是位菜鳥教師，或是在小校任教，那此篇文章真的很適合你！若你和我相反，此文也不容錯過，因為這位什麼都沒有的老師都能在課堂中實施 MAPS 了，你一定也可以！

### 我真的不會教國語

所有科目中，我最害怕教國語，長時間處在理工環境，我早已是利用數據說話、以結果為導向的一條線思考。回想當初打開國小五年級課本，一字一句皆能讀懂，甚能了解其中之意，但隨即而來是「所以，我要教什麼？」「這篇文章，學生看不懂嗎？」再翻開備課用書，心中驚嘆聲不斷：「喔！原來要教這個！」「欸！原來作者如此安排有意義啊！」於是，早已習慣直線思考的腦袋，下意識的將備課用書中的「建議教學」，近乎百分之九十都在課堂中補充給學生了！

班內五位學生的語文能力各不相同，有能在課堂中滔滔不絕，卻文不對題者；有在課堂看似專注，但靈魂已不見者，且四年級的國語學力檢測皆未通過。受環境影響，學生時常出現「我不知道」、「我不會」、「我很爛」的反應，雙手一攤，等待救援，當然「追功課」也是日常必備。在第一學期中後，我意識到若再使用相同模式上國語課，學生的程度將會就此停擺，更不敢想像五位孩子升上國中的樣貌。更可怕的是，我發現自己是等待學生說出標準答案的老師。若他們能回應我準備的問題，甚至回應與我預想相符，我就認為他懂了。回想當初踏入教育的目的，我滿懷壯志期盼創造不一樣，但我似乎成為造成差距的推手之一，可是我該怎麼做？我真的不會教國語！

帶著疑問，在同事的推薦下，參與了第一場的夢N研習。遇見 MAPS 屬插曲，原先報名國小國語 A，在第二天決定去隔壁教室吸收不同分享。「原來國語可以這樣教！」是我當時最大的收穫，下課後主動向老師請益，當時的分享者彥慈與櫻美老師向我分享 MAPS 要點，甚至與我交換聯絡資訊，和我說在小校教學不容易，若有問題可以隨時請教他們。如此溫暖，叫人怎能不嘗試呢？而我的 MAPS 之路就此展開，我稱這段路程為「播種記」。

## ◆ 小校的 MAPS 播種記

### Step1 小心播種

聽完 MAPS 分享後，回家後躍躍欲試，馬上打開電腦試做第一份講義。當時正值五上第十二課，心想剩下三課試水溫，觀察孩子與我是否都能適應這樣的上課模式與氛圍。初試 MAPS，我參考蔡志豪老師提供給出版社的講義，簡化成適合班級孩子的提問，並將重點放在操作暖身題與基礎題，挑戰題則只有一題。一方面是自己能力尚未能負荷完整的三層次提問，另一方面則是明瞭若是首次下手太重，孩子肯定吃不消，便會產生「我不要」、「我想放棄」的念頭，這豈不是又讓彼此陷入另一困境嗎？（老師乃為計畫通啊！）

五上第一至十一課的教學模式為預習單→拆解標題連結課文→課文內容討論→抓出主旨→習作或其餘延伸練習。改為 MAPS 教學後，教學流程如後圖所示。保留預習單（題數減少，專注在字與字詞），將拆解標題融入暖身題，課文內容變為基礎題（主旨為口頭詢問，不加入基礎題中），挑戰題則參考書商或志豪老師提供的提問，最後再做習作練習。也就是說，初試 MAPS 是基於前十一課累積的模式做調整，在孩子熟悉的模式下，修正提問的細緻度與檢視是否有緊扣課文核心。一步一步帶著孩子適應新的課堂方式，給予時間等待孩子完成。孩子並未有太大負擔，唯獨多了講義需手寫記錄，不喜寫字的孩子有些抱怨。

所幸在期末，孩子對於國語課堂的改變皆給予正向回饋。我深刻感受到孩子在短短三課間的變化，或許是提問更加細緻，孩子更能聚焦問題，且程度較低落的孩子也能回答

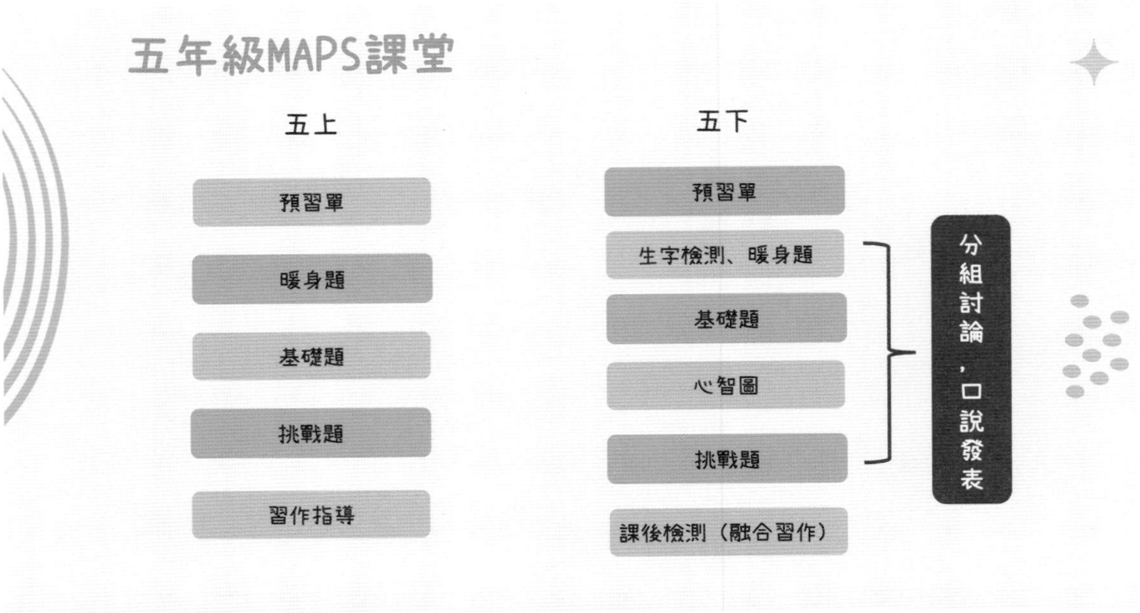


▲五年級 MAPS 教學流程。

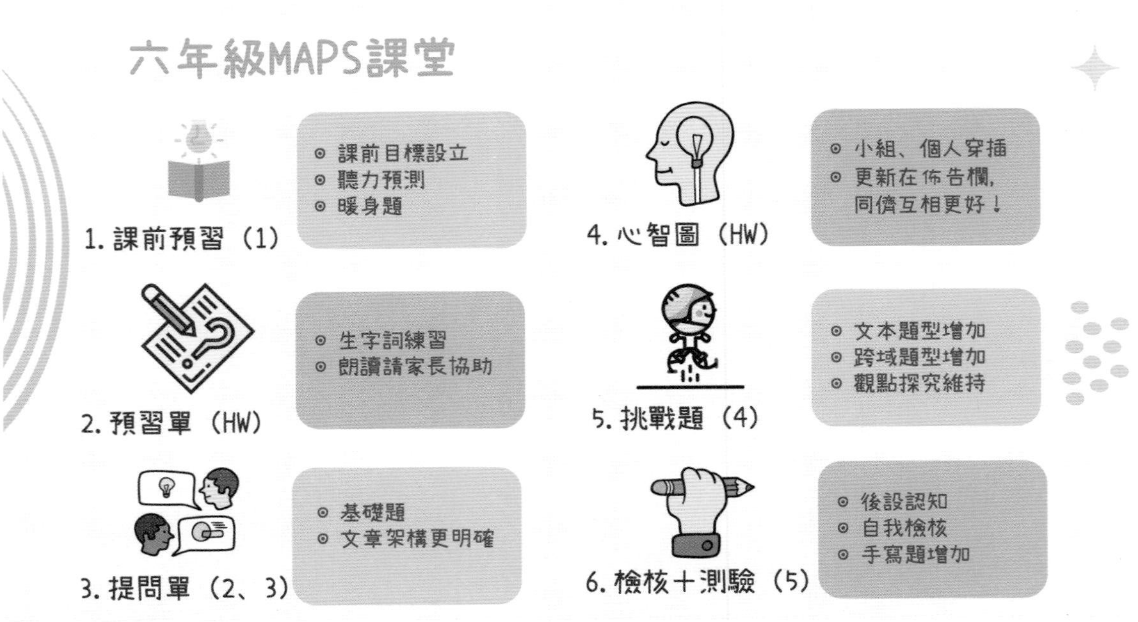


▲六年級 MAPS 教學流程。

問題，課堂間一來一往的對話討論越來越精彩。當然，師生間也多了許多笑容，明明花了加倍的時間備課、製作講義，但課後卻未如先前十一課的滿是疲憊，反倒是滿心期待「下一課還能做些什麼呢？」

## Step2 細心照料

孩子的回饋使我產生莫大的信心，更讓我相信 MAPS 可以在班上實施。歷經寒假沉澱與思考，我重新規劃備課與教學流程。

### ▲重頭來過的備課流程

我給自己的目標為「有意識的備課，課中有我與孩子」，因此改變先看教師手冊建議教學的模式，而是以學生用書備課，先精熟課文、抓出本課重點、畫出心智圖，再參考教師手冊，調整後設計講義。利用學生用書，我可以更清楚孩子在閱讀可能遇到的問題、該怎麼提問才更能讓孩子理解。

再來，我盤點與整理手中擁有的資源，像是習作、志豪老師的提問單、書商備課網站等，以往會在同一時間補充大量內容，或是增加時間額外練習，但當有意識的備課，自然會挑選適合的資源在恰當的時間補充，好比習作在五上多是孩子的回家功課，從五下開始皆在課堂或是學校完成（教學流程中會說明），不僅讓孩子有即時的練習，更可以降低孩子回家書寫的負擔，老師也不用擔心收不到功課。

### ▲分組討論三層次題目

五下一開學，我便說明國語課堂將以小組方式上課，並從中安排技能卡，刺激小組討論。因班上只有五位學生，分組並不麻煩（一組二人，一組三人），我們每兩課會藉由抽技能卡調換組員。技能卡實為「老師不忍卡」，共有兩種牌卡。其一為技能 +100，另一為技能 +80，目的是擔心若直接使用黑馬、球員等命名，五個孩子即會感受被分類，較落後的孩子會因而自我貶低，因此讓孩子抽卡，孩子較看不出是有程度之分。當然，孩子在抽卡前，會經由我的巧手調換，使程度較好的孩子拿到 +80，反之拿到 +100，在討論過程中，拿到技能卡 +80 的孩子自然而然會教導技能卡 +100 的孩子，達到共學目的。想到此事，不免要說身為老師，真的要是計畫通啊！

### ▲漸入佳境的 MAPS 課堂

我認為使用 MAPS 最大的好處是，課堂流程明顯，對於新手教師好規劃，同樣步驟的教學也能讓學習底子較弱的孩子日漸上手，且在三層次提問有明確的目標，先前一課會補

▲分組討論，一來一往的對話討論，是師生共同喜歡的時刻。

▲討論的答案張貼在黑板上，以提供彼此參考。

充大量自以為的重點，但使用 MAPS 能謹慎選擇哪些才是本課重點，有些重要的內容，在此次沒有提到也沒關係，可以再安排於他課補充。接下來將分享五下課堂的幾項重點：

## 預習單：自主練習

我並未替孩子訂購生字甲乙本，因此將預習單重點放在練習寫生字、字詞理解與朗讀課文（我稱之為任務），每個任務皆會有額外檢測，如預習生字的檢核，便是在隔天利用習作生字大題小考。起因乃於上學期看見孩子書寫甲乙本，幾乎是無靈魂只有手動模式，即使寫了一遍又一遍的生字，仍未記起生字，甚至還會因為覺得寫太多遍，直接放棄，導致時常未完成作業。因此降低回家書寫生字的量，提高孩子動力，且因為隔天有小考，孩子會自動練習生字。

## 三層次提問：結合口說發表

因為備課模式變為先畫心智圖再製作講義，因此基礎題的設計並未太困難，反倒是暖身題與挑戰題經常卡關。暖身題除了拆解標題，同時也會參考志豪老師設計的暖身題，加入些許課文連結題目，挑戰題則是參考書商給予的閱讀理解提問，大多放入詮釋整合與比較評估的題型，或是習作若有適合的題型，也會直接利用習作提問。其實手邊處處是資源，即使卡關也能找尋到適合的方法，並在過程中觀察這樣的提問是否符合班上孩子的程度。一邊訓練自己設計提問，一邊調整與修正，我自認速度緩慢，但當某天回頭看時，便會發現已經累積很多了。

而三層次提問正是本學期訓練口說發表的媒介，小組討論、書寫答案、上臺發表與態度環環相扣，也都不可缺少。在學期初曾與孩子一同討論何謂好的發表。孩子說：「每個人的聲音或答案都能被聽見、講話不支支吾吾、發表時能夠感受被尊重。」因此我們立下幾個約定：1.每個人都可以說出自己的答案，答案沒有對錯；2.發表前要先整理說話內容，避免出現「就是這樣、那樣」之詞；3.他人發表時全神貫注，眼睛看著對方。當然，即使這些是與孩子共同討論的，但實際操作時仍會出現爭執、冷落他人、不耐煩等情況，這時老師就須介入加以提醒與要求。

即使反覆提醒與要求，也難以在短時間達到成效，但一定可以看見孩子的進步。在孩子進步時給予明確的肯定，像是「老師經過第一組，聽見小樟說完答案後，小桓雖然答案不一樣，卻沒有否定，而是詢問對方可以說明清楚自己的想法嗎？這是一個很好的提問，尊重每個人的聲音！」在孩子尚未做到時，給予耐心陪伴。很多事急不得，我認為口說發表正是最好的例子，一課又一課的累積，不疾不徐，等待美好時機發生。

**心智圖：先求有再求好**

其實學生在中年級有學過如何繪製心智圖，我也曾看過學生的心智圖作品，發現缺乏整合與一致性，甚至也說不出自己畫的內容。因此我便將五下的心智圖重點設為「面對內容越來越多的課文，該畫出哪些重點？」說得容易，但操作實為困難。起初先利用我畫的心智圖帶學生討論，心智圖是什麼？有哪些重要的元素？我該怎麼看？當學生理解心智圖的用意，並從中歸納出要點後，便開始帶領學生繪製。我先在自行繪製的心智圖上挖空格讓學生填寫，因為有先前的心智圖討論，學生很快能理解第一層寫上課文架構。有了第一層，第二層、第三層的實施並不困難，學期中，幾位學生便能開始構思與書寫第二層、第三層。接近學期末，五位學生對於心智圖都有一定的理解。

## 發芽了，然後呢？

「大涵（我的外號），一開始你說要操作 MAPS，我並沒有對你們班抱太大的期待，沒想到這學期慢慢感受你們班與他人應對、上臺發表都越來越有水準，尤其講話內容跟上學期真的差好多喔！」約在學期中後，收到好夥伴四年級老師美珠的回饋，美珠曾說我們班孩子心理尚未跟上身體長大，需要花費很多時間和心力，才能讓孩子有所進步。聽到美珠誇獎孩子，真心覺得一切都值得了！我們好像真的有些不同了！

不過教學就是時時與自己競賽，即使被誇獎了，仍發覺自己不足，在操作仍有待改進之處。就我備課經驗，暖身題與挑戰題須參考前輩教師分享的提問單，且總覺得我的提問似乎都屬發散，未在課程結尾有完整收斂；在課堂安排與操作，也偶爾出現斷層情況，例如作文的安排難以與提問結合。而孩子歷經一學期穩紮穩打的十四課 MAPS，可以再往上一層挑戰了！可是，我可以怎麼做呢？或是我還要做什麼，才能讓他們上國中前，擁有更好的裝備呢？帶著這些疑問，我參與了第三屆 MAPS 種子教師工作坊，期盼自己有所成長。

# ◆ 希望你長出自己的樣子

## Step3 大膽嘗試

五下 MAPS 操作若稱為「細心照料」，參與完工作坊，六年級的 MAPS 應稱為「大膽嘗試」，每顆種子的成長應順應自身而有所不同啊！從工作坊獲得許多能量，與同年級夥伴有了更多的思考激盪，讓我想在課堂上做更多突破。隨著學生能力提升，我想即使中間有失誤，也能立即調整，在國小最後一年，大步跨出吧！

## ▲分組改變‧共學組與自學組

六上開始分組變為自學組與共學組，自學組自行討論與作答完後，可進入課程下一步驟，共學組則是與我一同討論課文與提問單。利用自學與共學的分組，兩組學生能因應任務的不同而有所成長，我也能將時間專注在還需要加強的孩子身上。

## ▲優化暖身題與挑戰題

暖身題可分為「猜測想像」與「新舊經驗」，以往我多以猜測想像提問，課文架構進行連結經驗的提問少。五年級奠基猜測想像，學生皆有一定能力，但是六年級課文字數增加，對於幾位學生頗為吃力，更不用說閱讀後能察覺寫作手法與形式。而大叔曾在工作坊提點高年級的老師，在暖身與挑戰題中可使用不同文本，豐富孩子的視野。因此和夥伴討論後，教學經驗豐富的靜儀老師提供教學以來搜集過的媒材（補充文章、影片等），我們決定在暖身題中加入符合課文架構的補充資料，藉由簡單的文章或其餘媒材，使孩子回想起以往的學習經驗或是觀察寫作手法，再從暖身題延伸至基礎題的課文架構，例如：六上第二課〈跑道〉，內文加入插敘手法，學生必須從課文中，發現其中一段為主角過去幾天發生的事，我們便在暖身題加入時間敘述清楚且每段分割明確的小文章，讓學生在暖身題初步感受內文中可能出現時間不同的寫法。

挑戰題分為「讀寫合一」、「觀點探究」、「跨域延展」，五年級練習大量的觀點探究題目，但讀寫合一與跨域延展卻是寥寥可數。當初參與工作坊的原因之一為提問大多發散，課後並未完整收斂，因此安排暖身題時，我會思考是否能設計挑戰題做呼應，尤其是以讀寫合一為主，保持學生書寫長文的能力，也使一整課的完整性提高，或是加入先前未嘗試的寫作引導，讓學生較有方向的書寫長篇文章。而在跨域延展，我偏好與當時的課程結合，例如：六下第十課〈追夢的翅膀〉，融合當時資訊課所學的簡報製作，請孩子自行上網搜尋追夢例子，並用相同的介紹架構，製作簡報向同儕分享。

## ▲繪製屬於自己的心智圖

經由前半年的心智圖拆解，我相信學生已有一定的能力可繪製屬於自己的心智圖。但學生首次嘗試仍會擔心，皆將基礎題答案原封不動放入心智圖，明明是要整理，紙上卻是滿滿的文字。我鼓勵學生可以從文句中抓取重點，若有需要調整的我會再告知，毋需擔心自己會做錯。當然也有放手後，靈魂也跟著不見的學生，交出的心智圖如重新歸零。六年級學生已有一定的想法，我也不喜歡時常提醒，因此每週在布

Q1 看完以下的文章，小組一同討論以下問題

**當年奪冠與喬丹爭搶球 前隊友主動放棄原因有洋蔥/NBA**

芝加哥公牛在 1996 年拿下 NBA 總冠軍的那一刻，「籃球之神」Michael Jordan（喬丹）激動地抱著籃球躺在地上，成為隊史最激勵人心的畫面之一，不過這一幕，差點就因為公牛控衛布朗的關係而看不到。

當年拿下冠軍的那一刻，布朗在拿到球之後，喬丹立刻竄出將球搶下，兩人一度爭搶比賽用球，最後搶到球的喬丹緊抱著不放，激動躺在地上。

喬丹的父親 James Jordan 在 1993 年 7 月遭到謀殺，同一年 10 月，喬丹因為身心俱疲而閃電宣布退休，他當時也表示父親的死是讓他萌生退意的原因之一，隔年轉往挑戰他兒時最愛的棒球運動，直到 1995 年才終於復出，最後帶領球隊第二度三連霸。

布朗說：「很多人不知道的是，是喬丹把我攬在身邊，而且不斷告訴我，他會在芝加哥主場讓我拿到生涯的第一座總冠軍。雖然我不如他那樣有天份，但他喜歡我很有競爭力的這個事實，這就是為什麼當初我們會爭搶總決賽用球的原因，就是要不計代價保持競爭力。」

布朗當下意識到這顆球對於喬丹的意義之後，他決定放棄爭搶，「我當下意識到，那場比賽是父親節，而喬丹值得擁有那個時刻，而我自始至終都是一個有團隊精神的人。」

Q1-1 從這一篇文章的敘事手法，**以時間為主軸**，請依段落寫出正確的時間

答：

| 段落 | 一 | 二 | 三 | 四 | 五 |
|---|---|---|---|---|---|
| 時間 | 1996 年 | 1996年 | 1993 | 1996 年 | 1996 |

Q1-2 承上題，將時間列出來後，你發現了什麼事？

答：有一個格子的時間和其他的不一樣。

Q1-3 請找出文章中所介紹的人物，並完成右側表格。

| 人物 | 性格 | 奪冠賽中的作為 |
|---|---|---|
| 喬丹 | 領導力 | 激動抱住球 |
| 布朗 | 大方 | 成全、講求團隊精神 |

**【小組挑戰題】：可以翻課本作答**

Q1 掃描右側的 QRCODE，觀看完影片後，小組一同討論以下問題

Q1-1 此段影片用敘事手法來鋪陳，影片中的開頭、過程、結尾發生什麼事情？

答：工人幫助小男孩，小男孩幫助老人，大家開始一個一個幫助人，最後服務生幫了工人。

Q1-2 從這部影片，你學習到什麼?（至少 30 字）

答：我學到了只要你去幫助別的人，別的人也會幫助別人，大家互相幫助，你也會被幫助。

Q2 回到課文，小組一同討論以下問題：

Q2-1 我認為他是記敘文，而這篇是在 ☑敘事 □抒情 □寫景 □寫人，課文結構是

□起因-經過-結果 ☑總說-分說-總結 □論點-論據-結論。

Q2-2 在課文中利用**鉛筆**<u>**圈關鍵字**</u>，並在小組討論後，找出最適合的關鍵字拼湊出段落大意，寫在小白板上。（找名詞動詞→選擇最適合的關鍵字→試著拼湊出段落大意）

Q2-3 承 Q1-1，你認為神奇的藍絲帶和影片的敘事手法有什麼相同之處？

起因→經過→結果

Q2-4 承 Q1-2，你認為神奇的藍絲帶和影片有什麼關聯？（至少 30 字）

▲利用不同媒材擴充暖身題（圖中「挑戰題」為當初講義錯誤）。

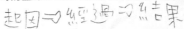

L8【 大小剛好的鞋子 】我認真，提問單　姓名：陳綉勳

【本課目標】：先細讀本課目標，在課後須自我檢核

| | | |
|---|---|---|
| 聽 | 仔細聆聽組員分享內容、兩組分享內容，並能給予回饋。 | ★★☆☆☆ |
| 詞 | 認識並記起本課生字、理解字詞、成語之意。 | ★★★★☆ |
| 讀 | 了解課本主旨，與課文內容 | ★★★★☆ |
| 讀 | 了解本課寫作手法-「事例」 | ★★★☆☆ |
| 作 | 在挑戰題中，練習寫出有關自己的想法短文 | ★★★☆☆ |
| 組合作 | 積極發表自己的想法，並勇於舉手回答。 | ★★★★★ |

【個人暖身題】：不翻課本作答

Q1 根據預習印象，課文中的「仰光」是一個城市名稱，而「緬甸」則是東南亞的國名。請推論這兩個地名之間有什麼關係？

答：我覺得仰光和緬甸的關係是仰光是緬甸其中一個大城市　+10

Q2 觀賞「相反日」影片，根據影片內容中提到的十件事，請你選擇印象深刻的二件事，比較美國與中國的文化差異，並且提出自己的想法。　ABC之歌　地圖相反　股票　加了樂　666

答：

| 事件/國家 | 美國 | 中國 | 自己的想法 |
|---|---|---|---|
| 事件一 | 美國的666是野獸的數字 | 666是搞笑的數字 | 喔～原來美國和他們的666意思不一樣 |
| 事件二 | 股票變貴是綠色 | 股票變貴是紅色 | 我現在知道股票和錢的顏色有關係 |

+20

Q3 影片內容的拍攝手法其實就是在敘述同一件事「相反日」，請想看看敘述時的架構，完成下面的表格。

答：

| 拍攝手法 | 敘述手法 |
|---|---|
| 1月25日世界相反日 | 敘述事情的起因 |
| 舉例第一件事到第十件事 | 敘述事情的經過 |
| 對這十件事的想法 | 敘述事情的結果 |

+10

Q4 看完影片與預習完課文後，請想想看以下不同城市的習俗，產生的原因為何？

答：

| 國家 | 習俗 | 提示 | 猜想看看產生的原因 | 真正原因 |
|---|---|---|---|---|
| 印度 | 吃飯用手抓 | 印度食物多數為「糊狀」，例如：咖哩。但不吃火鍋。 | 因為要先用手感覺熱度，才決定要不要放入口中。 | |
| 韓國 | 韓式泡菜 | 泡菜是醃漬食物，不易壞 | 因為韓國氣溫低食物好保存，泡菜[illegible] | 冬天長不出食物 |

+10　+6

▲康軒六上第八課〈大小剛好的鞋子〉提問單，暖身題前先閱讀「本課目標」，課後自行檢核。

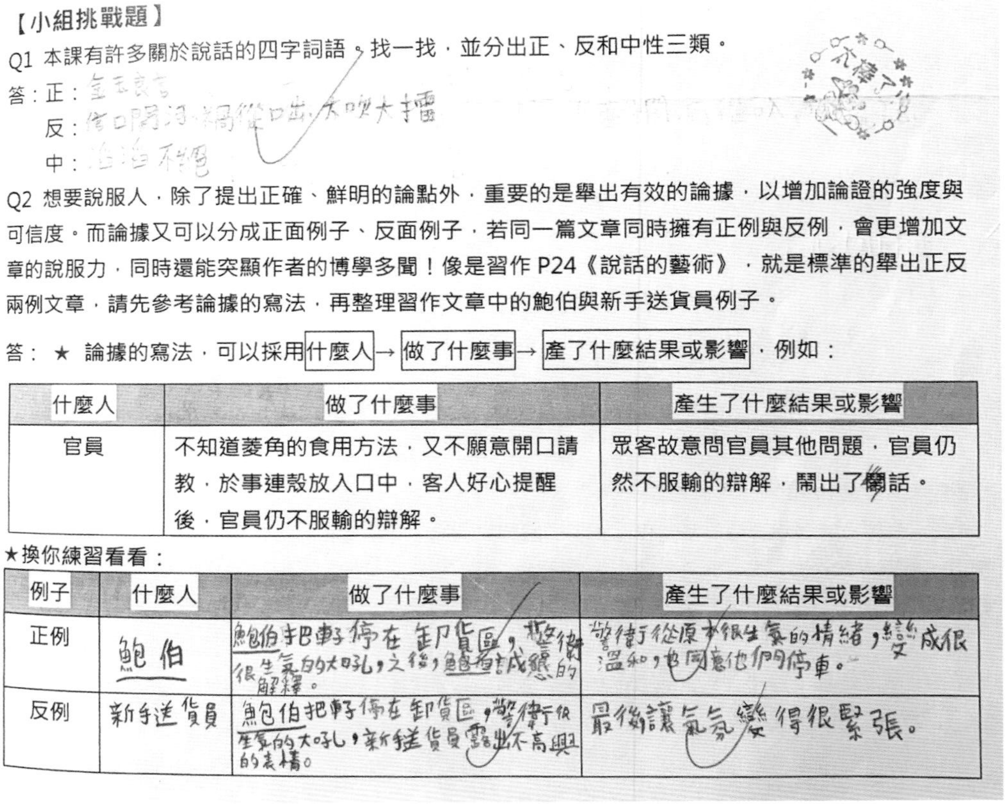

【小組挑戰題】

Q1 本課有許多關於說話的四字詞語，找一找，並分出正、反和中性三類。

答：正：金玉良言

反：信口開河、禍從口出、大吹大擂

中：滔滔不絕

Q2 想要說服人，除了提出正確、鮮明的論點外，重要的是舉出有效的論據，以增加論證的強度與可信度。而論據又可以分成正面例子、反面例子，若同一篇文章同時擁有正例與反例，會更增加文章的說服力，同時還能突顯作者的博學多聞！像是習作 P24《說話的藝術》，就是標準的舉出正反兩例文章，請先參考論據的寫法，再整理習作文章中的鮑伯與新手送貨員例子。

答：★ 論據的寫法，可以採用什麼人→做了什麼事→產生了什麼結果或影響，例如：

| 什麼人 | 做了什麼事 | 產生了什麼結果或影響 |
|---|---|---|
| 官員 | 不知道菱角的食用方法，又不願意開口請教，於事連殼放入口中，客人好心提醒後，官員仍不服輸的辯解。 | 眾客故意問官員其他問題，官員仍然不服輸的辯解，鬧出了笑話。 |

★換你練習看看：

| 例子 | 什麼人 | 做了什麼事 | 產生了什麼結果或影響 |
|---|---|---|---|
| 正例 | 鮑伯 | 鮑伯把車子停在卸貨區，警衛很生氣的大吼，之後，鮑伯誠懇的解釋。 | 警衛從原本很生氣的情緒，變成很溫和，也同意他們停車。 |
| 反例 | 新手送貨員 | 鮑伯把車子停在卸貨區，警衛很生氣的大吼，新手送貨員露出不高興的表情。 | 最後讓氣氛變得很緊張。 |

▲康軒六下第三課〈說話也要停看聽〉挑戰題，與習作結合之例。

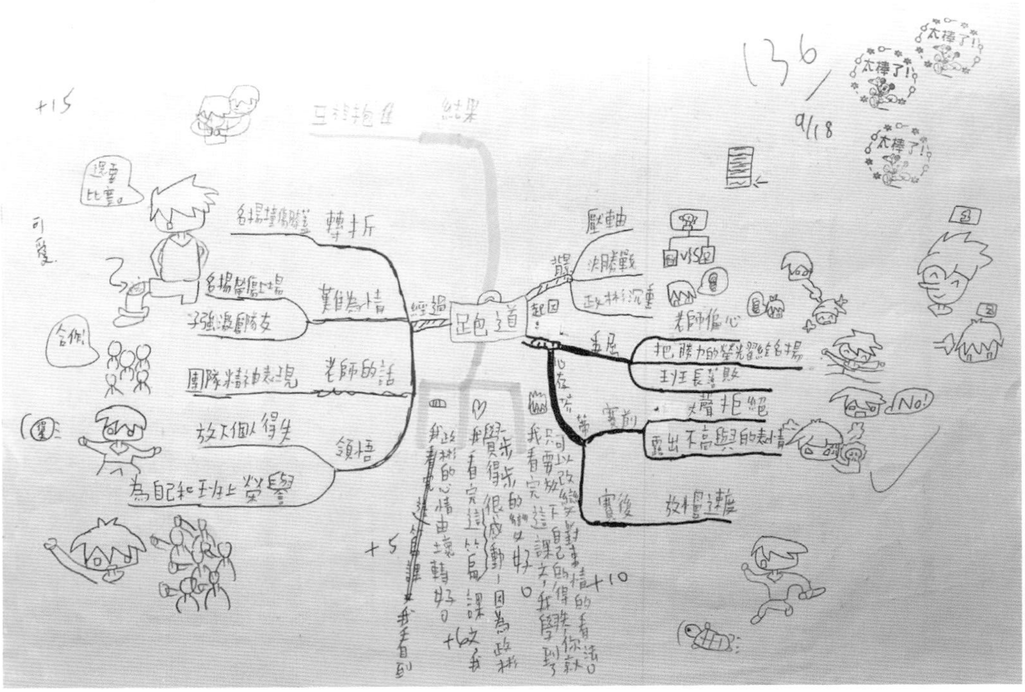


▲康軒六上第二課〈跑道〉心智圖（學生彥勳作品）。

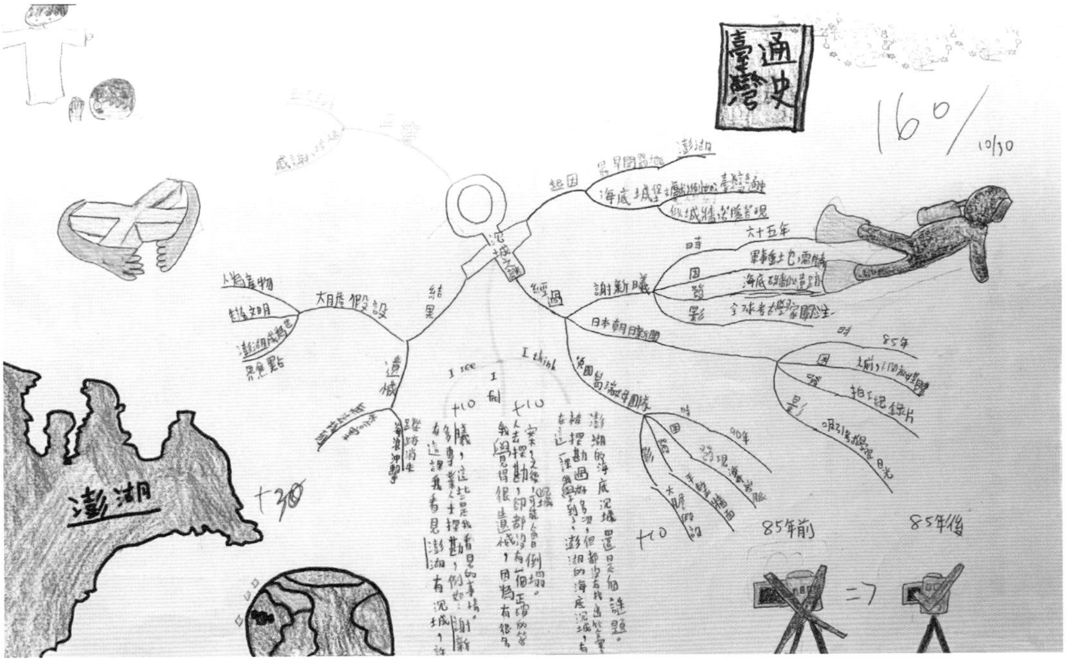


▲康軒六上第七課〈沉城之迷〉心智圖（學生采宜作品）。

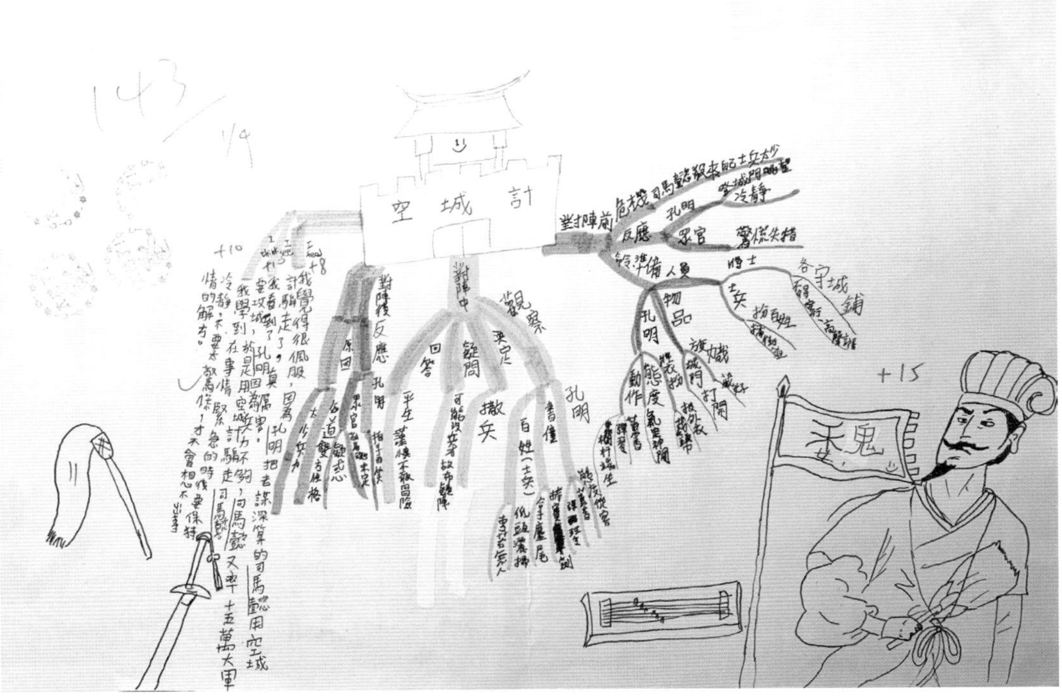


▲康軒六上第十三課〈空城計〉心智圖（學生桓宇作品）。

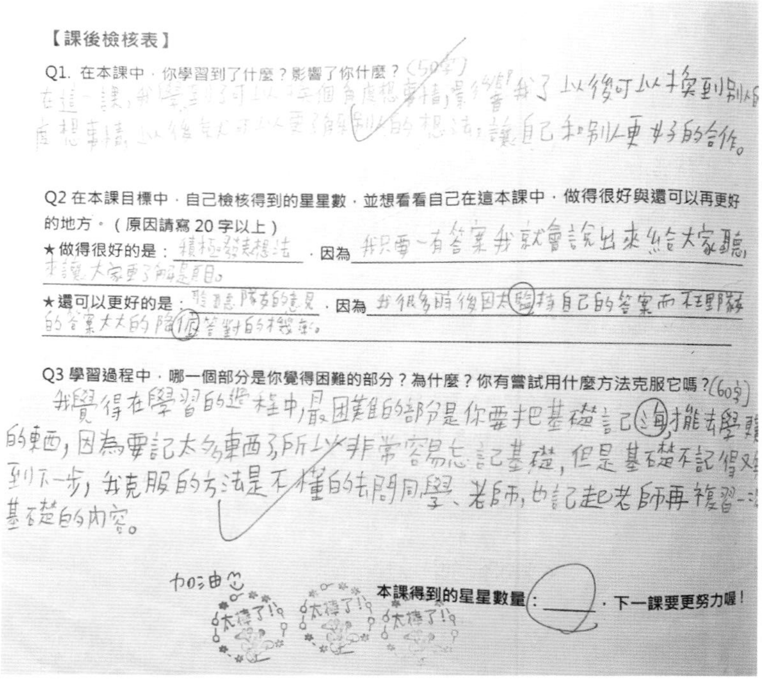
【課後檢核表】

Q1. 在本課中，你學習到了什麼？影響了你什麼？（50字）

在這一課，我學到了可以換個角度想事情，影響我了以後可以換到別人的角度想事情，以後就可以更了解別人的想法，讓自己和別人更好的合作。

Q2 在本課目標中，自己檢核得到的星星數，並想看看自己在這本課中，做得很好與還可以再更好的地方。（原因請寫 20 字以上）

★做得很好的是：積極發表想法，因為我只要一有答案我就會說出來給大家聽，來讓大家更了解題目。

★還可以更好的是：聆聽隊友的意見，因為我很多時後因太堅持自己的答案而不理隊友的答案大大的降低答對的機會。

Q3 學習過程中，哪一個部分是你覺得困難的部分？為什麼？你有嘗試用什麼方法克服它嗎？（60字）

我覺得在學習的過程中，最困難的部分是你要把基礎記住才能去學難的東西，因為要記太多東西了所以非常容易忘記基礎，但是基礎不記得就難到下一步，我克服的方法是不懂的去問同學、老師，也記起老師再複習一次基礎的內容。

加油☺ 太棒了！ 太棒了！ 太棒了！

本課得到的星星數量：____，下一課要更努力喔！

▲課後檢核表，無須和他人比較，專注於自身，將學習回到自身。

告欄換上新一課的心智圖，邀請觀看彼此的繪圖，靜待同儕互相刺激的火花出現。起初幾位孩子真繼續不以為意，一課又一課的更新，學生開始注意彼此心智圖有所不同，竟出現下課請教他人的畫面！為師怎能不感動？學生成長速度也因此加快許多！

## ▲課前目標設立與課後檢核

對於學習，我一直期盼學生是學好而不是學完。我希望把學習回歸學生，增強對於自身學習的認知，因此我在提問單中列出當課目標，讓學生在暖身題前默讀，理解當課要點。同時也增加課後檢核單，評估當課目標的執行程度，好的部分繼續保持，尚須努力的部分則找出屬於自己的解決之道。一步一腳印，理解自己如何學，學了什麼？如何克服困難？這些更是帶得走的能力啊！

## 教育路上繼續努力

「提問是線索，讓孩子解開世界的美好」是政忠老師給予的小卡祝福。行走江湖多年果真不一樣，難道看到我的臉，就知道我的想法嗎？氣自己不會教國語，是因為看見孩子學習低落，我卻毫無方法；是因為想讓孩子長大後能有選擇的機會，我卻毫無能力。教育之路不好走，但我慶幸自己還擁

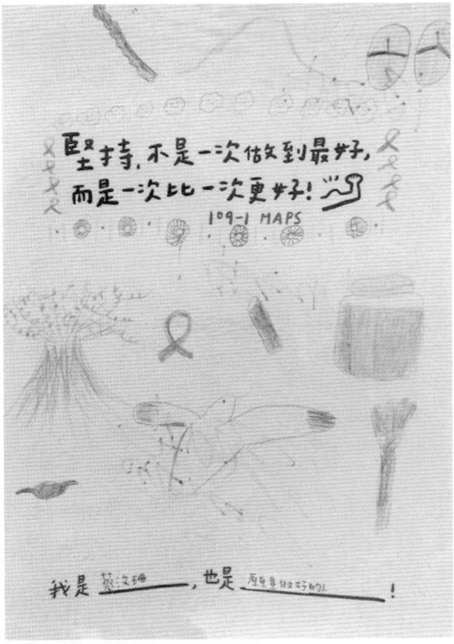

▲學生一學期的累積成果！完成的時候，我們都好感動！

有幾分幸運，遇見引導我前行的前輩，未來我仍會在教育路上繼續努力，期待看見更多種子成長茁壯，體驗世界的美好。我也想趁最後表達感謝。

謝謝櫻美老師、彥慈老師、志豪老師、秋蓉老師、建光老師、蔚文老師帶領我進入MAPS的世界。謝謝第三屆MAPS種子教師三〇二的夥伴，如敏、敏惠、玟羽、靜儀、琇姿與巽堯的腦力激盪與陪伴。謝謝校內同事美珠、淑渟、羽萱、秋美、翠鈺、宥蓁總是不吝嗇的肯定我與孩子，讓我們更有信心的學習。謝謝後援夥伴淳惠、俊賢、恩欣，沒有你們適時穩定我的內心，或許我會比學生更早放棄。更要謝謝大叔，不藏私的將MAPS分享給大家，並以身作則時時精進自己，甚至在五位孩子的講義上題字簽名，對於這五位孩子是莫大的鼓勵，你真的比是元介還帥。

最後，我想謝謝五位孩子，明知道我超菜，卻願意一同嘗試新的課程，甚至表現的超越我的想像！你們升上國中，紛紛傳來好消息，我真心感到驕傲！希望你們永遠記得十一、二歲的你，是如此努力，如此寶貴。請繼續帶著這份勇氣，長出屬於自己的樣貌吧！

▲帶著勇氣，繼續向前衝！

【國小領域】

**2**

# 簡如敏／來一場不後悔的 MAPS 探險之旅吧！

臺中市霧峰區桐林國小

## 山中大叔導讀

如何找回學生與文本最靠近的羈絆？如何透過提問探尋文本中隱含的祕密？如何跨越文本建立孩子獨立思考的價值？這些叩問，彷彿一趟又一趟閱讀理解教與學的探險，時時刻刻在國語文課堂裡開展。

如敏透過清晰的教學流程規劃，也摸索出國小高年級國語文課堂的學習歷程，歡迎你一起加入如敏老師與她的孩子共同走過的探險旅程，跟她們一起發現教與學的問號，調整過後發現的驚嘆號，開啟多元觀點的分號，延續拆搭鷹架的刪節號，迎向繼續前行的每一個逗號。

「探險」是一場需要充分的準備，才得以出發的漫長之旅，沿途的每一抹風景都值得好好收藏，用最開闊的胸懷，迎接每一刻的精彩。

## ◆ 行前準備——別害怕做夢

### 看見需要，找尋方法

「老師，為什麼我家小孩對於閱讀，怎麼好像都有讀沒有懂啊？」

「老師，我小孩都有複習啊，怎麼遇到考試都不會？是看不懂題目嗎？」

「老師，學這個課文有用嗎？跟我又沒關係，以後也不會用到啊！」

這些反覆不斷出現的問句，圍繞著我任教於偏鄉小學的第一年；我開始思索著這些問題，是學生的起點能力落差大，導致教學的成效有限嗎？還是閱讀理解的問題是大多數孩子的弱點？抑或者是教學方式出現缺口，無法與學生的學習需求達到平衡？或許，這些問題的答案是錯綜複雜的，沒有單一的解釋能夠滿足，所以我開始嘗試不同的教學策略，也試著調整學生的學習步調與方法，而就在這天時地利人和的情況下，我遇見了「MAPS」。

### 調整步調，從心出發

「改變是一種選擇，踏出新方向的第一步需要無比的勇氣，但我想，最艱難的挑戰，並不是第一步的豁達，而是堅持繼續前進的每一步。」

當我準備好迎接MAPS的洗禮後，第一步即是心境上的調整與建設，期許自己能像海綿一樣，用力的吸收也適時的釋放。接著第二步則是參與種子教師的培訓，從理解、學習教學策略入門，到不斷的共備，反覆修正提問的設計，讓概念式的理論能夠完美的結合文本內容，成為一道道精準且聚焦的提問。

「再浪漫，也要有章法。」教育並不是只有全然的愛，還需要體制與規範共同創建，而教學、提問設計亦是如此，除了內容的建構外，還需要有意義、有價值的引導，才能夠達成應有的教學目標與成效；所以回歸到自己的教學，我即開啟了沒有盡頭的備課之路，揚著笑、含著淚，都要盡力邁進，因為我相信，沿途一定會有最精彩、最動人的課堂風景。

## ◆ 啟程之後——因為相信，所以前行

### 期待，激盪出火花的剎那

「提問是火種，是課堂燦爛的起點。」這是山中大叔在

研習完送我的一段話；回想起那三天的工作坊學習，確實燒腦但也收穫滿滿，而這些滿載的能量也像火種，點燃我對教學實踐的新火苗，期待這溫火所烹調出的提問設計，能夠與學生激盪出獨一無二的火花，成為課堂中燦爛的焦點。

接著我開始依照學生的先備經驗，進行課程的規劃，想要把很多的學習內容打包放入提問單中，讓學生的學習能夠更具體也更多元。在一切看似很美好的狀態下，幻想著開學後一切都會進行得很順利，但回過神來才發現，第一步就已步履蹣跚，問題也接二連三的浮現，備課後該如何產出適合學生的學習單？該如何實踐於課堂？教學時間的規劃又該如何安排？而這些所謂的「期待」真的能夠完美的成為理想狀態嗎？抱著滿滿的疑惑與些許的希望，我還是繼續努力走下去，因為沒有行動的假設，都只是畫地自限的束縛。

## 迷航，未知與現實的衝撞

「帶著地圖前行，卻發現實際的狀況與腦海中的圖像不符，再加上各種外在因素的影響，前行的這條路，走得有些茫然。」

在開始將 MAPS 融入課堂前，特別與家長們說明改變教學策略的原因、MAPS 教學的概念與實際操作的方式，以及最重要的部分：需要家長共同努力、協助孩子們的地方，有家長的理解與支持才能讓接下來的課程，進行得更順利。

然而，教學本就不是一成不變的指南，無法預想每一個突發的問題與發生的時機，再理想的藍圖，都有可能因為現實狀況的影響，而成了無法準確抵達目的地的廢紙；我想，當時的我，已陷入心有餘而力不足的迴圈，正迷航在想要、需要、必要的教學漩渦中。

這樣的衝突與碰撞來自許多面向，包含學生的學習步調跟不上、三層次的提問容易超過學生的學習負荷、先備知識不夠充足、無法快速進行學習遷移、無法掌握文本內容的關鍵重點、文轉圖時的錯亂、延伸思考的內容過於空洞，以及最難克服的是，在偏鄉學校，高年級學生需要支援很多活動，以至教學時數常受到影響，直接影響學生的學習成效。

## 定位，踏實且穩定的邁進

「搭鷹架是種技術，拆鷹架是種藝術。」教師在課程中給予的鷹架，能讓學生有步驟的學習，依循著軌跡，從提問中的引導，找到文本所隱含的價值。從零開始的鷹架建設，不僅讓學生的學習更聚焦，也穩定教學的步調，讓課程在逐漸熟悉的模組裡，走出屬於我們的 MAPS 之路。

剛開始執行 MAPS 課程時，教學安排會以提問單為主，在教學前、後會搭配蔡志豪老師所設計的預習單、字詞複習

▲從茫然到自信的學習。

卷，以反覆加強學生的基礎學習，而在課程結尾則會使用自製的學習反思單，讓學生回顧學習歷程，並透過學習自評表反思自己的學習成效，家長也會適時的給予孩子肯定與支持，若整課學習完成，會獲得MAPS獎勵章一個，雖然只是小小的增強，卻也增進不少學習意願。

而隨著課程的進行，開始進行滾動式的修正，讓發散的課程更加聚斂，依照學生的需求以及學習中所遭遇的問題進行調整，讓整體的課程設計能夠更符應學生的學習。而穩定後的學習模組則會以暖身題作為課程起點，連結學生舊經驗後，進入到自製預習單的練習，接著是全班共學的課文探究，以及扣合文本學習的基礎題練習，再到統整學習與跨域延展的挑戰題思考，並運用自製複習卷進行基礎能力的檢核，最後則是課文反思單的學習回顧。

在我的課堂中，學生以三至四人為單位，進行異質性的分組，學習的方式主要包含：個人自學、小組共學以及全班共學，會依照課程內容的需求，進行學習模式的切換，以達到最好的學習狀態；接下來的內容則會區分為四大部分，依序為暖身題、基礎題、挑戰題、定期評量考試，每個部分都會說明提問設計的步驟、課程執行的方式，以及精選幾則提問設計與課堂實作的案例，分享教學過程中所面臨的問題和相對應的解決策略。

▲教學歷程分析。

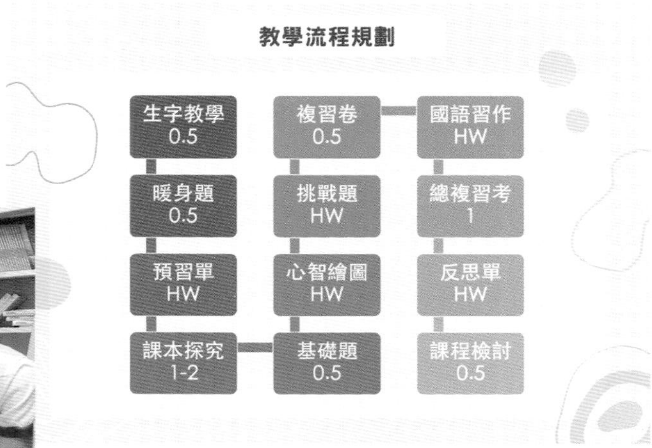

▲教學流程規劃。

▲課堂中最美的風景——小組共學。

### ▲暖身題：找回自己與文本最靠近的羈絆

「預測、連結、情境的帶動，讓課文不再遙不可及。」

從不同的角度引起學生的學習動機，並連結過去的學習經驗，讓新課程的學習不再是獨立的課程單元，而是線性的課程地圖。

暖身題的設計初期都是由種子教師的組員一起共備完成的，雖然架構完整、內容豐富，但實際上了幾堂課後會發現，小組共備的提問雖然整體架構完整，但並非每一道題目都符合班上學生的學習背景、程度，所以接下來的提問設計，開始針對班級學生的學習狀況做微調，讓提問的設計可以更加準確，學生的思考也能更加深入；而後期的提問設計與發想，則是依循著第一年實施 MAPS 的經驗作為調整依據，連貫新舊經驗外，更融入多元的情境題型，讓學生能夠拉近自己與文本的關係。

暖身題實施初期多以教師課堂引導為起點，學生則以兩兩討論、小組共學為主要學習途徑，最後消化整理後，書寫於個人學習單中；而到實踐後期，學生大多已熟悉課程模組，且有能力自學成長，這時教師則扮演引導與支持的角色，在提問引導說明完成後，就由學生接手獨立完成內容。

我設計的暖身題樣式多元，主要為舊經驗的搭接與相關情境的導入，第一部分為複習寫作架構，除了概念的複習外，也融入延伸練習的要素（案例為：康軒五上第七課〈從失敗中覺醒〉、第十四課〈小樹〉），第二部分為連結過去的學習內容，並找出與新課程的學習橋梁（案例為：康軒六上第三課〈說話也要停看聽〉），第三部分為情境的導入和相關議題與自身的連結，這類型的題目可以讓學生有更多的情境建設，不僅可以激發學習動機，也可以連結自己的生活經驗（案例為：康軒五上第三課〈蚊帳大使〉、五下第九課〈生命中的大石頭〉）。

### ▲基礎題：從提問探尋文本中隱含的祕密

「架構的分析、訊息的檢索、作者觀點的探究，每一道提問都扣合文本的發展。」基於文本的探索，從架構的剖析到主題內容的提取，都緊緊的與文本連結。從心智繪圖的重點摘錄到基礎題的提問設計，有步驟、有策略的引導，讓學生能夠更聚焦的學習。

基礎題的設計是開啟每一課的第一步，而心智繪圖的歸納則是備課的第一步，教師需要充分的理解課文內容，才有辦法設計出扣合文本的三層次提問，而「心智繪圖的統整、歸納並無對錯，只有選擇的方向不同而已」。在備課時，我會先閱讀文本並畫出屬於我的心智圖，再參考其他老師的設計，檢核是否有遺漏的重點，加以修調後才會定案，並著手設計基礎題的提問。

基礎題的內容多以表格、條列式問句的形式提問，讓學生能有清楚的思考軌跡，有脈絡的理解文本，進而歸納成心智繪圖。初期以全班討論為主，等到學生提取關鍵字的能力成熟後，即可開始進行小組共學，而到實踐後期，大多數的學生都可以獨立完成基礎題的練習。

然而，從基礎題過渡到心智繪圖的文轉圖過程，應該是我在教學初期遇到最大的黑暗期，每教學完一課，就像重生了一次，但也因為有前期仔細的引導、搭接，中後期在拆鷹架時，孩子們也相對的能夠找到自己的方向。

初期的教學步驟是循序漸進的，第一課的心智繪圖為全班共作；第二課開始逐漸拆解鷹架，由小組找出大標題；第三課則是小組共同找出大標題、中標題；到第四課時則為小組試著寫出一大支脈；第五課則為小組討論出兩大支脈，並交叉比較敘寫方式的差異，檢討與學習；第六課時，小組已經能夠共同產出一篇課文心智繪圖。在這樣的引導下，在期中考後，學生即能自己嘗試歸納、整理了。

心智繪圖的引導與教學會因學生的個別差異調整，能力較好的學生在中期已能自行歸納，並會運用筆記的小技巧，在提問單上預先思考脈絡的呈現，甚至連下課都留在位置繼續完成，從這些紀錄中真的能夠發現孩子們的進步！

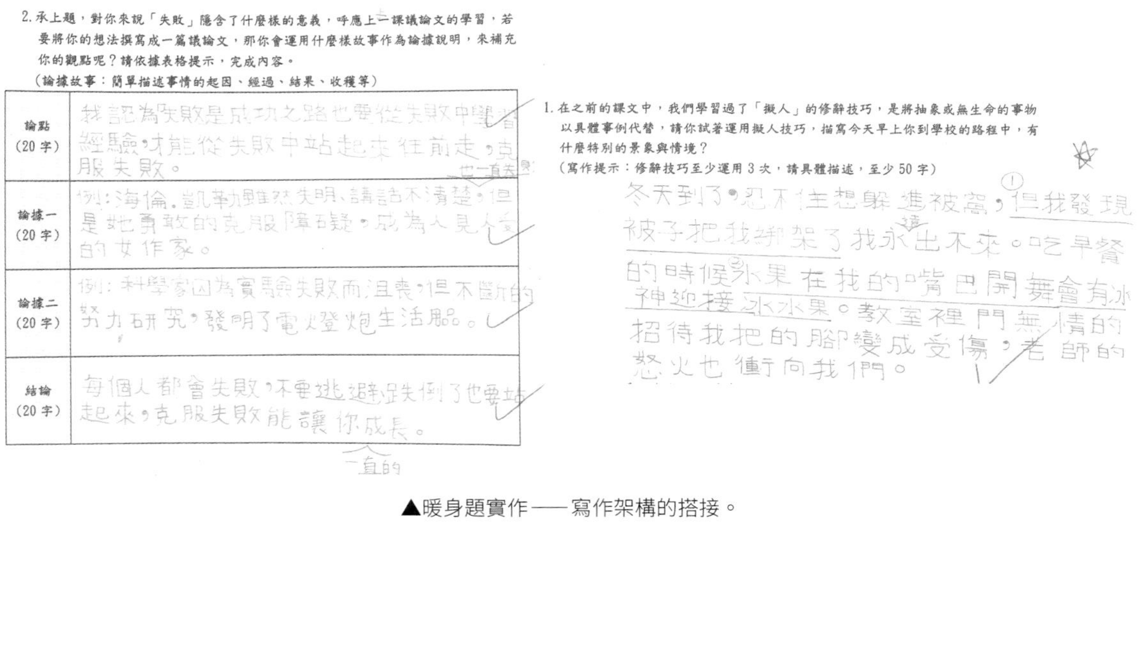

2. 承上題，對你來說「失敗」隱含了什麼樣的意義，呼應上一課議論文的學習，若要將你的想法撰寫成一篇議論文，那你會運用什麼樣故事作為論據說明，來補充你的觀點呢？請依據表格提示，完成內容。
（論據故事：簡單描述事情的起因、經過、結果、收穫等）

| | |
|---|---|
| 論點（20字） | 我認為失敗是成功之路也要從失敗中學習經驗，才能從失敗中站起來往前走，克服失敗。 |
| 論據一（20字） | 例：海倫．凱勒雖然失明、講話不清楚，但是她勇敢的克服障礙，成為人見人愛的女作家。 |
| 論據二（20字） | 例：科學家因為實驗失敗而沮喪，但不斷的努力研究，發明了電燈泡生活用品。 |
| 結論（20字） | 每個人都會失敗，不要逃避，跌倒了也要站起來，克服失敗能讓你成長。 |

1. 在之前的課文中，我們學習過了「擬人」的修辭技巧，是將抽象或無生命的事物以具體事例代替，請你試著運用擬人技巧，描寫今天早上你到學校的路程中，有什麼特別的景象與情境？
（寫作提示：修辭技巧至少運用3次，請具體描述，至少50字）

冬天到了，忍不住想躲進被窩，但我發現被子把我綁架了我永出不來。吃早餐的時候冰果在我的嘴巴開舞會有冰神迎接冰水果。教室裡門無情的招待我把的腳變成受傷，老師的怒火也衝向我們。

▲暖身題實作——寫作架構的搭接。

3. 從之前的五下的課文『名人記趣』以及生活經驗的學習當中，你覺得『說話』應該具備什麼樣的能力？（請列點說明）

我覺得說話應該要具備有聰明頭腦的能力，因為說話是需要用到頭腦的，不要以為說話很容易，只要講出不對的話，後果會非常慘的。

4. 這是一篇議論文，根據五年級「從失敗中覺醒」，議論文的三要素是論點、論據和結論。請你就標題來推測「說話也要停看聽」這一課的論點是什麼？

我覺得這課的論點是，如何說話。

▲暖身題實作——連結舊經驗的延伸學習。

3. 你相信自己有改變世界的能力嗎？為什麼呢？
（寫作提示：我相信/我不相信，因為……，至少列出三點看法，至少 30 字）

我相信自己有改變世界的能力。因為雖然我還小但是我能改變世界。我能隨手關燈、減少垃圾才不會讓地球暖化。也因為人有條生命你能用生命幫助世界。世界是無極限的怎麼改造都可以。

改變是從自己開始的！

3. 昨天我們也運用了大石頭排序的技巧來製作青梅醋，請你比較這以下的狀況會產生什麼不一樣的結果，並說說你們是怎麼做的。

| 方式 | 由大到小 | 隨意排放 | 由小到大 |
|---|---|---|---|
| 畫出圖示 |  |  | 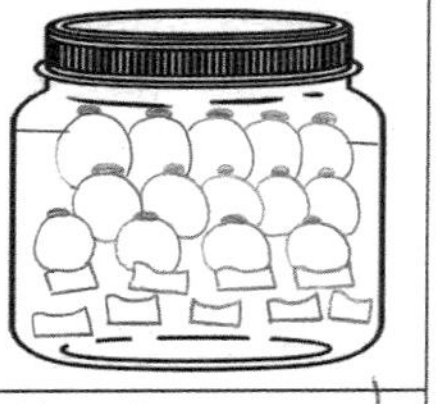 |
| 可能面臨問題 | 有可能會溢出來，梅子會太滿，沒有空隙可以吸收。 | 放的梅子會很少滿出來，不整齊，順序錯誤。 | 導致梅子無法製作成功，剩下梅子無法擺放。 |

▲我們的方法：

按照製作方法由大到小排列，由梅子先放再放冰糖再放醋，一步驟一行動你的梅子會更好吃，我也學到了要事第一這個習慣。

111. 5. 9

▲暖身題實作——多元的情境導入設計。

▲學生心智繪圖作品〈戲迷〉。

▲學生心智繪圖作品〈果真如此嗎？〉。

### ▲挑戰題：跨越文本建立獨立思考的價值

「讀寫合一、觀點探究、跨域延展，內化學習後，轉換為成長的養分，深入思考自我的意識，統整並延續學習的能量。」學習了文本內容的寫作特色，理解了作者觀點的陳述，彼此交織連結後，開始思索並建立讀者觀點的內涵，用多元不設限的方式，延續學習的所有可能性。

挑戰題為最後一層的提問，設計的方向除了重視學生個人觀點的陳述外，亦需整合、呼應暖身題與基礎題的鋪墊，所以提問的內容會以延伸學習、觀點探究作為主要的形式。而教學的方式會以教師引導為先，接續的是同儕共學討論，最後的關鍵則是學生個人意識的表現。

根據教學初期的提問設計，發現孩子習慣回答聚斂型的題目，若遇到沒有標準答案的問題時，容易文不對題，且思考缺乏深度，所以針對孩子的狀況，後期的設計調整為多元的提問與題型，希望學生能將文本的重點融入自身議題，並延伸發想，讓思考的角度加深加廣，並適時的跨域學習，不僅能增加課程的多元性，也能運用趣味的活動整合學習。

挑戰題的設計涵蓋的面相非常廣，除了激發學生自身情感的連結外，也搭配班親會、節慶活動，讓家長、老師也能一起體驗，讓文本內容走出框架，真正融入生活中，同時也讓學習變得更為全面（案例為：康軒六上第一課〈神奇的藍絲帶〉）。

除了活動式的延伸外，更包含讀者觀點的探究，希望藉由提問的引導讓學生具備思考與辨析的能力，並將自身故事帶入情境中，讓思考更為聚焦。而這類型的提問增加了學生的想法流動，擴散型的題型因為沒有標準答案，所以更能夠進行創意的發想，教師也能從學習單的答案中，看見不一樣的學習與改變，而學生也因為題型有趣、不設限，更喜歡也更投入學習，這樣的學習成效是我從未感受過的！

而讀寫合一的部分會針對寫作形式進行探究，除了修辭延伸運用外，也會運用仿寫的練習，來增強學生的寫作技巧，更能深化文本內涵（案例為：康軒五下第八課〈動物的尾巴〉）。

### ▲定期評量：統整文本意涵、收束學習能量

「教學與評量並行，檢核與修調共進，從文本出發的學習旅程，終將回到讀者觀點的收束。」改變評量的限制，讓它成為延續學習的方式，走出文本的框架，融入生活情境的素材，激發自我意識的抒感，讓學習真正的走入我們的生活；而檢核的目的本就是為了回顧過去的學習，以及展望、修調未來的教學，縮短教與學之間的距離。

由於我任教的偏鄉小校，一個學年僅有一個班級，所以

Q1 呼應暖身題第二題，你認為藍絲帶神奇的地方在哪裡？（至少 30 個字）

我認為藍絲帶神奇的地方是在它可以一直傳下去，讓每一個人都可以拿到愛和關懷等，也讓缺少自信心的人，變的很有自信。

Q2 如果現在你的手中有三條藍絲帶，你會想分別送給哪三個人？為什麼？
運用幸運小卡（寫給家人、師長、同學、學弟妹），並進行頒獎儀式
參考藍絲帶頒獎儀式說的話進行改寫如下，

『我要把藍絲帶別在 OO 的心上
因為你＿＿＿＿＿（行為動作）
你是我的＿＿＿＿＿（譬喻一人擬物）
＿＿＿＿＿＿＿＿（功用）
祝福你＿＿＿＿＿＿＿＿（祝福語）』

我要把藍絲帶別在我音樂老師的心上，
因為你教我小提琴、鋼琴、節奏，
你是我的貝多芬，教我許多琴藝，
祝福你蕙質蘭心。

我要把藍絲帶別在我的弦樂團老師的心上，
因為你教我們怎麼讓一個樂團的曲子拉起來會很好聽，你是我們的音符，引導著我們，
祝福你天天開心。

我要把藍絲帶別在我的父母的心上
因為你把我生出來，你是我的發明家，
祝福你平平安安。

變得

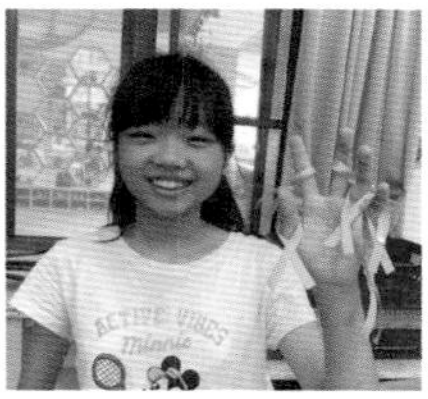

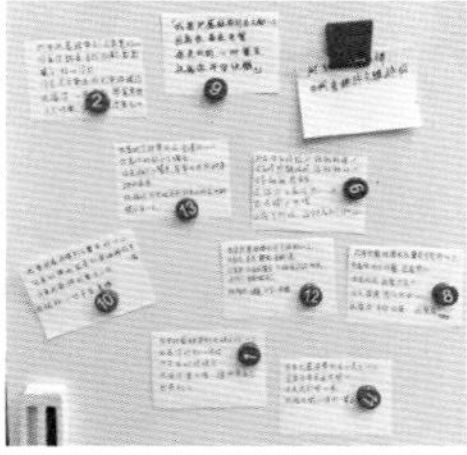

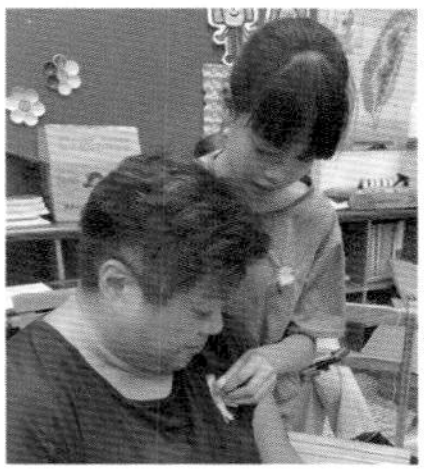

我要把藍絲帶別在東銘的心上，
因為你有時候很皮，但心很細膩又貼心，常常會提醒阿嬤要小聲說話，你是我的小菩薩，因為有你，我和阿公才不會很無聊，有你真好。
阿嬤祝福你天天開心的學習，才會增長智慧喔！加油！加油

▲挑戰題實作——主題式的課程整合〈神奇的藍絲帶〉。

Q3 呼應挑戰題第二題，若將最後一段的內容，結合「天生我材必有用」這句話，是否也說明了每一個尾巴都有它的功能與價值。如果動物的尾巴可以互換，會發生什麼有趣的事情呢？動動腦，發揮你的想像力，我們來一場「看見自己尾巴的重要之旅」吧！

▲請根據以下提示，思考你可以如何進行尾巴交換之旅：（每部分至少 25 字）

| |
|---|
| 一、選定一個動物主角，說明牠發生了什麼困境，為什麼會想要到尾巴租借商店換尾巴？ |
| 二、第一次換了哪一個動物的尾巴？有什麼樣的外觀、好處？碰到什麼樣的困擾？ |
| 三、第二次換了哪一個動物的尾巴？有什麼樣的外觀、好處？碰到什麼樣的困擾？ |
| 四、第三次換了哪一個動物的尾巴？有什麼樣的外觀、好處？碰到什麼樣的困擾？ |
| 五、天生我才必有用，再度換回自己的尾巴，有什麼樣的感受和想法？ |

老鼠的尾巴太長時常勾到許多物品，尾巴藏有許多病毒及感染菌，也非常討厭尾巴的存在，想換一個神奇、實用的尾巴。

傷

海豚的尾巴很有特色能在水中游泳，有如美人魚很漂亮的尾巴，能在空中翻滾表演特技，但那尾巴使牠很難行走容易跌倒受傷的行為發生。

傷 傷

兔子的尾巴很短細小毛茸茸的，減少許多病毒，也不會造成許多不便，尾巴也不會在地上一直拖造成毛脫落，但造成牠在陸地上活動會很不方便。why？

不可思議 不可思議

老鷹尾巴控制飛行方向，減少受傷和衝擊力，尾巴有很多不可思議的功能，但使牠行動不便很難獵食。議

原來動物的尾巴有優點和缺點，每個都有不同用途及功能，不用在意別人看法，每個動物尾巴都有不同價值及意義。

內容完整、豐富！ OK

5

111. 4. 29

▲挑戰題實作——讀寫合一的延伸〈動物的尾巴〉。

在定期評量的設計上，能夠更符應教學的需求，讓學習更為深化。雖然大方向的考題是不變的，但試著加入心智繪圖的題組，初期為課文內容的提取，後期則為類文的閱讀與歸納，此外，也能透過申論的挑戰題，理解學生的學習狀態以及個人觀點的探究，並將內容作為後續教學調整的依據。

定期評量的提問設計會以統整觀點作為開頭，與生活情境或新聞議題作結合，讓文本內容不再只是紙上談兵的空想，而是能夠運用到生活中的實踐（案例為：康軒五上第二次定期評量、五下第二次定期評量）。

## 成長，堅定信念迎風而行

### ▲反思讓學習更聚焦

「回顧學習歷程，調整應對的方式，才能用更踏實、更準確的步伐，展開下一段旅程。」透過每一課反思單的回顧，能具體檢核學生階段性的學習，且能夠藉由學生的反思與建議，分析教學的不足，以作為後續課程調整的依據。

除了每一課的學習反思外，學期的總反思單也設計了一些提問，讓學生用趣味的方式分析整個學期的學習，並分享自己所遇到的狀況與解決方式，最後再給予新的期許與展望；而家長的回饋與支持也是這學期課程調整的原動力，看見孩子的成長是最真實、最好的肯定了！

### ▲整合學習的實踐家

「蒐集學習的養分，拼揍成屬於我們的學習地圖；記錄成長的點滴，匯集成前行的能量，也見證了這一路走來的精彩。」完成學習歷程後，學生會將所有的學習單依序排列並裝訂成冊，再為這一階段的學習下一個註解，不僅富有回顧之意，更隱含了期許與希望。

四處飄散的獨立學習單，經過學生全心全意的投入，變成了集結成冊的學習檔案，就如同隱藏在各個文本裡的學習知識，透過 MAPS 的提問整合，搖身一變，成了串連學習與生活的橋梁，幫助我們的學習旅程更加踏實！

## ◆回首來時路——創作屬於我們的詩篇

「一段段的故事，需要標點符號的連接，才能串接成一篇篇扣人心弦的文章，而我們的教學篇章，也需要成長的標記，記錄來時路的精彩斑斕。」或許教學的路程迂迴波折了點，但走著走著，總會抵達終點的，這些成長的足跡是清晰可見的，而教師的教學歷程就如同小種子發芽一樣，每一階段都值得記錄。

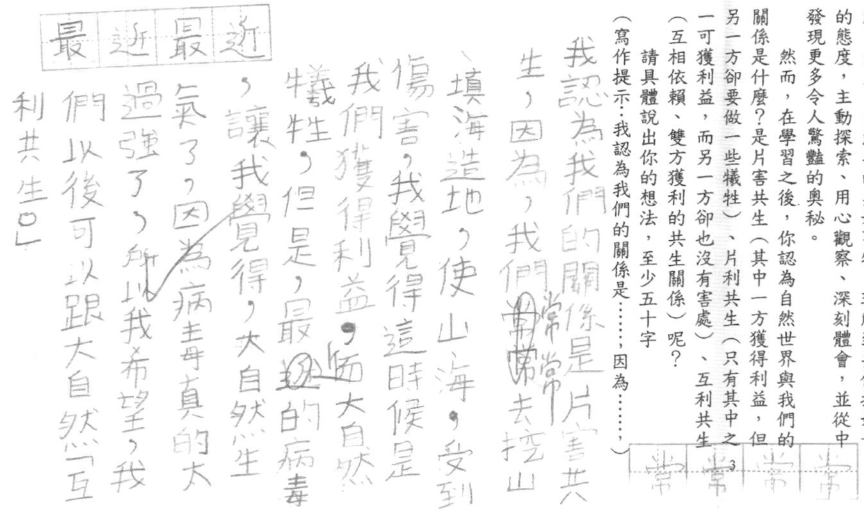

這次的考試範圍中，我們透過課文的內容，了解了火星、自然界的美妙事物，理解到要保持好奇的態度，主動探索、用心觀察、深刻體會，並從中發現更多令人驚豔的奧秘。

然而，在學習之後，你認為自然世界與我們的關係是什麼？是片害共生（其中一方獲得利益，但另一方卻要做一些犧牲）、片利共生（只有其中之一可獲利益，而另一方卻也沒有害處）、互利共生（互相依賴、雙方獲利的共生關係）呢？

請具體說出你的想法，至少五十字

（寫作提示：我認為我們的關係是……，因為……）

我認為我們的關係是片害共生，因為，我們常常去挖山、填海造地，使山海，受到傷害，我覺得這時候是我們獲得利益，而大自然犧牲，但是，最近的病毒，讓我覺得，大自然生氣了，因為病毒真的太過強了，所以我希望，我們以後可以跟大自然「互利共生」

常 常 常 常

最 近 最 近

▲定期評量──單元主題的學習統整。

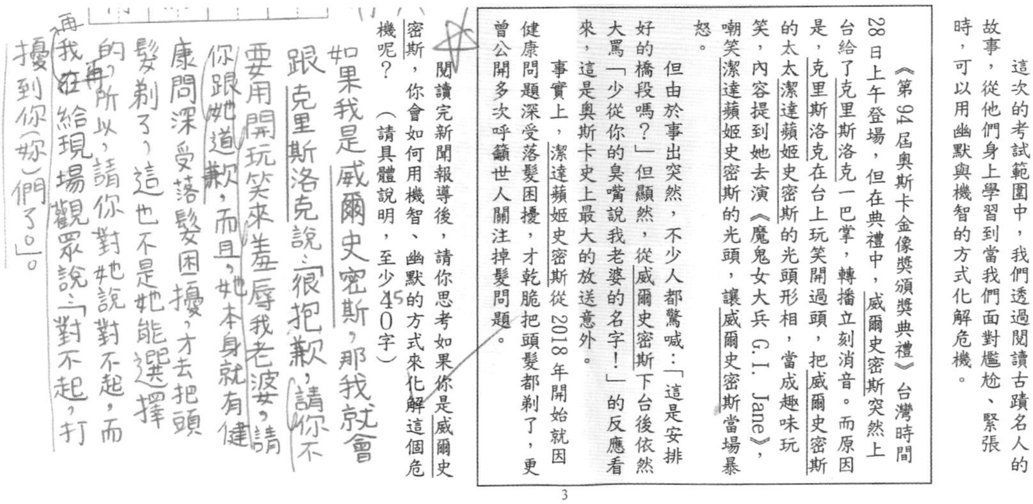

這次的考試範圍中，我們透過閱讀古蹟名人的故事，從他們身上學習到當我們面對尷尬、緊張時，可以用幽默與機智的方式化解危機。

《第94屆奧斯卡金像獎頒獎典禮》台灣時間28日上午登場，但在典禮中，威爾史密斯突然上台給了克里斯洛克一巴掌，轉播立刻消音。而原因是，克里斯洛克在台上玩笑開過頭，把威爾史密斯的太太潔達蘋姬史密斯的光頭形相，當成趣味玩笑，內容提到她去演《魔鬼女大兵 G.I. Jane》，嘲笑潔達蘋姬史密斯的光頭，讓威爾史密斯當場暴怒。

但由於事出突然，不少人都驚喊：「這是安排好的橋段嗎？」但顯然，從威爾史密斯下台後依然大罵「少從你的臭嘴說我老婆的名字！」的反應看來，這是奧斯卡史上最大的放送意外。

事實上，潔達蘋姬史密斯從2018年開始就因健康問題深受落髮困擾，才乾脆把頭髮都剃了，更曾公開多次呼籲世人關注掉髮問題。

閱讀完新聞報導後，請你思考如果你是威爾史密斯，你會如何用機智、幽默的方式來化解這個危機呢？（請具體說明，至少40字）

如果我是威爾史密斯，那我就會跟克里斯洛克說：「很抱歉，請你不要用開玩笑來羞辱我老婆，請你跟她道歉，而且，她本身就有健康問題深受落髮困擾，才去把頭髮剃了，這也不是她能選擇的，所以，請你對她說對不起，而我再給現場觀眾說：「對不起，打擾到你(妳)們了。」」

▲定期評量──新聞議題的融入。

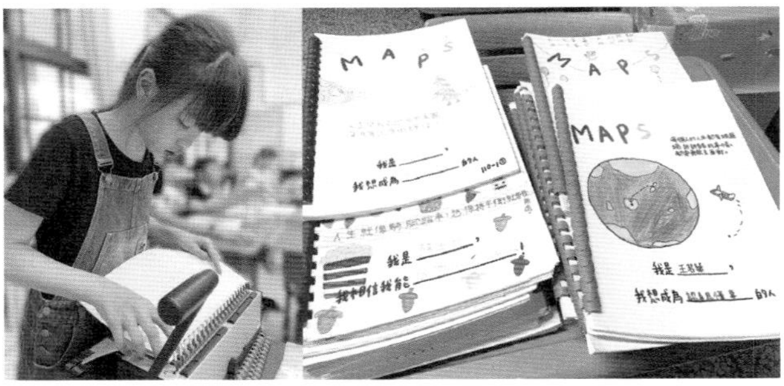


▲裝訂成冊的學習檔案。

▲努力學習的實踐家們。

1. 這學期的國語課有什麼不一樣呢？對於課文的理解、自己與課文的連結有什麼樣的改變和成長呢？（至少 50 字）

這學期的國語課多了MAPS的教學，MAPS中的心智圖讓我對課文更加的了解，反思單讓我知道自己有什麼不足的地方。

2. 當你將你的學習記錄裝訂成冊後，有什麼樣的感受呢？覺得自己有什麼樣的成長？（至少 30 字）

我看到一本 厚 反反的學習單覺得很有成就感，而且也覺得自己很厲害，還覺得老師很辛苦。→真的很辛苦

3. 在整個學習過程中，哪一個部分是你覺得困難的部分？為什麼？你運用什麼方法克服它，請具體說明。（至少 30 字）

我覺得總反思很困難，因為要回想這學期學的東西，我 透 過請教同學 詢 問老師來完成它。

6. 這學期即將結束，如果有位神奇魔法師，你認為他需要具備什麼特質？若他要為你調製國語學習的配方，你認為應該添加什麼秘方呢？

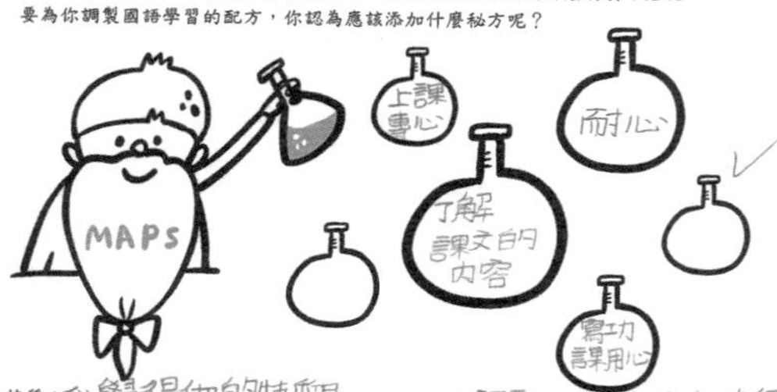


▲特質：我覺得他的特質是要懂的去感受邊人的心情。

▲成分說明：上課專心：因為我有時候上課都會不知道老師在上哪裡。耐心：有時候在教同學不會的作業，如果他一直聽不懂的話，我會很想放棄。了解課文內容：有時候我會聽不懂這段的內容是要表達什麼。寫功課用心：因為我有時候寫功課會分心。

7. 為自己這學期的學習下一段註解：

繼續的往下一個目標前進喔！

很謝謝老師這樣用心，讓孩子以這活潑生動的方式來學習，刺激他們的內在想法及認知，懂得分享課文帶來的感受，讓他們會表達描述及分析……

1. 學習完這課課文後，最令你印象深刻的學習內容是？影響了你什麼？（30 字）

▲課文內容、句型、修辭……　（寫作提示：我學習到了……，讓我知道……）

我學習到了基礎題掌握重點的方法，使我寫的很快，也越寫越熟練，讓我知道原來基礎題很簡單，要看你的耐心了。

2. 我的語詞分數：100分；我的複習卷分數：92分

3. 回顧這一課的學習，你覺得哪個部分你做得很好？哪個部分需要再加強？

預習單、暖身題、基礎題、心智繪圖、挑戰題、複習卷、生字、語詞、修辭、句型、課文內容……

（至少選擇一項，請具體說明，至少 20 字以上）

| | |
|---|---|
| ☺ | 我覺得心智繪圖做得很好，因為架構是正確的插畫也很豐富，了解課文簡單重點，幫助記憶力。 |
| ☹ | 我覺得複習卷需要再加強，因為選擇題有些字沒教過，字音字形也有點不懂。 |

4. 根據你的反思，完成本課的學習分析圖。（先點好分數，再用直尺連線）

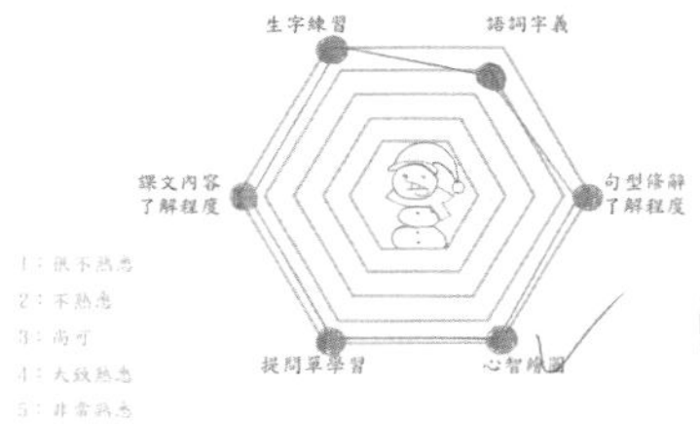

每課反思單

4. 在整個學期的學習後，你認為有哪些部分可以更好，請具體說明你的建議與修正方式。（課程內容、教學方式、學習單形式、作業量、延伸活動、課後學習內容等…… 請使用完整的句子陳述，至少 30 字）

我覺得這次的作業比上學期的作業少了很多，也簡單很多，學習也變的更有趣了。

5. 若以能量線段來說明，你認為本學期的表現大概有多少%呢？為什麼？

因為MAPS讓我更了解課文。

✿成長的路上謝謝有家長一路的支持與鼓勵，讓孩子能夠有更充實、豐富的學習，在學期的最後，請家長給予孩子一些正向的回饋，讓他們能更有動力前進！

一開始個學有發現老師的教法有所改變，後來開完班親会才了解原來是「MAPS」教學法，我好開心！謝謝老師的認真學習，帶給孩子們不一樣的學習方式，真的很適合孩子們！從抗拒排斥，到現在漸漸適應思考的深度廣度越來越寬，繼續加油吧！

▲反思單實作——反思與回饋。

## 標記成長的印記

### ▲問號？

原本是個好奇、覺得萬事充滿希望的種子，在發芽的過程中會遇到種種的困難與挑戰，也會面臨許多的質疑，尤其當自己很努力的想做好這件事，但卻看不見明顯的成效時，真的會有許多的迷茫，並會反覆懷疑自己當初的決定是否正確，這就是我面臨的第一道關卡，但值得慶幸的是，我沒有選擇放棄！

### ▲驚嘆號！

第二階段即是調整新方向，因為學生的學習需求不同，所以增加了不一樣的學習成分，也因為多元、沒有限制的框架，增加學習更多的可能性，如同在茫茫大海中找到了新的方向。

### ▲分號；

既然有了調整、修正的依據，學生即能更聚焦的學習，教師在設計提問時，也能有更多元的觀點、思維，而象徵轉折、分段意涵的分號，就如同開啟下半段旅程的起點，放下既有的框架，才能創造、發掘更多的不一樣。

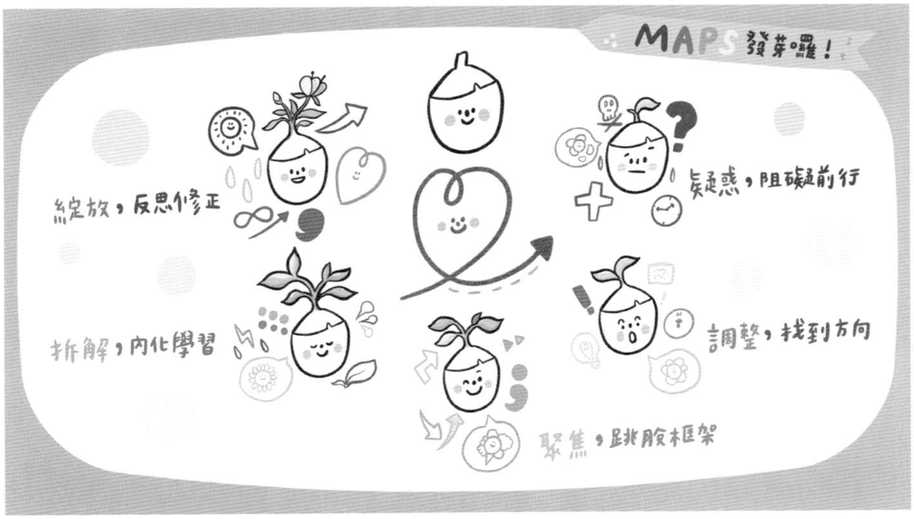


▲小種子發芽歷程。

▲刪節號……

延續學習的因子，教師漸漸的拆掉搭接的鷹架，讓學生能找到屬於自己的學習模式，就像落地生根似的，引導學生開啟嶄新的學習篇章，並能強化內在的裝備，當遇到考驗時，也能微笑迎接、勇敢應戰。

▲逗號，

有了學習的模組後，即能化身為美好的小逗號，開啟另外一段學習的旅程，或許現在只處於微綻放階段，但只要繼續前行，一定會看見更美的風景，用更完整的自己，迎接下一個學期的教學與學習。

## 下段旅程：成為更好的自己

▲見證成長，築夢而踏實

「每一步都算數，即便是微小的改變，都是成長的足跡。」開始 MAPS 的課堂實踐後，彷彿走進了進退兩難的迷宮裡，進一步是擔心害怕，退一步卻又覺得萬分可惜，每一次舉足都需要卯足全力，才能站穩腳步，勇敢邁進，但是回首才發現，每一步都是成長的印記，只要教師調整好心態與步調，孩子會依序跟上節奏的！前行的路上，我們從不孤單！

從學生的學習歷程檔案中，發現他們顯著的成長，從一開始毫無頭緒的書寫，到現在已能侃侃而談自己的想法，從錙銖必較的算字數輪迴中跳脫，成了樂在書寫與分享的夢想家，我想這就是這趟奇幻探險的最大收穫！

▲勇敢做夢，盡全力實踐

「謝謝每一位願意為教育努力的勇敢靈魂，在教學與學習的路上，我們都在用心播種，或許當我們踏出第一步時，就已經離百花齊放不遠了。」每一顆獨一無二的種子都有自己綻放的時機，別急著收成，有時候等待也是成長。謝謝 MAPS、謝謝山中大叔、謝謝攜手前行的夥伴們、謝謝一路給予我們養分的您們，讓我們更有勇氣向前進！別害怕做夢，因為我們都是夢的實踐家，用最堅定、最溫暖的步伐，開創屬於我們的嶄新旅程，成為更好的自己！

放下既有的框架，展開一場不一樣的「探險」之旅，或許未知的前方會帶來些許的恐懼與不安定，進而侵蝕了前行的勇氣；這時，請記得回首看看當初繪製的藍圖，相信每一個選擇都是旅途中最精彩的片刻！

【國小領域】

3

# 廖敏惠／我的 MAPS 園丁人生

臺中市北屯區仁美國小

## 山中大叔導讀

**所有的教學高手都經歷過自廢武功、打掉重練的徬徨與篤定，只有勇敢探究教學現場的真實樣貌，才有機會得見課堂的嶄新桃花源。**

**敏惠老師自詡為教學園丁，細心而有系統的透過 MAPS 三層次提問設計，為她的種子撒肥與灌溉，歷經天災與修剪，終於看見種子萌芽與茁壯。經過敏惠老師調整過的 MAPS 教學進程，是為她的孩子量身打造的鷹架，不斷的扶持與拉拔孩子循著各自的節奏成長，隨時補充的正向鼓勵如暖陽、如空氣，讓孩子突破逆境化為動力，一起等待豐收的喜悅。**

## ◆ 整地——打造孩子與我的「MAPS」田地

### 花時間重整自己，只要有決心就有希望

在踏入教育這一塊領土時，我就一直以裴斯塔洛齊的教育理念「教師即園丁，學生如花木」為自我所追求的目標與理想，將學生的學習過程比喻為樹木的成長，透過教師不斷的施肥、灌溉、修剪，在日復一日的培育下，逐漸成長茁壯，但對於我這個教學菜鳥來說，真的有這麼容易將理念轉為實踐嗎？

雖然剛考上就參加過初任教師工作坊，也加入許多教學分享的社群媒體，甚至在教學設計上有許多憧憬與想法，不過在實行上卻沒有一定的章法與脈絡，好像一直在盲目的施肥、灌溉，心中常有不踏實的感覺，總覺得一再依循別人的腳步前進，卻沒有自我的獨「道」風格，就連產出的學習單，也總是參考前人的作法，沒有因應學生的程度做轉換。

而伴隨著教育改革日益壯大的情況下，在教學過程中，也赫然發現孩子們的閱讀能力日漸下降，不僅受到許多資訊媒體的誘惑，對於生活的感知也越來越薄弱，以至於對較為單一的學習模式愈發沒有動機與成效。

在任教一年後，我便想改變自己的教學模式和方法，決定自我進修，至母校臺中教育大學報考課程與教學研究所，除了增進自己的專業知識外，同時也想與教授和學習夥伴有一些想法上的碰撞。

就在我苦惱小論文要探究的主題時，我看見品薇學姊在社群網站上分享了她在 MAPS 的教學成果，感覺那是非常美的教學風景，也不免讓我產生好奇，便鼓起勇氣私訊學姊，請她與我分享她的教學模式，並邀請她成為我的訪談對象。她也很熱情的邀請我去聆聽她分享的回流論壇，讓我更深入了解 MAPS 的運作模式，亦在訪談結束後，鼓勵我參加第三屆種子教師的培訓，帶我踏上 MAPS 的美好旅程。

### 打掉重練不畏懼，日後才有一片好風景

培訓後的我，雖然滿腔熱血，但心中仍徬徨無助，因為接任學年主任，又加上每晚的在職進修，我沒有馬上著手實施 MAPS 教學，但那股衝勁與改變的決心，依然在我血液裡蔓延著，時常告訴自己，既然有決心打掉重練我的教學模式，我就必須做好萬全的準備。

於是，在我接任新班級時，我決定開始實施屬於我和孩子的 MAPS 課堂，利用暑假時間備課，並以這個班級作為我論文的研究對象，展開我的 MAPS 園丁人生，在這片田地裡默默埋下新的期望，願自己與我所培育的小種子能在其中有所蛻變與成長。

## ◆培育 MAPS 小種子的成長日記
## ——施肥、灌溉、天災／修剪

在接任這個班級時，其實有非常大的壓力，因為全班二十九個孩子，就有十一位需要補救教學，雖然其中幾乎都是數學需要扶助，但就我的觀察，我認為數學扶助最大的問題是在應用理解，而這與國語文有密不可分的關係，因此對我來說，孩子們的閱讀理解能力是非常需要被強化的。

所以在五上實施 MAPS 時，為了了解孩子們的程度和實力，我並未全然的照著 MAPS 的步驟走，而是期望能以循序漸進的方式，依循 MAPS 的原則做些許的調整，因而造就了我的 MAPS 教學進程，透過施肥、灌溉、天災／修剪，逐步培育我的小種子成長。

### 施肥——撒下 MAPS 肥料，逐步建立課堂脈絡

**▲課前：生字前測、十六格賓果遊戲**

「不用很厲害才開始，要開始了才會很厲害！」是我踏出第一步的信念與動力，即便知道過程中可能會面臨困境，也要毫不畏懼的面對挑戰。在實施 MAPS 時，我先採用異質性分組，將全班的孩子分成六組，讓他們能透過自我的角色

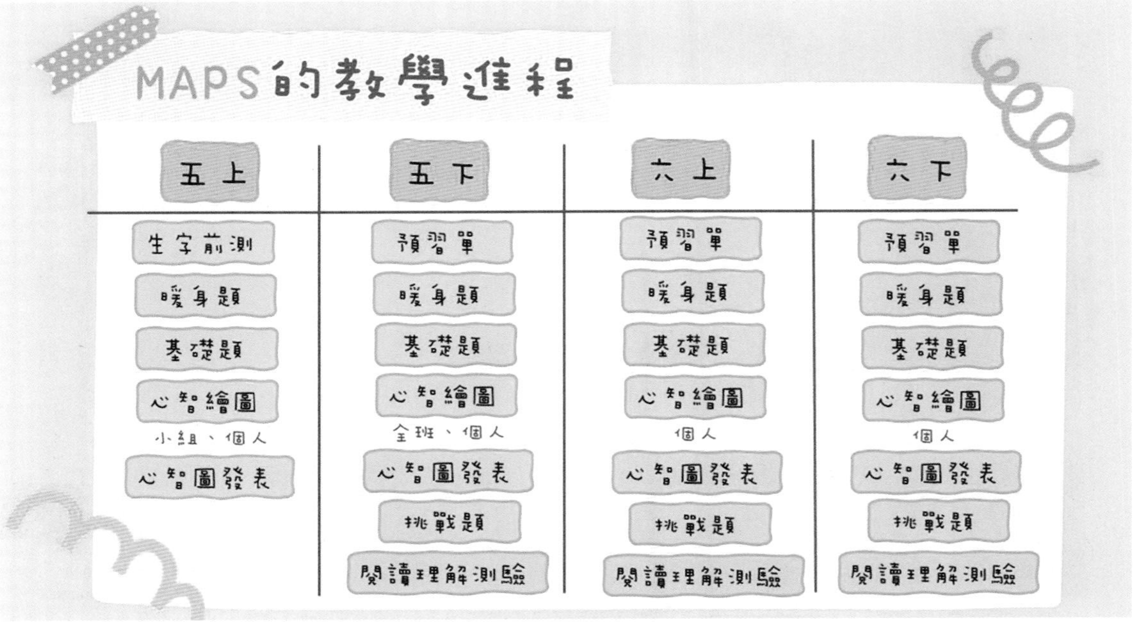

▲我的 MAPS 教學進程。

界定，清楚自己的任務及崗位，從中建立團隊合作的向心力。在國語課堂前，為孩子打一劑強心針，讓孩子初步了解國語課堂的樣貌，且透過自我介紹的心智繪圖，了解分層的概念。

實際進入課堂，在操作的步驟上，為了養成學生預習的習慣，且確保他們的基底都有打穩，故在課前都會進行生字前測，並搭配試後十六宮格的賓果遊戲，透過獎勵制度引起學生的預習動機，不僅讓孩子不再畏懼考試，反而還樂在其中，更因此養成課前預習的習慣。

## ▲課中：循序漸進三層次提問

緊接著再進行三層次的提問策略。由於學生第一次接觸到這樣的教學模式，一開始在小組討論及教師引導上耗費不少時間，甚至超出原先預設的課堂時數。過程中不免有些驚慌失措，因而將重心擺在暖身、基礎以及文轉圖的教學歷程上，並培養學生上臺口頭發表的能力，藉此訓練學生膽量，同時讓他們適應未來所需具備的技能；挑戰題的部分則先省略，待學生熟習脈絡後，再帶入討論。

其中在基礎題的設計，採用廖雅惠老師的作法，在每題的提問中，透過框線、雙底線、底線及波浪線等標示關鍵詞，為學生搭起文轉圖的鷹架，讓學生清楚掌握心智圖的分層脈絡，再從班上的小組共作、心智圖口頭發表，到回家作業的

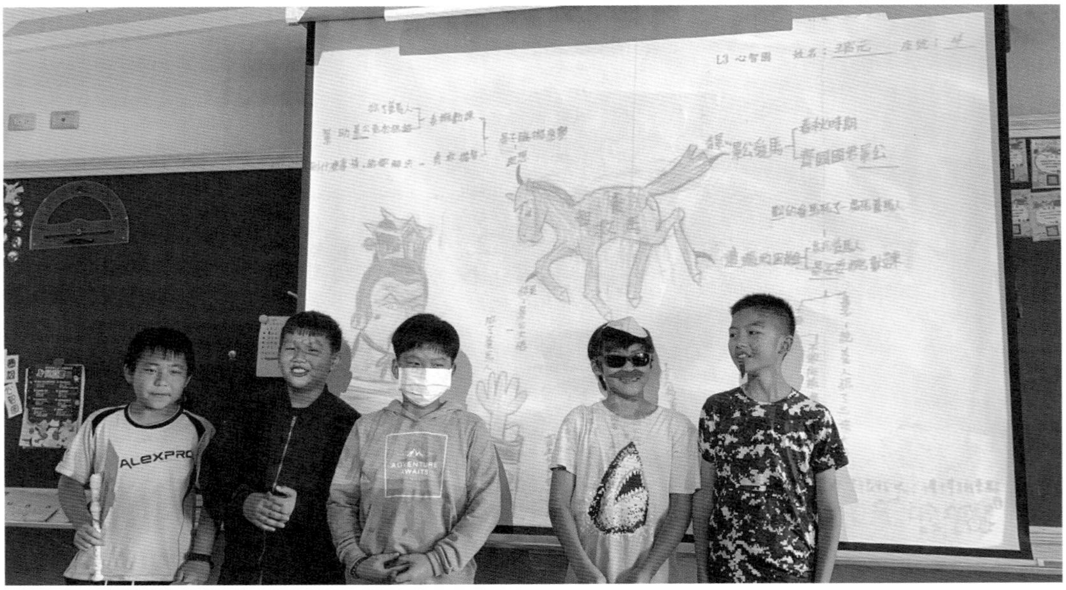


▲小組的心智圖發表，還自行加入了戲劇的演出。

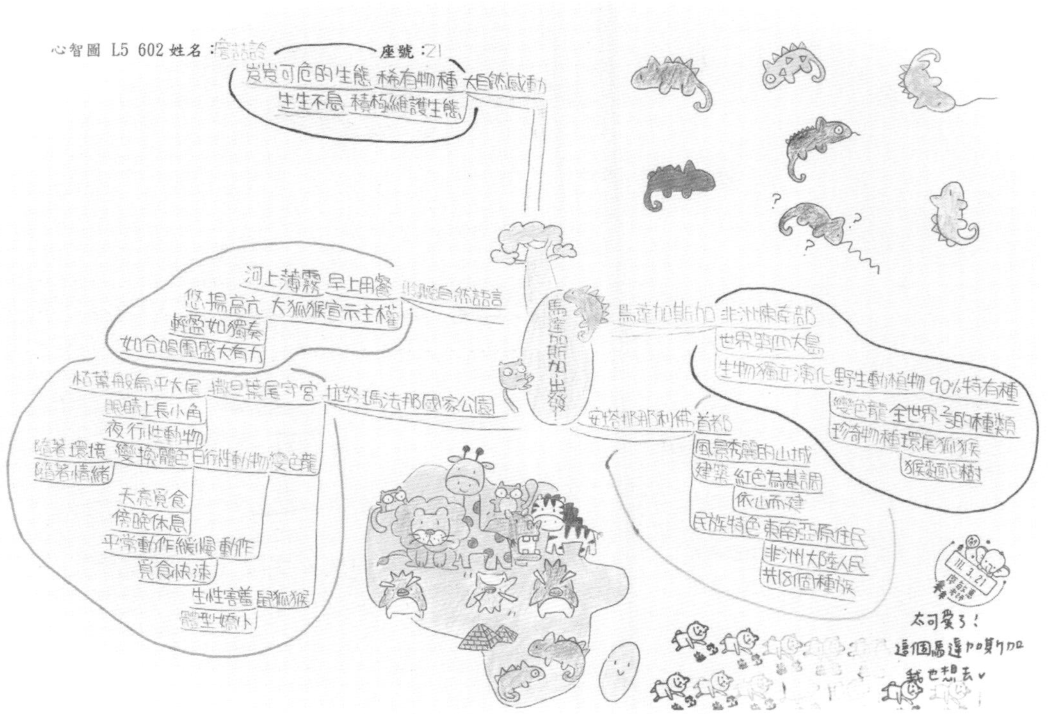


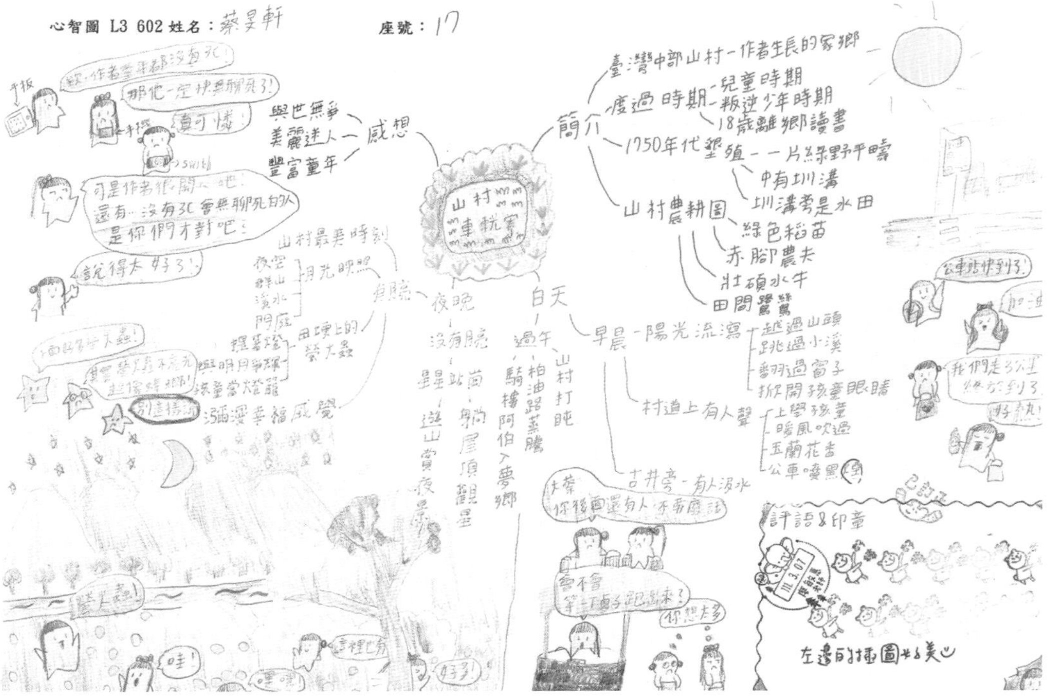


▲學生心智繪圖作品，帶入文本情境漫畫及插圖。

個人心智繪圖，一步步加深學生對課文內容的印象與理解。

至第一次段考結束後，待學生都能跟上教學的步調與軌道時，加入挑戰題的討論，讓學生進行觀點探究，以第三者的觀點對作者及文本進行比較與分析，適時的表達自我的看法。不僅透過課文引導，嘗試讓孩子進行讀寫整合，亦利用孩子的想像及創造力做跨域延展，與學校的藝文特色結合。其中最具代表的跨域整合就是五下〈恆久的美〉，透過拾穗婦女的動作引發聯想，讓學生想像婦女若不是在撿拾稻穗，那麼她們在做些什麼？孩子們的想像力果然不容小覷，有的說她們是跑大隊接力時掉棒，有的說她們在種菜，有的說她們在畫畫……想像讓原本的畫作有了新的生命力，也因此讓這課的挑戰題增添不少樂趣。

在讀寫整合的規劃上，五上有詩歌的體裁，因此利用統整活動中的詩文改寫，引導學生將詩轉變為記敘文，再加入情境及對話的描寫，不僅能發揮想像，也能激發孩子的思考；五下則是讓學生習寫議論文，利用前三課的課文內容以及課堂補充的機智故事，讓學生試著了解議論文的架構，嘗試提出論點、正反例與結論；六上的〈我願〉亦是透過詩歌題材，讓學生進行仿寫，體現我願的力量，學習掌握詩所欲表達的情境；其餘記敘文的書寫規劃，則比較偏重類文改寫。

「等待，也是一種修煉」，一切的教學都不能操之過急，

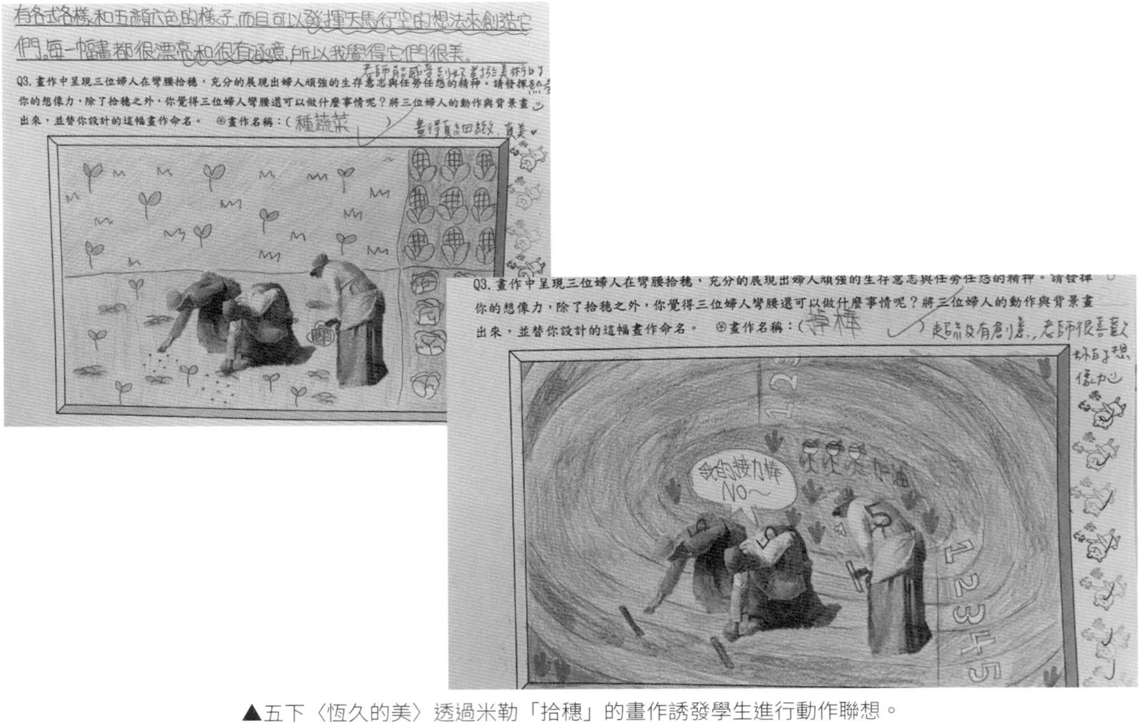


▲五下〈恆久的美〉透過米勒「拾穗」的畫作誘發學生進行動作聯想。

而是在一步步的努力中，靜待成長。到了五下，學生在生字的基礎上有一定的程度後，就取消生字前測，改為強化學生詞義理解與運用的能力，轉換課堂模式，在課前先進行暖身題的提問，而後回家自行概覽課文，習寫志豪老師分享的課前預習單（針對學生的程度再做增減或修改），其中包含：概覽課文後的提問、生字語詞與詞語延伸。這對本班學生有非常大的幫助，因他們習得的詞彙量少，不僅容易搞錯詞義，還時常誤用語詞，因此，多了這個課前預習，養成孩子求知與查字典的習慣，在長期的書寫練習下，錯誤率也降低不少。

在心智繪圖的操作上，取消小組共作，改由全班口頭協作，各組派人上臺講解分層架構，利用課堂時間繪製雛形，再帶回家自行完成。原以為低成就的孩子會沒辦法適應這樣的模式，但小組間為了競賽分數，他們會在組內先指導黑馬，再推派各組的黑馬上臺講解，所以老師也可以即時確認低成就的孩子，是否都已熟稔分層架構的形式。

### ▲調整：加入實作

此外，五下後，三層次提問設計上，也有部分的調整。暖身題的設計除了掌握三個出題要點外，同時針對課文的特性，加入許多實作，例如：五下第九課〈生命中的大石頭〉，透過實際操作實驗，將樂樂棒球、積木、沙子依序裝入罐子，了解時間管理的重要性，藉以分清楚事情的輕重緩急；六上第十二課〈最好的味覺禮物〉，利用三罐不同成分的柳橙汁，讓學生親自感知最好的味覺禮物是天然的水果原汁。

▲透過實際操作，了解事情的輕重緩急。

▲親自感知味覺禮物帶來的饗宴。

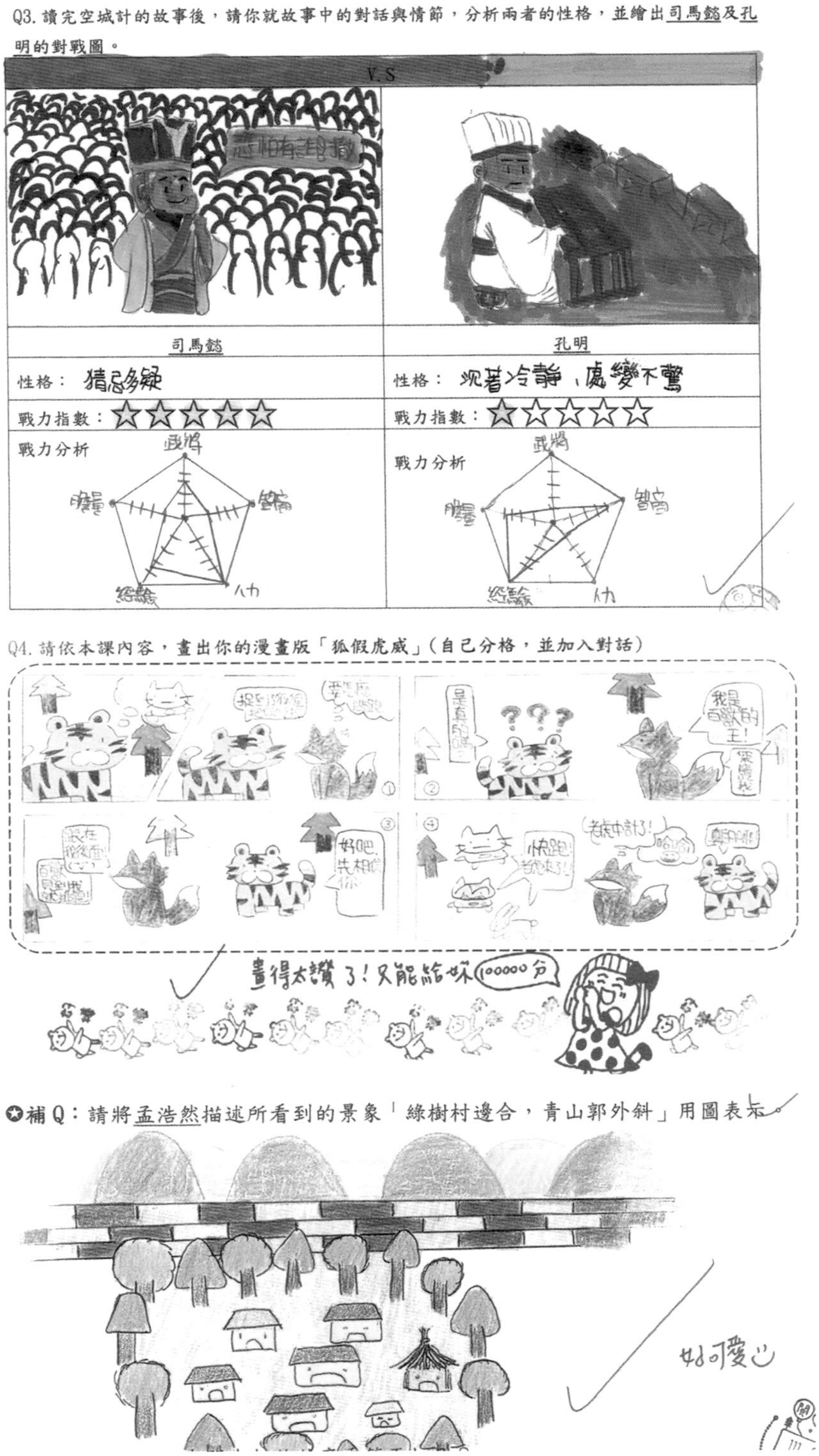
Q3. 讀完空城計的故事後，請你就故事中的對話與情節，分析兩者的性格，並繪出司馬懿及孔明的對戰圖。

| V.S | |
|---|---|
| 司馬懿 | 孔明 |
| 性格：猜忌多疑 | 性格：沉著冷靜、處變不驚 |
| 戰力指數：☆☆☆☆☆ | 戰力指數：☆☆☆☆☆ |
| 戰力分析 | 戰力分析 |



Q4. 請依本課內容，畫出你的漫畫版「狐假虎威」（自己分格，並加入對話）



✪補Q：請將孟浩然描述所看到的景象「綠樹村邊合，青山郭外斜」用圖表示。



▲將文本內容轉為圖像，不僅能擴充思考與想像，也能對文本更有印象。

Q2. 讀完整首詩後，請你化身為孟浩然，就他的觀點寫下這次去友人家的心情日記。內容可以提及去來他之前的心情與友人相處的過程，也可以加入小插圖唷！（至少 100 字） 寫得超好，還加入情緒 good 是朋友

日期 2 月 20 日　天氣：晴　心情指數：★★★★★

今天我收到老朋友的信，他說要我去他的村莊聊天，我馬上跳起來、打包行李，就出發了，好期待耶！老朋友的村莊非常美，房子外圍繞著綠樹，城牆外有著一排一排整齊的山，當我進到老朋友家時，他面帶微笑，桌子上擺滿了酒菜，我們面向曬穀場一邊喝酒一邊談論農作物的成長情形，到了傍晚我要回家了，雖然很捨不得，但是也有點期待，因為我們約好重陽日的時候，要一起去欣賞菊花。

Q4. 請根據課文中的格言，選一則以四個漫畫的形式呈現，畫作目的為提醒身旁的人，注意此格言的內容。

☺選用格言：宜未雨而綢繆，毋臨渴而掘井　好有創意，好喜歡

110.10.04 廖敏惠

▲融入情境也能詩歌及文言文體裁的文本更生動有趣。

對於這樣實作的提問設計，可以發現孩子對課文的理解程度更高，也能藉以引起孩子的學習動機，增加課堂的趣味及互動性，課後孩子也對這樣的實作暖身題讚譽有佳，反饋十分熱烈。而在基礎題的設計上，也自行增加了「✪補Q.」的提問，目的是希望在不繪製心智圖的狀況下，學生也能透過補充思考題，讀懂課文所要傳遞的深層意涵，同時也提高基礎題提問的挑戰性，增加小組間的想法碰撞，多了更多的思考迴圈。

## ▲驗收：閱讀理解測驗

但學習不單只有學，也要有成效與改變！對於教學者的我來說，當然也很好奇這樣的教學模式對孩子是否有實質的幫助，所以便開始思考我到底該用什麼樣的方式去檢核學生的能力？於是迷惘的我開始參考神人的作法，與同事一同討論，彼此交流，決定在五下的後半段課堂，加入課後的閱讀理解測驗。

測驗總共分為三大部分：第一部分是二十題生字語詞聽寫；第二部分則屬於閱讀理解題，主要著重在提問單討論過的題目、課文直接提取的內容以及「✪補Q.」的思考題上；最後第三部分為基礎延伸題，包含生字延伸的成語、字音字形的辨析與修辭法的辨別。其中第二部分和第三部分分數不納入計算，而是以加分的形式，做點數的累積，因初始的目的本就不是評斷孩子們的高低，而是希望藉此測驗，讓教學者的我可以清楚了解每個孩子的學習成效，進而在教學過程中，做些許調整與扶弱。

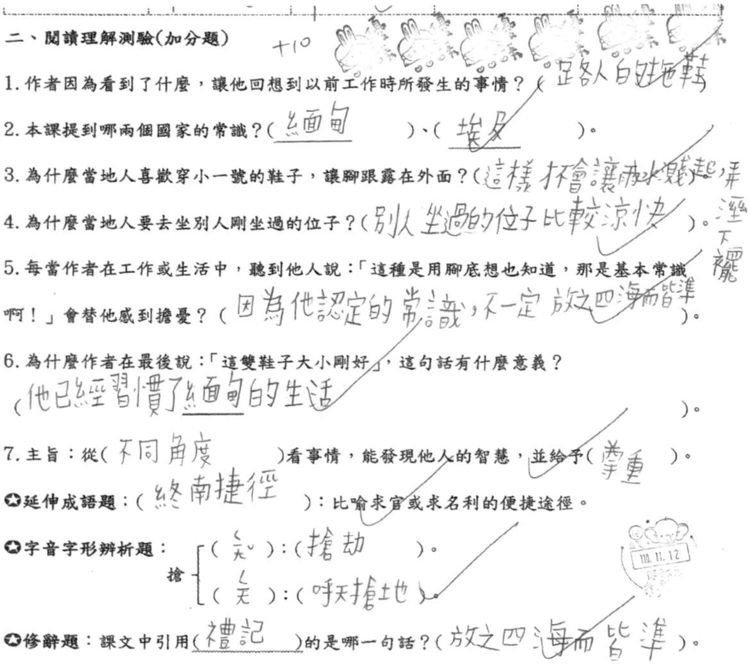
二、閱讀理解測驗(加分題)

1. 作者因為看到了什麼，讓他回想到以前工作時所發生的事情？（路人的拖鞋）
2. 本課提到哪兩個國家的常識？（緬甸）、（埃及）。
3. 為什麼當地人喜歡穿小一號的鞋子，讓腳跟露在外面？（這樣才會讓灰塵飛起來）
4. 為什麼當地人要去坐別人剛坐過的位子？（別人坐過的位子比較涼快）。
5. 每當作者在工作或生活中，聽到他人說：「這種是用腳底想也知道，那是基本常識啊！」會替他感到擔憂？（因為他認定的常識，不一定放之四海而皆準）。
6. 為什麼作者在最後說：「這雙鞋子大小剛好」，這句話有什麼意義？（他已經習慣了緬甸的生活）。
7. 主旨：從（不同角度）看事情，能發現他人的智慧，並給予（尊重）。

✪延伸成語題：（終南捷徑）：比喻求官或求名利的便捷途徑。

✪字音字形辨析題：搶（ㄑㄧㄤˇ）：（搶劫）。（ㄑㄧㄤ）：（呼天搶地）。

✪修辭題：課文中引用（禮記）的是哪一句話？（放之四海而皆準）。

▲閱讀理解測驗的出題方式。

## 灌溉——給予知識養分外，也要懂得強化

施肥完後，最重要的就是灌溉，透過陽光、空氣、水，不斷給予小樹苗充分的養分，強化小樹持續增長。而套用在教學上，我將陽光比擬成鷹架，空氣作為教師給予的獎勵與正向的鼓勵，水則是不斷變化的提問方式，讓孩子們在既有的模式下，透過不同的刺激延續學習的動機與熱情，亦是學生在學習過程中很重要的一環。

### ▲為低成就的孩子搭起陽光般的鷹架

「植物需要陽光才能存活，孩子也需要鷹架才能越爬越高。」在教學的過程中，不單只是透過小組拔尖扶弱、互助合作，教師的引導與差異化教學也頗為重要。班上總有那麼一、兩位學生需要老師特別照顧，而我們班也不例外，我身旁總是跟著兩位門神，每天早修及午休都坐在我身邊補缺漏的作業，不是心智圖沒畫、提問單沒交，就是挑戰題沒寫，時常將「不會」掛在嘴邊，即便有小組同學的幫助，好像始終跟不上大家的腳步，但他們不須我操心的便是口頭發表，上課不僅會踴躍發言，也很積極為自己與小組爭取榮譽。

面臨這樣的狀況，一開始內心非常掙扎，甚至不知道該怎麼取捨才是最好的選擇。但問題總要解決！為了不讓孩子逃避與怠惰，也不想讓其他學生效法，所以我索性調整自己的心態，為此給予差異化的標準，不逼迫他們馬上做好，而是讓他們慢慢跟上，嘗試自己做到。

在心智繪圖的部分，先口頭詢問他們分層架構，而後在旁協助他們把每條支幹繪製好，最後留下關鍵詞讓他們填入，除了減輕他們的書寫壓力，透過教師的鷹架和陪伴共作，也讓他們不再逃避書寫。至於暖身題及挑戰題的習寫，則是不限定字數，利用連接詞與範例改寫的方式，給予引導和鷹架，並將標準放低，僅要求扣題與語句的完整性。

通過這樣的扶助與訓練，到了六下，班上已沒有孩子缺交作業，大家都能夠獨立完成所有的挑戰，也從中讓我感受到身為老師的重要性。當你願意給予孩子更多的扶助與支持時，他會因你而有所改變，進而變得更加強大。

### ▲正向鼓勵與獎勵應像空氣般無所不在

正向鼓勵與獎勵制度的建立，一直都是大家熟悉的班級經營技巧，所以在開學時，便會與孩子建立獎懲機制，而我也將政忠老師的角色積分帶入我的小組競賽中，透過小組積分，每週結算、發放點數，增加學生發表的動機。原以為高年級對於這樣的機制，沒有太大的興趣，甚至擔心會不會最後形成都是黑馬在發表的局面。結果是我窮緊張了，在獎勵機制實行下，不但促使學生間更多的互動與對話，在課堂進

▲小組討論，指定角色回答問題。

▲小組討論，指定黑馬發表討論結果。

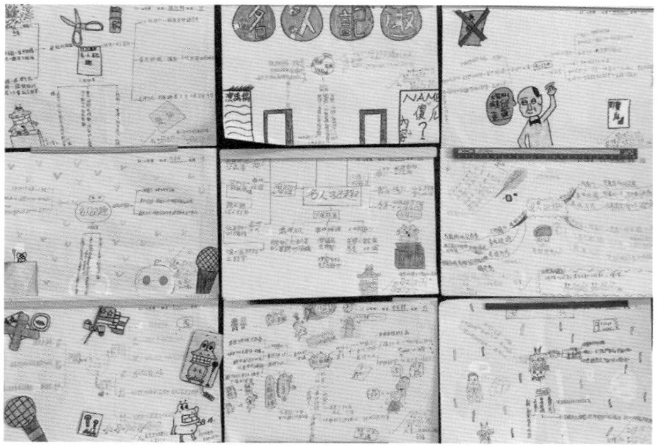
▲透過心智圖優良作品觀摩，藉同儕影響達到共好效果。

行時更加的熱絡，也因為有個人點數發放機制，所以不會淪於都是黑馬回答的情況，其他人也都相當踴躍發表。在一次的學期回饋中，竟有黑馬表示，他在小組積分過程中建立自信，每次提問時，小組成員都會極力推舉他回答，讓他有被在乎的感覺。看到孩子有這樣的進步與成長，心中滿是感動，也更有動力向前。

在批閱提問單、心智圖以及閱讀理解測驗時，也會以獎章的形式給予鼓勵，只要蒐集四十個獎章，便能兌換一張鱷魚小卡，截至學期末的最後一週，最多小卡的前九名，就能獲得老師請客吃飯的機會。除此之外，為了不讓學生的動力下降，批閱後也會將優秀作品張貼在黑板上供大家欣賞，鼓勵孩子效法，也讓優秀的孩子有更多被看見的機會。

## ▲提問有變化才能細水長流

維持學生學習的續航力，不免俗的就是要在教學上有所變化。在MAPS的教學裡，提問是非常重要的存在，但一成不變的提問，也會讓學生感到枯燥乏味，漸漸又會流於單調的課文講述。因此，我一再嘗試不同的提問方法，視題目難易度變換答題方式，引發學生的興趣，像是：小組討論後書寫白板，指定角色回答、小組搶答、個人搶答、抽籤回答等，讓學生從待機狀態轉變為隨時處在備戰狀態。

## 天災／修剪——將逆境化為成長的動力

然而看似順利的課堂歷程，其實處處都是挑戰！在培育小樹的過程中，難免會遇到天災人禍，也會有照顧不周、養分流失的枯萎現象。

初始實施教學時，我就面臨相當大的困境，畢竟在學生人數多的情況下，即使有小組的分工，教師在引導上也需要下很大的功夫。除了提問要十分具體及明確外，碰到需要理解與思考的題目時，常會在引導的過程中，不自覺的流於講述，而導致學生的思考能力又回到起始點。這個時候會常聽到：「老師，可以再說一次嗎？我還是不會寫。」「我沒有過這樣的經驗，怎麼辦？」「要寫好多字好難！」「再給我們一些時間討論可以嗎？」有好多好多急迫的聲音等著我

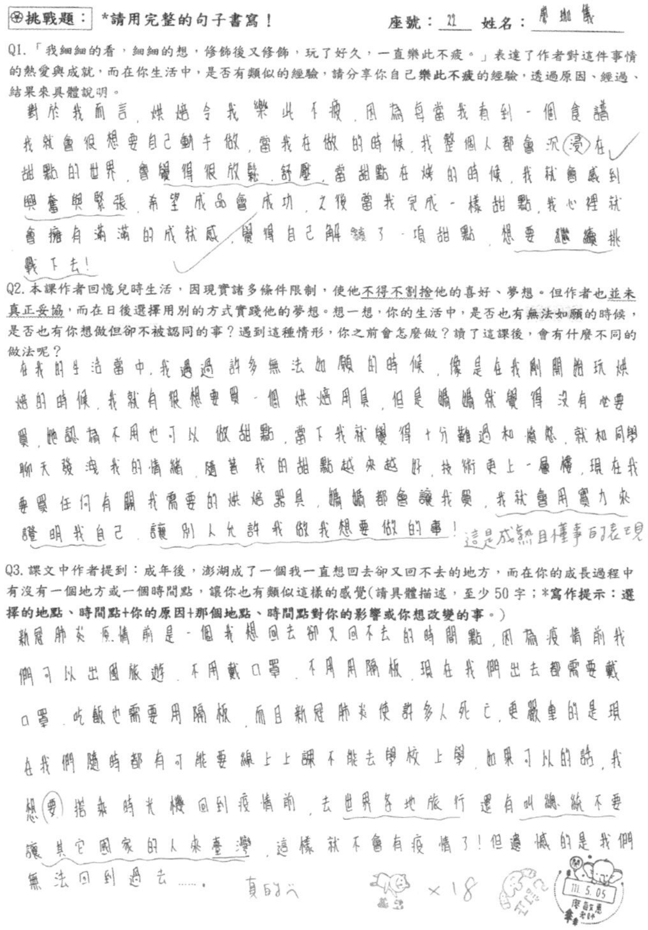

挑戰題：*請用完整的句子書寫！　座號：22　姓名：[illegible]

Q1.「我細細的看，細細的想，修飾後又修飾，玩了好久，一直樂此不疲。」表達了作者對這件事情的熱愛與成就，而在你生活中，是否有類似的經驗，請分享你自己樂此不疲的經驗，透過原因、經過、結果來具體說明。

對於我而言，烘焙令我樂此不疲，因為每當我看到一個食譜，我就會很想要自己動手做，當我在做的時候，我整個人都會沉浸在甜點的世界，會覺得很放鬆、舒壓，當甜點在烤的時候，我就會感到興奮與緊張，希望成品會成功，之後當我完成一樣甜點，我心裡就會擁有滿滿的成就感，覺得自己解鎖了一項甜點，想要繼續挑戰下去！

Q2. 本課作者回憶兒時生活，因現實諸多條件限制，使他不得不割捨他的喜好、夢想。但作者也並未真正妥協，而在日後選擇用別的方式實踐他的夢想。想一想，你的生活中，是否也有無法如願的時候，是否也有你想做但卻不被認同的事？遇到這種情形，你之前會怎麼做？讀了這課後，會有什麼不同的做法呢？

在我的生活當中，我遇過許多無法如願的時候，像是在我剛開始玩烘焙的時候，我就有很想要買一個烘焙用具，但是媽媽就覺得沒有必要買，她認為不用也可以做甜點，當下我就覺得十分難過和憤怒，就和同學聊天發洩我的情緒，隨著我的甜點越來越好，技術更上一層樓，現在我要買任何有關我需要的烘焙器具，媽媽都會讓我買，我就會用實力來證明我自己，讓別人允許我做我想要做的事！　這是成熟且懂事的表現☺

Q3. 課文中作者提到：成年後，澎湖成了一個我一直想回去卻又回不去的地方，而在你的成長過程中有沒有一個地方或一個時間點，讓你也有類似這樣的感覺(請具體描述，至少 50 字；**＊寫作提示：選擇的地點、時間點+你的原因+那個地點、時間點對你的影響或你想改變的事。**)

新冠肺炎疫情前是一個我想回去卻又回不去的時間點，因為疫情前我們可以出國旅遊，不用戴口罩，不用用隔板，現在我們出去都需要戴口罩，吃飯也需要用隔板，而且新冠肺炎使許多人死亡，更嚴重的是現在我們隨時都有可能要線上上課不能去學校上學，如果可以的話，我想要搭乘時光機回到疫情前，去世界各地旅行還有叫總統不要讓其它國家的人來臺灣，這樣就不會有疫情了！但遺憾的是我們無法回到過去……　真的ㄟ　×18　111.5.05 廖敏惠老師

▲長時間的書寫鍛鍊與生活經驗連結時，孩子便能文思泉湧。

一一解答，所以適時檢核自己的教學，就變得格外重要！在經歷過兩次線上上課後，我發現及時調整教學的步調逐漸變成本能，懂得在困境中給予學生不一樣的教學刺激，將提問連結生活有趣經驗，才能再度激起學生的興趣，讓小樹起死回生，修剪自己的樣貌，繼續生長。

## ◆採收——等待是為了豐收的喜悅

「堅持，來自對孩子的愛，對自己的承諾！」這是培訓時政忠老師寫給我的一段話。當時收到這段話時感觸特別的深刻，於是我將它釘在我的書桌前，陪伴我度過無數個徬徨的日子，時刻鼓勵自己堅持實踐。

然而，什麼叫做「等待」呢？這是我在這段培育的旅途中，獲得的寶貴收穫。我不再像以往一味催促孩子向前，而是給予足夠的思考空間，靜待他們吸收與成長，慢慢的在過程中看見他們的變化與進步的軌跡。

猶記得一開始班上有好幾位孩子不敢上臺展現自己，每到心智圖發表時，總會低著頭喃喃自語，甚至還會緊張到哭出來，但隨著課堂的發表、小組討論競賽以及多次的上臺經驗後，慢慢的越敢表達自我的想法，在班級活潑氣氛的渲染下，展開開朗的一面，就連科任老師也對他們的改變驚呼連連。讓我感動的是，男學生在回饋時提到：「謝謝老師讓原本不喜歡國語課的我，因為有趣及新穎的上課方式，讓我愛上了國語，也讓我有機會突破自我，並更懂得展現自己！」短短的幾行字，深深的刻在我心。

等待也讓我看見遍地開花的美麗！不單是孩子敢於表達，更產生學習遷移的效果，將平時培育的能力，靈活運用在其他科目的學習。他們不僅將心智繪圖運用在社會複習筆記上，更在平時培育書寫，透過挑戰題的習寫以及圈詞成文故事化的磨練，大大提升寫作能力。我將幾位六上一到七課的圈詞成文小故事投稿兒童文學的徵文比賽，沒想到其中一位竟得到高年級組童話故事第三名的殊榮，也圓了她想在作文上大展身手的夢想。

回顧這兩年來的教學歷程，雖然過程很艱辛，但有神人的無私分享，以及一群很棒的共備夥伴，讓我在絞盡腦汁的備課過程中，有許多明確指引的方向。最後，十分感謝一路堅持的自己和二十九顆小種子，願意與我一起闖蕩，不僅讓我看見自己的成長，也見證孩子茁壯的模樣，共同拼湊出屬於我們的 MAPS 課堂！

【國小領域】

4

# 沈昱儒／為教育種下一個夢

新北市石碇區永定國小

## 山中大叔導讀

每個老師都應該要有一個對於教學的夢，因為有夢才能長出力量，才足以走出一條陪伴孩子探索世界的旅程。

昱儒老師的學校在偏鄉，孩子在教室以外的各種學習支持力道相較偏弱，因此他試著從課內文本發想提問設計，延伸各種在地素材，秉持「慢慢來，比較快」的策略，帶領這群偏鄉孩子從基礎出發，漸次加深加廣，最終放手讓孩子勇敢去飛，去探索山城以外的廣闊世界。

教育是一種想像，想像給人力量，昱儒老師有夢有力量，因為他有 MAPS。

## ◆ 夢，悄悄發芽

### 教育生涯的起點

還記得國小作文寫的志願是要當園藝師，因為實在太愛花花草草了，小小年紀就讀熟百科全書，在校園裡按圖索驥、猜想花名，便是最大的樂趣。誰能料想得到，長大之後竟會踏上教育之路！

花蓮師院，是我教育生涯的起點，那裡不但有溫暖的人情，更有得天獨厚的美景。在花蓮的日子，跟形形色色的孩子相遇，有來自山，也有來自海，我曾和孩子們一起細數滿天星斗，側耳聆聽海的溫柔。山的穩重、海的遼闊，教會我溫暖與包容。就像對待花朵一樣，我細細照料那些還未成熟的蓓蕾與幼苗，期盼他們在不久的將來成長茁壯，而這份期盼正與小時候的想望不謀而合，更與偏鄉結下不解之緣。

### 怎樣算是好老師？

在成為教師的路上，心中其實充滿不安和惶恐，有的時候感覺很孤單，心中有滿滿熱情卻不得其法，每天被繁瑣的班級事務追著跑，因為孩子不如預期的表現而傷心自責。

我在想，怎樣算是好老師呢？面對教育現場，我是否還有所不足？究竟能做些什麼？該做些什麼？在同事的推薦下，我參與了「夢一」回娘家偏鄉教師專業研習，參與過程中被政忠主任的教育熱忱深深感動，老師努力想要讓孩子學得更好的那種心情，我完全懂！正因為深愛孩子，才想要多做一些！哪怕再苦、再難，也想要試一試！我想要實現心中的教育夢，想要有一天，在這片土地上，我們的孩子不論出身、不論貧富，都能夠有優質的教育作為他們追求夢想的後盾，成為引領他們的羅盤，所以我想為自己、也為孩子努力一把！

### 夢N堅定信心

就在這一刻，開啟我與夢N同行的旅程，自二〇一五年起，幾乎每一年我都會參與研習，為的就是能在教學現場發揮戰力。想想看，每個老師都分享自己的教學法寶，那加起來不就有許多法寶可以用嗎？因為這些老師無私的分享，我才能夠更精進自己的教學，讓學生可以學得更好。

正因為在夢N接受過這麼多老師的幫助，聽過這麼多老師的分享，沉潛已久的我，終於鼓起勇氣，在去年跟政忠主任擊掌，也因為如此，我更想將這個逐夢的歷程與大家分享，期望每個老師因此獲得鼓舞及力量，知道自己並不孤單。

暑假時，我主動參與第三屆 MAPS 種子教師研習，到了現場才發現，有許多之前參與過種子教師研習的老師回流來幫助我們這些新手，告訴我們在實踐時會碰到的困難以及可以怎麼做，幫我們打了一劑強心針，也讓我惶惶不安的心安定下來，更堅定我的信心。

## ◆ 夢，揚帆啟航

### 偏鄉教學的困境

因為在大學期間積累了偏鄉教學經驗，因此在偏鄉任教時，便很清楚一個原則：慢慢來，比較快。偏鄉的環境不比市區方便，因此很多教育資源進不來，教養觀念比較偏傳統保守，也曾遇到家長要老師體罰的，就直接跟你說：「老師喔！阮兒囡仔不乖直接打就好！」我就會跟家長說，現在時代不同了，老師打小孩會被告啦！

剛開始，有的家長並不完全信任老師，因為偏鄉師資流動快速，年年換導師的現象並不少見，家長也會懷疑老師是否會真心疼愛自己的孩子，而孩子早已習慣老師來來去去，不容易敞開心扉，而且因為家庭支持不足，學習上容易有挫折感，久而久之也不願意努力，認為是自己笨才學不會，如此變成惡性循環。

### 提問的三個面向

因為理解偏鄉孩子可能會有的狀況，因此我在運用 MAPS 教學法時，就先參考教師手冊，從原本已經熟悉的國語文教學流程下手，把提問做得更精煉、更細緻。我把提問方向分成三個面向，第一個面向是從文本發想，第二個面向是延伸活動，第三個面向是在地連結。

#### ▲從文本發想

國語文領域的教學原本就必須緊扣文本教學目標，因此從文本內容去做發想是很合適的，透過文本梳理以及帶領孩子思考，孩子可以抓取文本訊息、做推論、閱讀理解，進而形成自己的觀點。我在製作提問單時，把從文本發想的相關提問定位為基礎題，也就是孩子在讀完文本一定要知道的部分，基礎題往往會是文本的核心問題，也會揭示文本的主旨。

#### ▲延伸活動

延伸活動則可以結合影片、時事或議題，擴充孩子的視野，豐富課程內容。我往往會將延伸活動包裝為提問單中的挑戰題，可以是文本中較艱深的內涵，也可以是讓孩子回到自身去思考，完成跟文本內涵相關的任務等等。

▲在地連結

在地連結則是這三個面向中我最喜歡的部分，我認為每個人都應該從自己出發，省思自己和自己的關係、自己和土地的關係、自己和世界的關係，了解自己是什麼樣的人、知道自己的根，這樣不管去到哪裡，都會有歸屬感，因為自己就是自己的家。因此，我會從提問中讓孩子思考，帶孩子去看見自己的家鄉，創造孩子與周遭環境的連結，當孩子以自己的家鄉為傲，他就會有自信、有底氣，不管去到哪裡，都能勇敢迎接挑戰。

## 課中實作

▲暖身題

以翰林版五上〈與山為鄰〉為例，課文中提到：「現在，山就站在我的門前，山就蹲在我的窗外，只要一抬頭，便是滿眼山景。」由於我所任教的學校正是山間小校，都市人夢寐以求的山景就在窗邊，正好呼應課文內容。於是暖身題我便設計與孩子切身相關的問題。

透過暖身題的提問，等於是先幫課程起個頭，補充先備知識，讓孩子比較容易投入課程，也是引起動機，讓孩子對課程產生興趣。同時也讓孩子反思：為何課文中說都市人嚮往山林？對自己來說山林是什麼？自己是否喜歡山林生活呢？好的提問可以觸發孩子慢慢梳理自己的想法、自己的觀點，進而形塑他們對於世界的認識、對自我的認同。

▲基礎題

基礎題主要的功能則是帶領孩子進入文本的世界，每篇文本背後一定都有要帶給讀者的東西，也許是作者的想法、對事物的感悟或是情感的抒發等等，我所要做的只是帶孩子看見這些，然後反求諸己，問孩子讀了這篇文章，想到什麼？你認同作者的想法嗎？為什麼？文本經過孩子的理解、消化和詮釋，文本的內涵才能真正被記住，在孩子心裡種下文學的種子。

當我們透過文本體驗作者的人生，自然會去思考：如果是我，我會怎麼做？文學和人生是分不開的，每一篇文本可以是作者人生的濃縮，也可以是作者對世界的想像，一定能帶給我們一些什麼。因為讀了這些文本，我們得以跟著作者經歷萬千世界，我們不用行萬里路，也能透過文學見識海的無邊無際、山的高遠壯闊，穿越時空，走過歷史的軌跡，體會作者的情感與思念，也讓我們的人生增添些許養分，開出燦爛！

## MAPS三層次提問設計單 **設計者：永定國小 沈昱儒老師**

**#課文心智繪圖(架構/主題/訊息)**

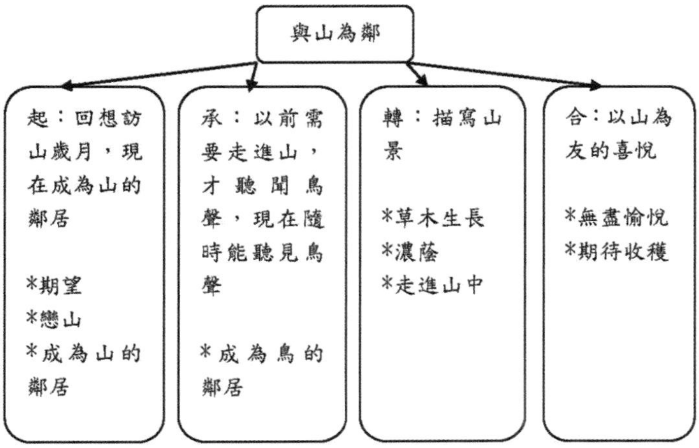
與山為鄰
起：回想訪山歲月，現在成為山的鄰居
*期望
*戀山
*成為山的鄰居
承：以前需要走進山，才聽聞鳥聲，現在隨時能聽見鳥聲
*成為鳥的鄰居
轉：描寫山景
*草木生長
*濃蔭
*走進山中
合：以山為友的喜悅
*無盡愉悅
*期待收穫

**#暖身題-(猜測想像／連結新舊經驗)**

**■內容主旨**

1. 我們學校在山腰上，班上大部分同學也都住在山上，請寫下你曾聽過或經歷過的山中瑣事。例如：在什麼季節會有什麼蔬果收成、何時會有什麼昆蟲……

答：

2. 請看完影片後，寫下一個你想體驗的活動，並說明原因。(文長至少 30 字)

https://www.youtube.com/watch?v=S9_nN0ZBopw

答：

3. 接上題，你認為阿里山人喜不喜歡在山上的生活？你覺得是什麼理由讓他們在阿里山上落地生根？(文長至少 30 字)

答：

**■形式架構**

4. 如果你要將這部影片寫成作文，你會分成幾段來寫？每一段分別都在講些什麼內容呢？

答：

▲翰林版五上〈與山為鄰〉提問單。

#基礎題（基於文本／作者觀點）

■認識架構

1. 本課是什麼文體？

答：記敘文。

2. 請從本課內容統整出意義段，並完成下表。

答：

| 意義段 | 一 | 二 | 三 |
|---|---|---|---|
| 自然段 | 1 | 2-5 | 6 |

■檢索訊息/統整主題

3. 從課文中那些句子可以知道作者非常喜歡山？

答：

4. 山上有哪些地方吸引了作者？

答：

5. 作者描寫家門前的山比起別的山綠得還要深些，綠得還要澈底些。還寫說草木一股腦生長的樣子，為的就是要把山綠起來；而且，要綠到令人叫絕的地步，才肯停止。

請將作者筆下的山畫下來，並且仔細描繪出細節。

答：

#挑戰題（連結外部／多元觀點）

■讀寫合一

1. 呼應暖身題第3題，假設你是導演，如果要以「一日永定人」為主題，你會怎麼向其他人介紹學校呢？

答：

■觀點探究

2. 課文中第一段只有一句話，這樣的寫法有什麼用意？

▲翰林版五上〈與山為鄰〉提問單：基礎題。

## 加深加廣的挑戰

MAPS中的挑戰題則是孩子們最熱愛的環節！通常一堂課的教學活動有引起動機、發展活動和綜合活動三個環節，我會把挑戰題放在綜合活動，主要是課程的加深加廣，可以帶領孩子表演戲劇、拍攝影片、練習當主播或結合全球議題和時事等等，可以扣合暖身題做設計，讓暖身題和挑戰題前後呼應，以〈與山為鄰〉為例，我設計的挑戰題是讓孩子拍影片介紹學校的特色，扣回暖身題第三題，讓孩子去思考：看了阿里山上的人的生活，反觀我們自己，我們喜歡自己的生活嗎？我們對自己所處的土地，了解多少？

經由層層提問、抽絲剝繭，孩子不僅對於文本更加熟悉，也透過文本認識不同的人生，然後思索自己該成為什麼樣的人、該去哪裡、可以怎麼走出自己的路。MAPS是工具、是教學方式，幫助老師和孩子梳理文本脈絡、整理想法，同時更能運用在其他領域的學習上，讓老師和孩子體會不同的課堂風景！

## 放手讓孩子多方嘗試

然而，實行MAPS的過程卻並非一帆風順。對於習於師

■跨域延展

3. 請實際拍攝「一日永定人」的3分鐘影片，完成下方表格。

答：

| 負責人姓名 | | | | | |
|---|---|---|---|---|---|
| 工作內容 | | | | | |
| 拍攝感想： | | | | | |

▲翰林版五上〈與山為鄰〉提問單：挑戰題。

▲翰林版五上〈與山為鄰〉提問發表。

長下指令的孩子來說，要他們思考、討論，實在是很燒腦，還不如乖乖聽老師講述要來得輕鬆。在實行過程中，孩子們幾度反彈，特別是在我想將學習單上的提問問題交給他們發想時，有的孩子覺得很累、不想做，在我詢問他們想法的時候，他們也明白表示自己的不滿。我問他們說：「你們覺得是老師比較厲害，懂得比較多，還是你們懂得比較多？」孩子都紛紛回答說老師懂得比較多。我問他們是否知道原因，他們回答不知道。我說：「這是因為老師每天都要練習怎麼上課、怎麼把知識講解給學生，因為老師每天持續不斷的自我提問、想問題、想答案，所以知識才會被記住，因為老師會去運用，但是你們呢？如果只有被動接受知識，你覺得你下了課，會記住多少？」透過跟孩子不斷的溝通，告訴孩子學習的技巧和方法，成為他們學習的夥伴，讓學習從被動到主動，才能幫助他們學習得更好。

聽別人講十遍，不如自己做一遍。我帶著孩子看暖身題、基礎題出題的方式，跟著我出過的學習單，慢慢抓出出題重點。讓孩子分組畫心智圖、彼此討論、交換觀點，才慢慢有了一些自學的雛形。也因為累積這樣的經驗，在疫情停課期間，孩子幾乎是無縫接軌的學習，只是學習場域由教室變成家裡，我也得以帶著孩子嘗試各式各樣的線上平臺，讓孩子明白，只要想學，任何地方都可以學！

正因為有了足夠多的分組討論經驗，孩子甚至可以自己開線上會議室，和同儕討論心智圖，並寫出自己對文本的理解。MAPS 讓我看見孩子可以靠著自己的力量學習，老師真的可以放手讓孩子多方嘗試，只要教給孩子學習策略、有運用學習工具的經驗，他們就能體會學習的樂趣！

## ◆夢，不在遠方

### 珍貴的吉光片羽

在偏鄉的日子，總有做不完的工作及無止盡的孤單，能夠支持我的便是孩子的笑靨。偏鄉比起市區，隔代教養、家庭失能的比例頗高，偏鄉老師往往要身兼孩子父母親的角色。社會過多的「期待」——老師應該如何如何，更是老師最大的壓力來源，卻忘記老師也只是普通人，有自己的家庭生活，在工作之外，也是人家的另一半，也是孩子的父母親，跟一般人一樣，會哭、會笑、會生病，也承擔奉養父母的責任。

但既已踏上教師之路，我並不打算就此止步。我將不忘初衷，遵循心中的「師道」，不只傳道、授業、解惑，更希望用愛陪伴孩子成長。我曾遇過拒學的孩子、學得慢的孩子、家庭資源不足的孩子、聰慧卻粗心的孩子、膽怯不敢突破自

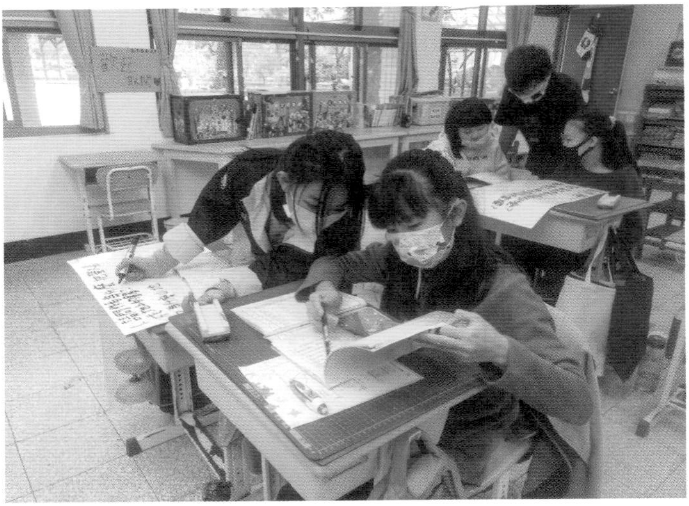

▲分組討論繪製心智圖。

▲獨立完成心智圖。

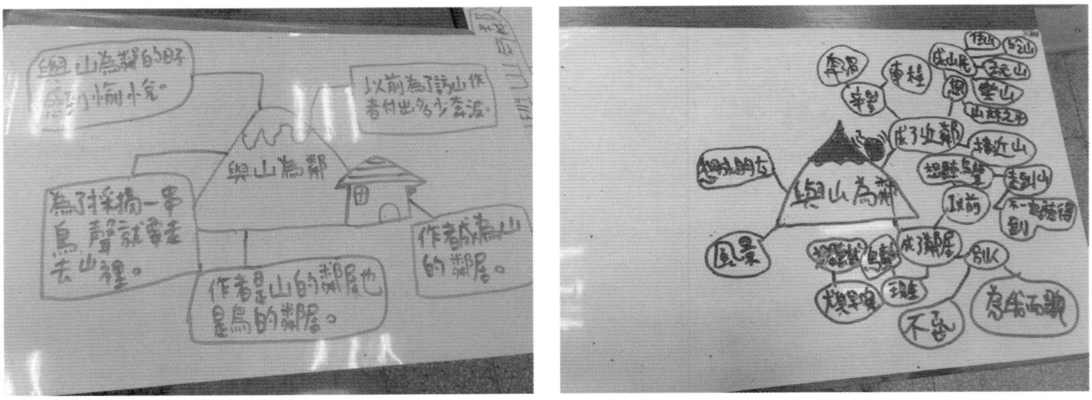


▲翰林版五上〈與山為鄰〉心智圖。

我的孩子……這些孩子或多或少都讓我勞心費神，然而跟他們度過的時光卻是彌足珍貴，充滿歡笑與淚水。

累的時候，孩子放在我桌上的小小桐花、教師節活動偷偷練習的一段歌曲、明明還要幫忙家裡做手工，卻願意犧牲假日時間多做數學練習題……這些吉光片羽都是我生命中的美好時光，給我莫大的勇氣，讓我願意堅持當老師。

## 教育的力量

我所任教的學校很小，同事的感情很好，有的老師透過資訊科技啟發孩子的學習興趣，有的老師善於班級經營，激勵孩子往前邁進，而我，雖然資淺，但願盡最大的努力，開展孩子更多的可能性。永定的孩子幾乎都是在地就學，大部分都上石碇國中、石碇高中，我很希望在這個文化資源不足的地方，鋪墊孩子未來的路，透過學習，掌握自己的命運。

最近孩子問我，一定要上大學嗎？也就是說他們把不上大學當成選項。我覺得比起其他國家，臺灣城鄉差距算小，但是，這幾年身處偏鄉，我深深感受到這個差距。

我說：「孩子，上不上大學，你得自己決定，因為這是你的人生，而且不管上不上大學，都要學習。學習不只發生在學校，學習可以發生在任何地方，炒菜是學習，寫作是學習，看影片也是學習，而且，要為了自己學習，路才走得長

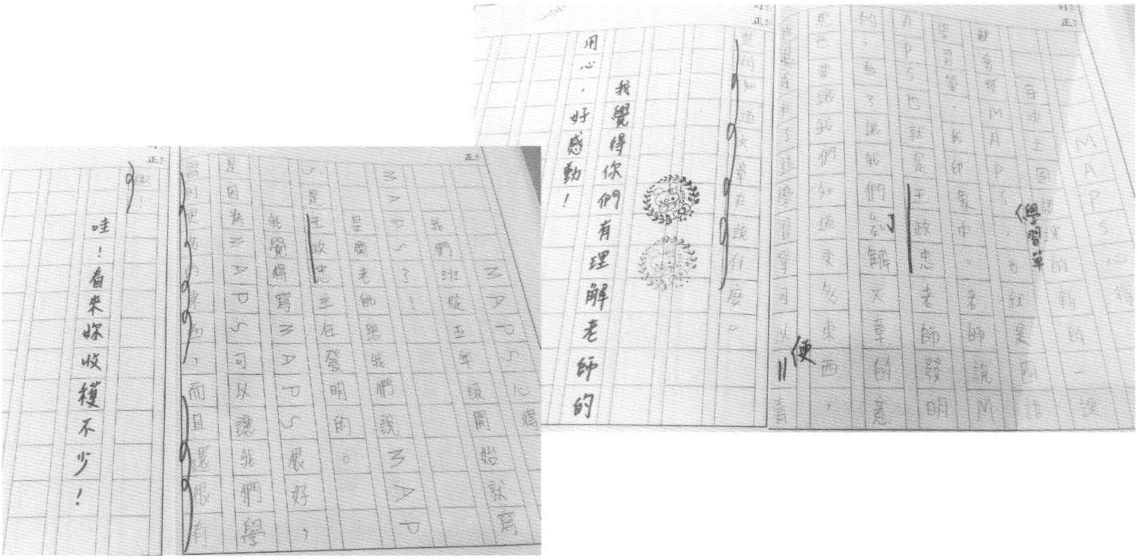


▲ MAPS 心得。

遠。」我不喜歡給孩子答案，因為我認為答案要自己找才有意思、才有價值！

疫情下，原本就存在的數位落差，讓學習落差更明顯。最近聽到有老師分享「有種偏鄉叫光纖沒有到你家」，真的好寫實！想必老師們也都心有戚戚焉，線上教學要做的準備太多了，設備、網路、學生端和教師端的載具、家庭的支援……數位的落差將帶來更大的學習落差，學習的M型化恐怕只會越來越加劇。

同時，許多問題也浮現出來。長期以來外包給學校老師、補習班老師的那些孩子應有的愛及陪伴之不足，也被凸顯出來，更別說維持孩子正常作息、閱讀習慣等等。這波疫情，我們還有多少孩子沒能接住？在這片土地上，有多少孩子被忽略了？

孩子是我們的未來，而教育，能給孩子力量，讓他們有能力追求夢想、完成目標，開創人生。身為教育的前鋒人員，我們只能堅守崗位，認真面對每個孩子，但要讓教育的力量深入家庭，卻要靠大家一起努力！如果你跟我一樣，也深愛這片土地，請多支持在教學現場的老師，讓更多老師願意付出；如果你是家長，請為了孩子，給老師多一些溫暖，成為老師的強力後盾；如果你是老師，請為了讓自己更熱愛這份工作，努力在教學現場實踐！

愛因斯坦曾說：邏輯可以帶你從A點到達B點，但想像力將帶你到任何地方。MAPS能夠為老師的教學注入活水，發展更多不同以往的教學模式，並重燃對教育的熱情和玩心，只要願意多方嘗試，教學可以很有趣、很好玩！讓我們一起去尋找、去創造更多可能！

【國小領域】

5

# 鍾牧桓／MAPS 與我的教學兼談提問設計

屏東縣林邊鄉水利國小

## 山中大叔導讀

牧桓老師的 MAPS 操作之旅，是許多初學三層次提問設計的老師值得細細感受的足跡。

創新與發想始於模仿，但模仿不是始終照本宣科，那不過是從拿著備課用書變成拿著別的大神的提問設計單，但你的孩子不是那些大神的孩子，你不能拿著別人的鞋，套在你的孩子腳上，然後期待孩子走出自己的路。

牧桓老師從模仿到打掉重練，練出屬於自己與孩子的 MAPS 課堂，深刻感受提問是光，讓師生看見閱讀的多元路徑，走向各自心中的文字與文學桃花源。

## ◆ MAPS 前自介與困境

### 我服務的學校

在屏東縣林邊鄉水利村靠堤防一帶，有一所小小學校——水利國小，緊鄰著沙灘，從學校裡面就可以直接攀上堤防來到沙灘。在海堤上，可望見無邊無際、湛藍的臺灣海峽，天氣好時，還可以見到遙遠彼岸的小琉球呢！水利村人口約莫兩千，因少子化、人口外移，學生人數從全校近百人到現在減半至約莫五十人。父母到外地謀生，隔代教養家庭不少；教育優先區中的目標學生率近半；學生能力起點落差大。因此，水利國小的老師總是師代親職，用心教導孩子的課業和生活習慣。

### 我為什麼成為老師

出身貧困，父親喜好自由，好賭，以開計程車為業；母親在娘家的菜市場小吃攤工作。我十二歲那年，父親為了開設車行，簽了不少本票，賠了不少錢，父母衝突不斷下，父親離家遠走，鮮少回家。他回來不是在親戚的告別式上，就是來跟我母親要錢。

幸而，我遇到多位好老師，像是國小老師黃素英老師、陳福隆老師。尤其是我就讀東港國中時的班導塗遠老師，在某部分情感上，他代替了我父親的角色，他的鼓勵和教導間接的幫助了我。因此，我知道當個好老師，是可以助人的，就像我的老師當初幫助我一樣。

同時我也需要有份穩定的工作養活家人，加上我讀師院公費，讓我母親稍稍安心，不用擔心龐大的學費壓力，可以讓我妹妹讀護專，也讓我母親肩上的擔子輕一點。雄中畢業後，毅然選擇竹師，之後如願當上國小老師，略略成功的翻轉了社會階級。

### 我的學生有選擇權嗎？

那我的學生呢？有沒有機會選擇自己未來想讀的學校呢？以一一〇年的會考國語科為例，作答時間為七十分鐘，題目共四十八題，總字數達九千八百二十六個字（一一一年國語科總題數為四十二題）。不只國語科，其他科目的題幹大多是很長的。我的學生有足夠的閱讀理解能力，能讀懂題意，能發揮能力作答嗎？想著想著，不禁頭皮發麻。

不過，山中大叔曾說，從小三到國三近一百二十課的內容，再加上群文閱讀、課外閱讀，我們能不能讓他們有些策略，讓他長出能力去打怪呢？

### 我遇到的困難

起初，國語科我先以雲林縣鎮東國小蔡志豪老師所設計的提問單為藍本，增刪題目，進行 MAPS 教學。但當時我的備課不夠深入，不得要領，導致有時候在教學現場的提問會卡卡的，或是出現不如預期的情況。

後來，參加屏東夢N國小國語 MAPS 組研習後，有相當的領悟和進展。不過，因我的文本分析能力薄弱，仍沒有把握每課都能設計出自己的提問，連結文本的挑戰題（核心問題）。但我仍想透過扎實的提問設計介紹、點評和訓練，找到共備的夥伴，穩定自己問出核心問題的品質和能力，讓孩子產生更有感的學習效果。

### MAPS 精進之路

為了更精準的結合文本，問出有意義的三層次提問，我需要知道怎麼問比較好，這樣問好在哪，並如何透過提問設計，讓學生更容易產生共鳴，陪學生和文本好好連結，進而在生活中產生更有意義的行動。此外，我還想了解 MAPS 讀寫合一的操作方式。於是，我參加了第三屆 MAPS 種子教師的培訓研習。謝謝麗慧姐、秀英姐，感謝 MOXA 心源教育基金會提供那麼棒的場合供老師們研習和王政忠主任手把手的教導。

## ◆ MAPS 中改變與挑戰

### 好的提問設計來自深入備課

好的提問設計是來自於深入的備課。其中包含對文本的分析，也包含對學生們起點能力的了解。王政忠主任曾在文章中提到：「你不能套上我的鞍，接過我的繩，跨上你自己的馬，卻希望踩著跟我一樣的步伐，跑出跟我一樣的節奏。你得套量你的鞍，拿捏你的繩，認識你的馬，跟他一起調整腳步，踩出你們的節奏，去向我們都希望看見的遠方：從閱讀到解讀，再到判讀。」當時看完這段文字，猶如醍醐灌頂，難怪我一開始使用志豪老師所設計的提問單增刪題目進行 MAPS 教學時，有時候會卡卡的。因為要對應、處理的細節很多啊！我得更深入的備課，甚至在教學過程中持續滾動修正。

因此，我運用寧定威老師建議的方式：找出關鍵詞，先進行師備課圈關鍵詞。步驟如下：

1：首先概覽課文。區分意義段，下小標。第一層當架構。

2：從自然段找出主要關鍵字當次標。第二層是主題。

3：每一個斷句找關鍵字當第三層。第三層是訊息。

4：還有值得補充的細節當第四層。

5：檢核和修訂，其中第一、二層結合後，可否串成當全文大意，以為檢核。第三、四層結合可否串起來當段落大意。

## MAPS 三層次提問產出

首先，概覽全文，能在腦中留下深刻印象的即是值得學的架構和內容，並思考如何在暖身題呈現。其次，細讀文本，思考設計基礎題和挑戰題，這就是文本分析，分析完就要畫出師備課心智圖。老師要比學生更早畫出心智圖，這是提問的基礎。基礎題就根據師備課心智圖初步設計出來。

## 起頭不易。但別怕，有導師也有夥伴

二〇二〇年七月，在王政忠主任手把手教導，並受第三屆種子教師訓後，與同組夥伴的腦力激盪和扶持，獲得很大的成就和滿足感，也約定好各自產出一課的提問設計，放在雲端供小組組員共享。但回到學校後，我陷入不小的低潮，一直苦無設計靈感和脈絡，更甚者，我在畫師備課的心智圖也塗塗改改，陷入自我設限，卡在事後看來莫名其妙的點上。加上行政工作的瑣事傍身（沒錯，我是六班小校的導師兼任組長），備課設計就一直擱置著。

在二〇二〇年八月二十二日的高雄市新光國小共備上，我得到莫大幫助。

在共備研習中，除了複習 MAPS 的概念外，我又遇到了臺南市山上國小的楊巽堯老師，他也是我第三屆 MAPS 種子教師的小隊輔。巽堯老師非常熱心積極，也是很合適的引導討論者，我的疑問得到解決，並和呂星蓉、何慈芳、吳貞宜、鍾瑞珍老師一起共備。有夥伴討論共備下，搞定了師備課心智圖，產出基礎題後，並確認挑戰題，續好暖身題，師備課基本上就完成了。當天師備課完成的心智圖、三層次提問如後。

除了二〇二一年停辦外，在這些年，高雄市過埤國小廖雅惠老師和新光國小寧定威老師會在暑假期間辦一場一天的 MAPS 研習，對我來說，這是南區 MAPS 夥伴的一期一會；對想進一步了解 MAPS 的新手夥伴，也是很好的敲門磚。進行方式除了講座外，更會分組，挑一課實際帶大家共備。舉辦資訊可以追蹤 FB：夢N國小 MAPS 共備社群。建議大家參加喔！

一個人想提問設計，可能很辛苦；一群人就不一樣了。參加 MAPS 第三屆種子教師的研習，除了可以在政忠主任的點評指導下，學會何謂三層次提問的環環相扣，更可以在相同的對話基礎下，結識一群共備同版本的夥伴，進而共享調整各自設計的提問單，甚至是對話找出盲點。在此很感謝三

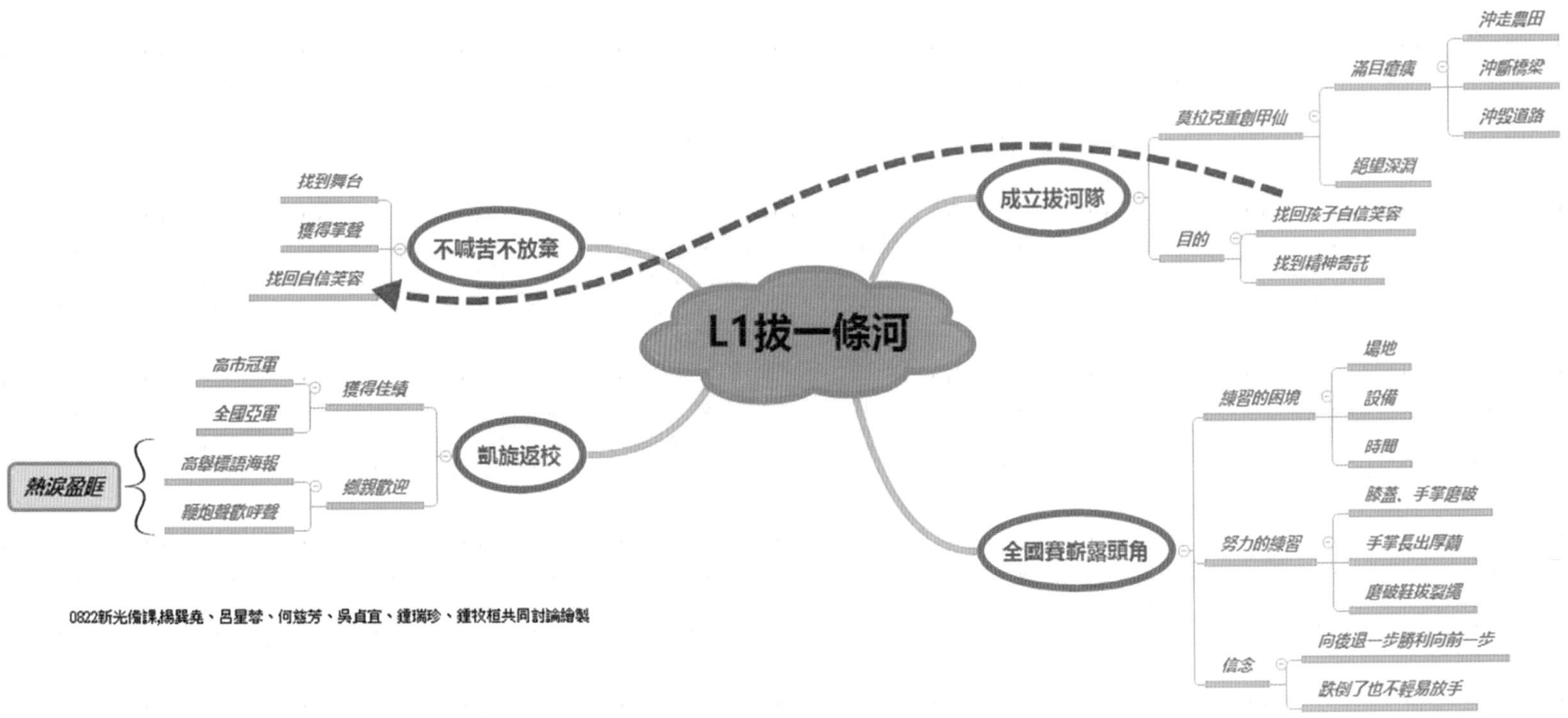


▲五上第一課〈拔一條河〉師備課心智圖。

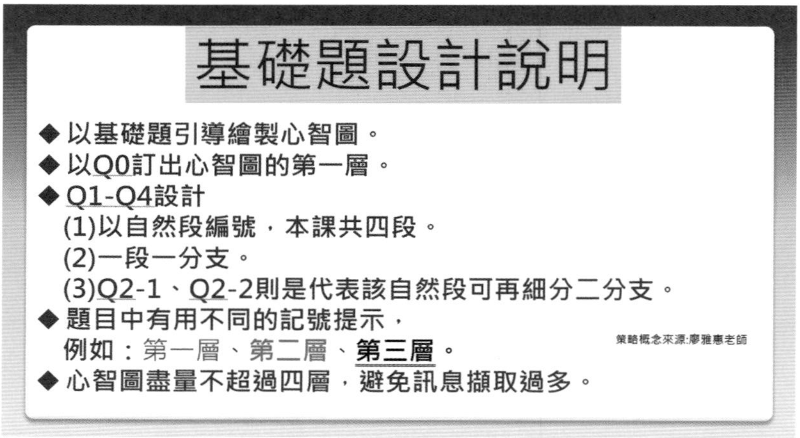
基礎題設計說明
◆ 以基礎題引導繪製心智圖。
◆ 以Q0訂出心智圖的第一層。
◆ Q1-Q4設計
(1)以自然段編號，本課共四段。
(2)一段一分支。
(3)Q2-1、Q2-2則是代表該自然段可再細分二分支。
◆ 題目中有用不同的記號提示，
例如：第一層、第二層、第三層。
策略概念來源:廖雅惠老師
◆ 心智圖盡量不超過四層，避免訊息擷取過多。

▲老師可先向學生說明 Q0 架構的使用方式。

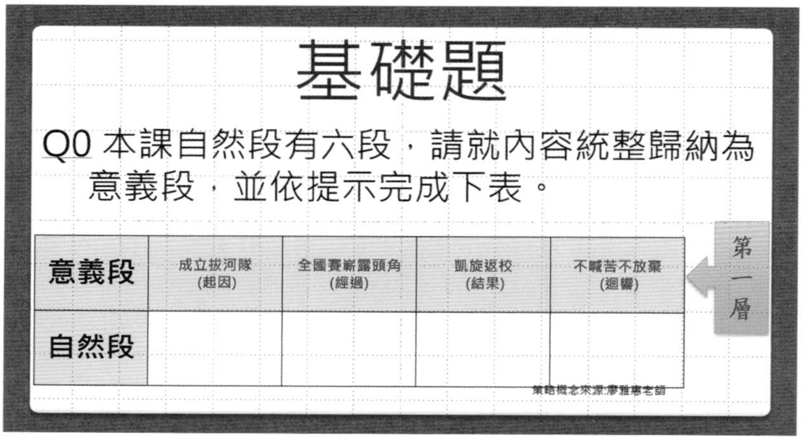
基礎題
Q0 本課自然段有六段，請就內容統整歸納為意義段，並依提示完成下表。
意義段
成立拔河隊(起因)
全國賽嶄露頭角(經過)
凱旋返校(結果)
不喊苦不放棄(迴響)
自然段
第一層
策略概念來源:廖雅惠老師

▲第一層是架構（意義段關鍵詞）。

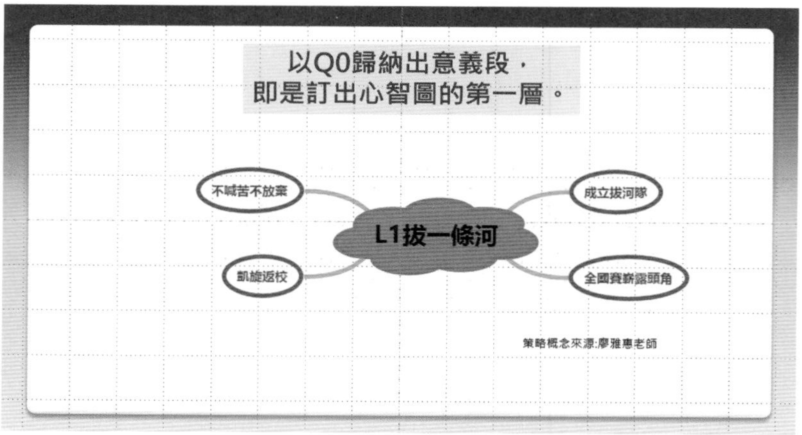
以Q0歸納出意義段，
即是訂出心智圖的第一層。
不喊苦不放棄
成立拔河隊
L1拔一條河
凱旋返校
全國賽嶄露頭角
策略概念來源:廖雅惠老師

▲以 Q0 歸納出意義段，即是訂出心智圖的第一層。

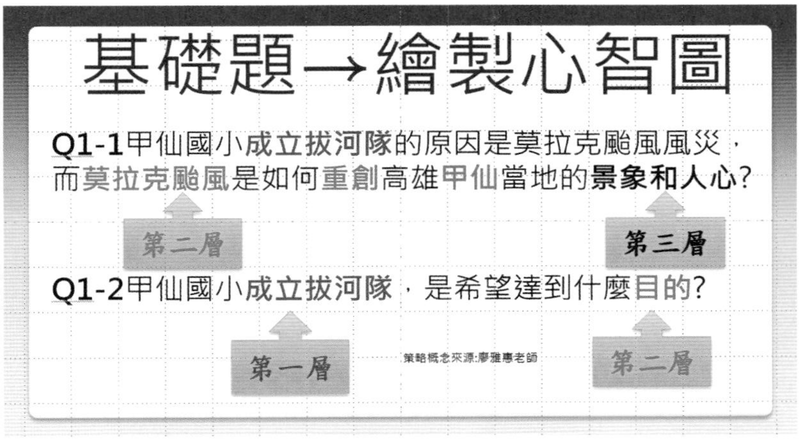


▲以 Q1-1、Q1-2 題目標色說明第一、二層。

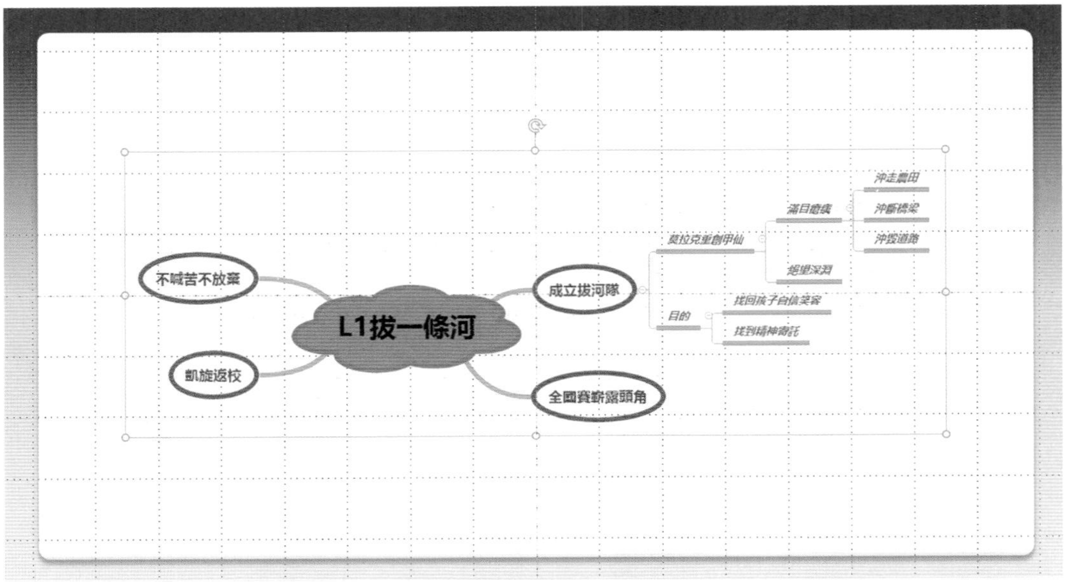


▲第一支線文轉圖模式示範。

○二B的廖敏惠老師、王琇姿老師、佳恩老師、匯薪老師；三○二A的如敏老師、大涵老師、玟羽老師、靜儀老師、阿容老師和我們的隊輔——優秀的巽堯老師。當然，若提問設計非自創，任何改編和引用，我也會在編製的講義上附註。

### ▲基礎題

基礎題扣心智圖設計，把主題埋在題幹裡，並為了減少新手學習者負擔，採用廖雅惠老師設計的鷹架策略。Q1代表意義段第一段（第一分支），Q2代表意義段第二段（第二分支），以此類推。這在之後協助學生文轉圖時，有很大的幫助。最後加上Q0題的架構題，為挑戰題任務讀寫合一鋪墊。

不得不佩服廖雅惠老師提供這樣的概念設計，清楚簡單，做成PPT呈現文轉圖時，學生也很容易理解、上手。

### ▲挑戰題

挑戰題，我視為核心問題或任務，或說是我們主要要讓孩子產生的能力或多元的觀點。在面向上可為觀點探究（如挑戰題Q1和Q2，從文本出發分析成功原因，帶出感受，回到讀者自身來；又如挑戰題Q4讀寫合一，以課文為範本，帶仿寫架構：起因→經過→結果→迴響），也可以跨域延伸。挑戰題基於文本訊息，但操作自由度是很高的，也是我最喜愛的地方。

### ▲暖身題

核心問題（挑戰題）出來後，就可以回頭來看看暖身題可以問些什麼？

我們班的形近音字、解釋，我會另外處理，不會放在暖身題。而我把暖身題視為教學的準備活動，主要是讓學生審題，產生猜測想像的好奇心，並連結生活經驗（如暖身題Q2）或以前學過的經驗（如暖身題Q3，問以前學過的記敘文架構）為主，為基礎題題組和挑戰題鋪墊。

## ◆教學，永遠沒有準備好的一天。但我們沒有停止準備

### 增設挑戰題組任務

以康軒五上第一課〈拔一條河〉為例。上完基礎題後，為了讓學生對〈拔一條河〉有更深刻的感動，更了解故事背景，所以我準備楊力州導演在TED上的演講影片，並調整挑戰題的題序，增設挑戰題Q1、Q2題組的任務。

從短片開始熱身，訓練我的小五生看影片的摘要能力，

**康軒五上第一課〈拔一條河〉共備基礎題**

（第一層、第二層、第三層）

Q1-1　甲仙國小成立拔河隊的原因是莫拉克颱風，而莫拉克颱風是如何重創高雄甲仙當地的景象和人心？

Q1-2　甲仙國小成立拔河隊，是希望達到什麼目的？

Q2-1　為了在全國賽嶄露頭角，甲仙拔河隊的練習遇到那些困境？請圈出來。
【　人員　　場地　　設備　　時間　】

Q2-2　在第三、四段中，作者如何描述他們的努力的練習？（分3項）

Q2-3　能在全國賽嶄露頭角，靠的是什麼樣的信念？（分2項）請試著從第四段中找出答案。

Q3-1　甲仙國小拔河隊在最後凱旋返校是因為他們獲得佳績，請試著從第五段中找出他們獲得哪2個佳績？

Q3-2　甲仙國小拔河隊凱旋返校，受到鄉親歡迎，請試著從第五段中找出鄉親是如何歡迎他們？（分2項）

Q4　甲仙國小拔河隊在克難的環境中練習，他們從不喊苦不放棄，在最後獲得什麼樣的成果？（分3項）

Q0　請依課文內容，完成下列的結構表。

| 意義段 | 成立拔河隊（起因） | 全國賽嶄露頭角（經過） | 凱旋返校（結果） | 不喊苦不放棄（迴響） |
|---|---|---|---|---|
| 自然段 | | | | |

▲康軒五上第一課〈拔一條河〉共備基礎題。

**康軒五上第一課〈拔一條河〉共備挑戰題**

挑戰題Q1：請寫下甲仙國小拔河隊的故事中，讓你最感動的原因是什麼？並分析是哪些原因造成他們能夠獲得佳績。

挑戰題Q2：呼應基礎題Q2和Q4，在比賽的過程中一定有輸和贏，你認為比賽除了輸和贏，還有什麼更重要的事情值得我們學習？

挑戰題Q3：學校有很多的運動型社團，比方說：足球社、田徑社、舞獅社，也常對外參加一些表演和比賽。呼應暖身題Q2、Q3，請試著完成一篇約400字「○○」（請填運動或表演名稱），關於競賽（或表演）經驗的小作文。

| | |
|---|---|
| 第一段　起因 | 參加這項競賽（或表演）的目的是什麼？ |
| 第二段　經過 | 是如何訓練的？過程中遇到那些困境？最後又是如何解決的？ |
| 第三段　結果 | 競賽（或表演）結果如何？周遭的人有何反應？你的心情又是什麼？ |
| 第四段　迴響 | 從這次的經驗，你有何收穫？ |

▲康軒五上第一課〈拔一條河〉共備挑戰題。

**康軒五上第一課〈拔一條河〉共備暖身題**

暖身題Q1：根據課文標題「拔一條河」，請試著猜想課文內容在說些什麼？

暖身題Q2：你喜歡運動嗎?你曾有過什麼樣的運動經驗呢？在練習的過程中有遇到什麼樣的困境嗎？而最後又是如何解決的？若沒有也請你試著訪問家人或朋友相關的經驗。（連結生活經驗）

暖身題Q3：〈拔一條河〉這課是一課記敘文文章，從先前的學習經驗中可以知道，記敘文的寫作架構可能會如何安排？（連結寫作經驗）

▲康軒五上第一課〈拔一條河〉共備暖身題。

| | |
|---|---|
| Q1 | 老師要介紹一個很棒的演講平臺。請完成下面影片的觀看（Watching）和摘要（Summary），並回答下列題組問題。影片連結：https：//www.youtube.com/watch?v=qxSXN3_TCug |
| Q1-1 | 影片名稱是（ 一百秒搞懂TED ） |
| Q1-2 | 影片共有（ 一 ）段，總時間是（ 1分39秒 ） |
| Q1-3 | TED的核心理念是"Ideas Worth Spreading"，所以TED是（ 濃縮成精華的演講 ）、（ 好點子的發表大會 ），也是（ 說故事的舞臺 ）。 |
| Q1-4 | TED透過最多（ 18 ）分鐘的演講方式，邀請各領域的人士分享他們的想法與故事。 |
| Q1-5 | TED會授權給任何有心有能力的組織，自行策劃來經營一個Ted大會，就叫做TEDx。影片中臺灣曾舉辦過（ TEDxTaipei ）、（ TEDxTainan ）、TEDxTaida臺大、TEDxFJU輔大等。 |

▲康軒五上第一課〈拔一條河〉增設挑戰題組 Q1。

| | |
|---|---|
| Q2 | 《拔一條河》紀錄片的作者（ 楊力州 ）先生也曾在TEDxTaipei 2013演講。請完成下面影片的觀看（Watching）和摘要（Summary），並回答問題。影片連結：https：//www.youtube.com/watch?v=mAHda7S-L9M |
| Q2-1 | 這次的影片名稱是（ 找回堅強的理由 ） |
| Q2-2 | 影片共有（ 一 ）段，總時間是（ 14 分 21 秒 ） |
| Q2-3 | 紀錄片是指描寫、記錄或者研究現實世界題材的電影。楊力州導演在2009年（民國九十八年）八八風災（莫拉克風災）發生後多久來到這村莊紀錄拔河隊的故事（2分42秒處）？ A：（ 兩年半 ） |
| Q1-4 | 請寫下甲仙國小拔河隊的故事中，讓你最感動的原因是什麼?並分析是哪些原因造成他們能夠獲得佳績。（原挑戰題Q1） |

▲康軒五上第一課〈拔一條河〉增設挑戰題組 Q2。

看影片就是要先看名稱、段落，並可記錄有特殊顏色字塊的訊息。看影片也要這樣訓練嗎？我的學生是需要的，一百秒的影片，他們直到看了第三次，才都能自己找到策略（師問：找到了嗎？並請學生說說看是怎麼找到的）。

其實，在參與新光研習之前，我在備這一課時，就一直在思考著：超好的文本，但放在新班生接觸MAPS的第一課，我想做什麼？我能做什麼？我該怎麼做？

《拔一條河》是楊力州執導拍攝的一部紀錄片。該紀錄片主要以八八水災後，高雄縣甲仙鄉（今高雄市甲仙區）為取景地。內容是記述災後的甲仙國小拔河隊的集訓與比賽過程，和當地居民的災後生活。這部影片是在莫拉克風災（二〇〇九年八月八日）後二年半開始拍攝（二〇一二年），二〇一三年九月上映。

另一部楊力州先生的紀錄短片《找回堅強的理由》，不僅是描述在八八風災楠梓仙溪氾濫破壞後，甲仙地區的居民重新和土地河流和解的過程，也是在記錄當地居民、新住民和社會漠視與生存機會的一種拔河。

這個議題很大，很讓人感動，但不夠生活化，敲不進學生的心裡感受。我能理解當地的居民那時候就像連敗二十場的棒球隊，多麼需要一場振奮人心的勝利……但直接和學生說，他們感受不大的。

因此，我想透過影片，讓楊力州先生向我的學生們說。但我帶的這屆新班學生，對他們第一次操作MAPS，我得限縮範圍，不貪心的後設學生的讀者意識和課本的作者意識，找出交集，而且小五的學生可能做得到的。

## 慢慢來，有時候比較快

第一課，我用了快兩週才上完。但我的學生學會了影片摘要策略，也有遷移到均一的WSQ紀錄上。最後，班上養成每週五午餐時間看TED演講或其他演講影片的習慣，再配合屏東市中正國小林用正老師的「人物寫真策略」（人物寫真提示單為林用正老師設計，分四格來寫：1.稱號加姓名；2.發生什麼事（二十字以上）；3.後來怎麼了（二十字以上）；4.我的評論（二十字以上））；每週五看影片寫紀錄，用名人來影響孩子（比方說郭婞淳），也讓孩子留存未來寫議論文的資料庫。

## 以組件的概念學議論文

康軒五上的第五課〈分享的力量〉是一篇議論文。我在第五課的暖身題先放上陳麗雲老師對議論文的介紹，讓學生知道議論文的架構，並對議論文的三元素：「論點、論證、論據」有定義和舉例說明。在上完〈分享的力量〉後，從第

鍾牧楨設計及編修

第五課　分享的力量　MAPS 三層次提問單　第二組　組員：1.3.5

【暖身題】不看課本回答

教學目標：1.猜測想像　2.連結新舊經驗

Q1 根據課文標題判斷，這一課要告訴我們什麼是很重要？分享

Q2 你覺得透過分享可以帶給你什麼感受？驚訝、快樂

Q3 請閱讀完下列文章，並回答下列問題

對某一論題的意見或主張，提出自己的見解或看法來說服別人，就是「議論文」。但要特別注意的是：「議論文」不是天馬行空的胡天說地，不是自己喜歡怎麼說就怎麼說，它必須要根據事實或事理來凸顯自己的主張，也就是說「議論文」要有說服力，就需「言之有理」、「言之有物」。

議論文三要素

「議論文」要有說服力，通常包括三個基本的元素：論點、論據、論證，也就是所謂的「議論文三要素」。

一、論點：

這是作者對這個議論題目的主張、立場及看法，因為每個人看事物的態度和角度都不同，就會產生不同的論點。以最近最流行的話題，「發放振興券」為例，有人認為：這是政府的德政，刺激經濟與景氣的發展；有人認為：這是「債留子孫」的鴕鳥心態，是非常不妥當的政策。

二、論據：

這是作者用來佐證論點的根據，提出事實或例子以支持他的論點，一般可分成二種：如果提出歷史故事、名人或親身經驗等等的事實來協助說明論點，這就是「事實論據」；如果是舉名言佳句、哲學思想或俗諺來幫助說明，這就是「事理論據」。

三、論證：

這是作者運用論據證明論點的過程，也就是根據事實提出自己的見解。在提出正確的立論（論點）與有力的理據（論據）之外，能運用適當的方法作出嚴整的論證，一定能增加文章的說服力。也就是說，論證是將「論點」和「論據」巧妙結合的方法。論證的方法有很多，我們可以透過舉例說明、反駁對方、歸納或演繹、對比或比喻等等方式來闡述自己的見解。

在一篇「議論文」中，「論點」是文章的靈魂，是作者主要的思想主軸。而這個想法要更加清晰，能打動人心說服讀者，就要依靠論據及論證了。所以，如果文章只有論點而欠缺論據或論證，便不能說服讀者相信你的見解。(文章摘要並改寫於陳麗雲老師議論文的寫法內 http://violetyun1.blogspot.com/2009/04/blog-post.html)

Q3-1 對某一論題的意見或主張，提出自己的見解或看法來說服別人，就是「議論文」。那構成議論文的三要素是什麼？

論點、論據、論證

⊗×5　good

Q3-2 請從上述介紹議論文的文章中，摘要出論點、論據、和論證的重點。

論點：作者對這個議論題目的主張、立場及看法

論據：作者用來佐證論點的根據，提出事實或例子以支持他的

論證：作者運用論據證明論點的過程也就是根據事實提出自己的見解

▲暖身題延伸閱讀議論文三元素。

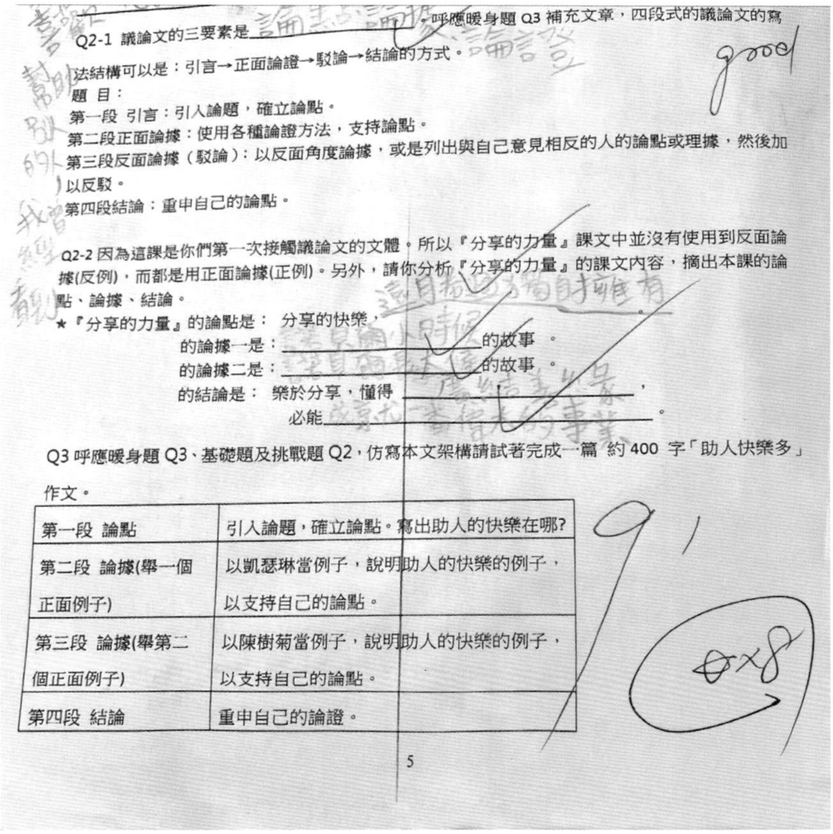

Q2-1 議論文的三要素是＿＿＿＿，呼應暖身題 Q3 補充文章，四段式的議論文的寫法結構可以是：引言→正面論證→駁論→結論的方式。

題 目：

第一段 引言：引入論題，確立論點。

第二段正面論據：使用各種論證方法，支持論點。

第三段反面論據（駁論）：以反面角度論據，或是列出與自己意見相反的人的論點或理據，然後加以反駁。

第四段結論：重申自己的論點。

Q2-2 因為這課是你們第一次接觸議論文的文體。所以『分享的力量』課文中並沒有使用到反面論據(反例)，而都是用正面論據(正例)。另外，請你分析『分享的力量』的課文內容，摘出本課的論點、論據、結論。

★『分享的力量』的論點是： 分享的快樂，＿＿＿＿。

的論據一是：＿＿＿＿的故事。

的論據二是：＿＿＿＿的故事。

的結論是： 樂於分享，懂得＿＿＿＿，

必能＿＿＿＿。

Q3 呼應暖身題 Q3、基礎題及挑戰題 Q2，仿寫本文架構請試著完成一篇 約 400 字「助人快樂多」作文。

| | | |
|---|---|---|
| 第一段 論點 | 引入論題，確立論點。寫出助人的快樂在哪? | |
| 第二段 論據(舉一個正面例子) | 以凱瑟琳當例子，說明助人的快樂的例子，以支持自己的論點。 | |
| 第三段 論據(舉第二個正面例子) | 以陳樹菊當例子，說明助人的快樂的例子，以支持自己的論點。 | |
| 第四段 結論 | 重申自己的論證。 | |

5

▲第五課的仿寫。

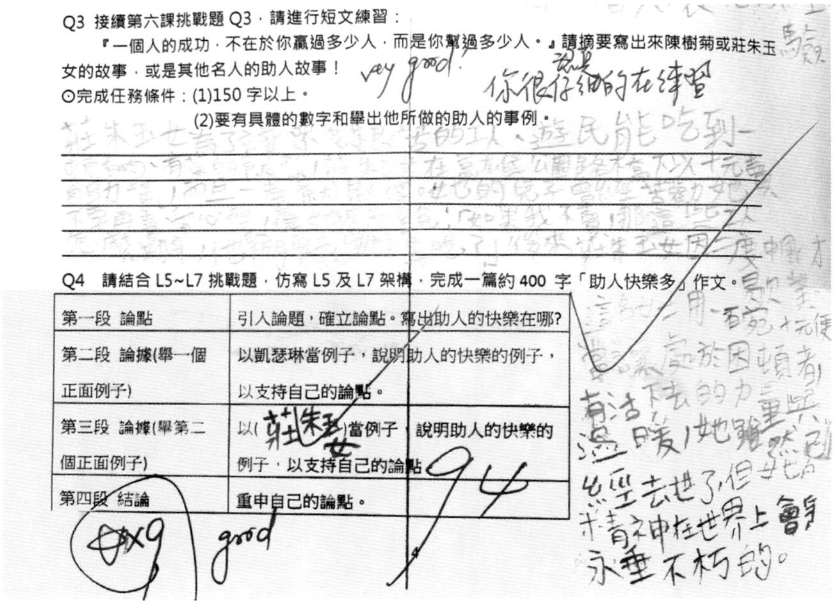

Q3 接續第六課挑戰題 Q3，請進行短文練習：

『一個人的成功，不在於你贏過多少人，而是你幫過多少人。』請摘要寫出來陳樹菊或莊朱玉女的故事，或是其他名人的助人故事！

⊙完成任務條件：(1)150 字以上。

(2)要有具體的數字和舉出他所做的助人的事例。

Q4 請結合 L5~L7 挑戰題，仿寫 L5 及 L7 架構，完成一篇約 400 字「助人快樂多」作文。

| | |
|---|---|
| 第一段 論點 | 引入論題，確立論點。寫出助人的快樂在哪? |
| 第二段 論據(舉一個正面例子) | 以凱瑟琳當例子，說明助人的快樂的例子，以支持自己的論點。 |
| 第三段 論據(舉第二個正面例子) | 以(莊朱玉女)當例子，說明助人的快樂的例子，以支持自己的論點。 |
| 第四段 結論 | 重申自己的論點。 |

▲第六課的仿寫。

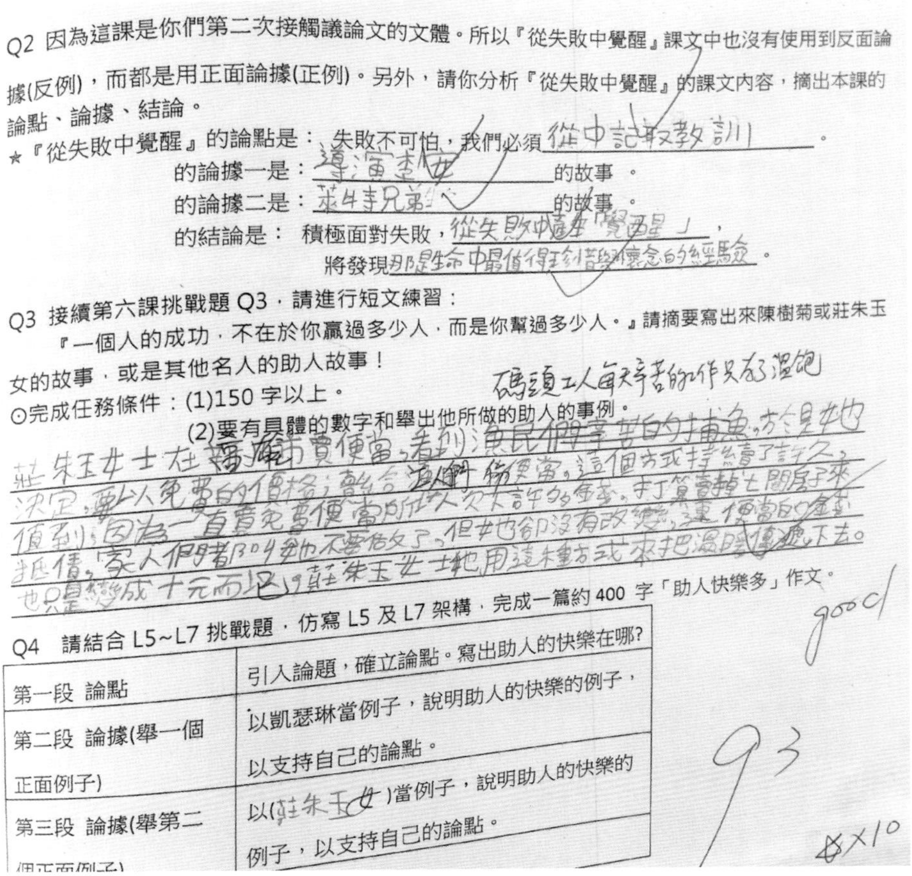

Q2 因為這課是你們第二次接觸議論文的文體。所以『從失敗中覺醒』課文中也沒有使用到反面論據(反例)，而都是用正面論據(正例)。另外，請你分析『從失敗中覺醒』的課文內容，摘出本課的論點、論據、結論。

★『從失敗中覺醒』的論點是：失敗不可怕，我們必須 從中記取教訓 。

的論據一是：導演李安 的故事。

的論據二是：萊特兄弟 的故事。

的結論是：積極面對失敗，從失敗中尋求「覺醒」，

將發現那是生命中最值得珍惜與懷念的經驗。

Q3 接續第六課挑戰題 Q3，請進行短文練習：

『一個人的成功，不在於你贏過多少人，而是你幫過多少人。』請摘要寫出來陳樹菊或莊朱玉女的故事，或是其他名人的助人故事！

⊙完成任務條件：(1)150 字以上。

(2)要有具體的數字和舉出他所做的助人的事例。

Q4 請結合 L5~L7 挑戰題，仿寫 L5 及 L7 架構，完成一篇約 400 字「助人快樂多」作文。

| | |
|---|---|
| 第一段 論點 | 引入論題，確立論點。寫出助人的快樂在哪? |
| 第二段 論據(舉一個正面例子) | 以凱瑟琳當例子，說明助人的快樂的例子，以支持自己的論點。 |
| 第三段 論據(舉第二個正面例子) | 以(莊朱玉女)當例子，說明助人的快樂的例子，以支持自己的論點。 |

▲第七課挑戰題仿寫。

▲學生手繪心智圖。

五到第七課，練習三次論據。一課寫一個分享快樂的例子。第五課和第七課文體都是議論文；第六課〈田裡的魔法師〉是凸顯人物特點的寫作手法，都用得上。這時，已經累積好幾週的人物寫真簿，就是很重要的資料庫。

一次寫一段，一次改一段給建議回饋，學生負擔也比較少。串起來加上引論和結論，一篇議論文就完成了，學生成就感也很大。

## 提問是光，讓師生看見一起前行的腳步

問好問題，學好策略，在異質性分組共學共好的氛圍下，學生的閱讀理解能力，的確有顯著的進步。接這班前，班上學習扶助測驗國語科有半數未通過；經過一年的陪伴後，只剩下一名學生未通過（不過他進步了二十八分喔！他再一點點就通過了），高分群也變多了。學生也因口說心智圖的練習，增加發表的信心。看著學生在畢業小卡上對我的臨別贈言，心中湧起滿滿的喜悅，我想這是畢業班導師的勳章。

## 未來我可以和我的學生試試看

我的畢業班學生有十名，其中多是使用手機上線上課（六名），上課時使用Jamboard，但手機螢幕小，又不若桌電、筆電、平板方便使用。學生在家上線上課，用

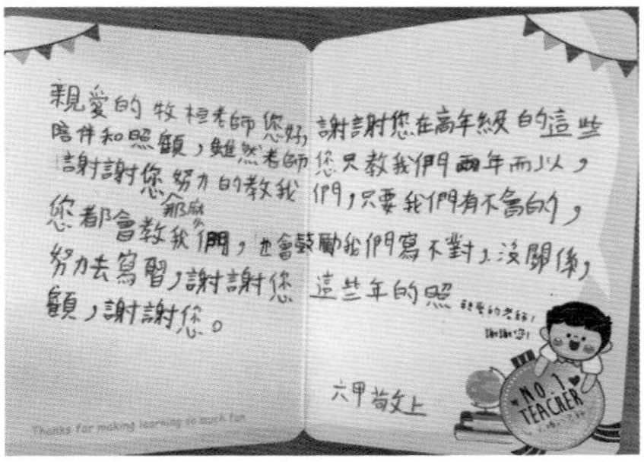


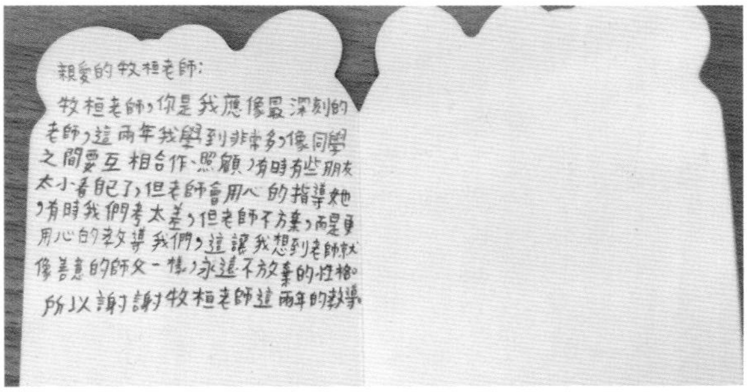


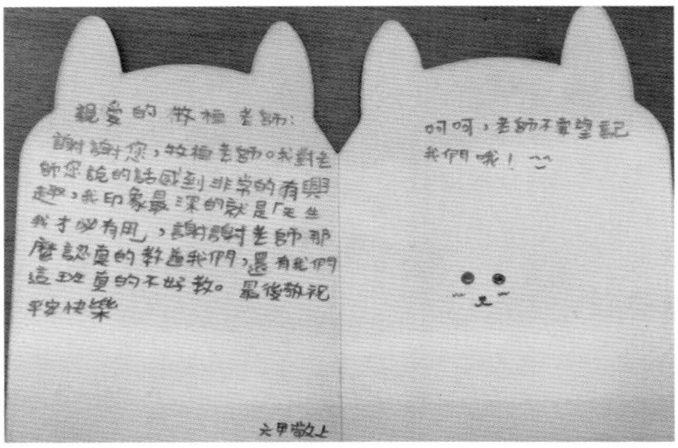


▲老師的榮譽勳章（小卡上仍有一些錯字，不過無傷大雅。你們的感謝，老師收到了 ^^）。

Jamboard 回覆率大概五成而已。我想跟事前未讓學生帶他們在家能上網上課的載具到校實做演練有關。學校這批平板來得及時，我想可以解決上述問題。另外，我也想學如 Hiteach 或 myViewBoard 等軟體及功能，期待下次可以融入我的教學中。

## 走出來，你就看得見光

曾經，獨自在一個年級一班、全校六個班的偏鄉小校服務，不太有共備課程對話的夥伴。但參加夢N國小 MAPS 工作坊、自發性的共備研習和 MAPS 種子教師訓後，我發現，走出來，就會發現處處是貴人。謝謝阿威老師、志豪老師、雅惠老師、政忠主任的講解示範和教導，引領我的那道光，陪伴我回到教室，設計出更有感、更到位的提問或任務，扣緊教學目標。

陪伴孩子的路很長，但我的目標明確清楚，師生一步一步走，總會到達成功的彼岸！願我的學生可以當個善良的人，有基本的能力，對社會有幫助。

最後，想對我的孩子說：期待你的夢想輪廓更清楚，有能力承載追尋自己的夢想，祝福你！

▲祝福你們，我親愛的孩子！

【國小領域】

6

# 管玟羽／MAPS 山行挑戰之路

臺北市信義區光復國小

## 山中大叔導讀

**提問設計該不該有框架？**

框架是形於外，那是一種導航，是協助你初探陌生文本時的指引，讓你上手，讓你上路；框架更應該是形於內，那是一種心領神會，是驅使你必須深入文本時的意識，讓你不怕迷路，享受迷路，刻意迷路，善用迷路。

形於外的是提問架構，讓你看見一條切入閱讀的路；形於內的是脈絡，讓你走出多元品賞文本的方向。

回答玟羽老師，也分享給正要閱讀這篇課堂紀錄的你。

## ◆ 改變與挑戰勢在必行

### 帶一片風景齊步走

猶記得二〇一一年的秋風徐徐吹拂，捧著《老師，你會不會回來》，在溫煦的陽光照耀下，細細咀嚼書中每個文句，燃起心中教育魂，原來教育可以不一樣。而大學的我雙主修，立志擔任輔導教師，卻輾轉機緣下來到班級導師的位置，重新拾起教學的粉筆，這一切又是不一樣的風景。

挑戰接踵而來，角色轉換，許多事情都需要重新調整與適應。國語課則是按著前人的結晶前行，不知該從何而起，從參與溫老師研習與陳麗雲老師的國語工作坊，再到無數網路大神之作……像海綿一樣吸收許多，但吸取過多精華，未經取捨的我，還是沒有整合出自己的教學心法，苦無好的教學策略，想當然爾學生以「眼神死」來回饋，對於衝勁十足的我來說，就像洩了氣的皮球，原來我的努力用錯了力量與方向。

### 遇見曙光

此時備課用書的心智圖吸引我的目光，自己試著繪製出社會科心智圖，邀請學生繪製時，雖有大致講說，但是孩子露出一臉「哇！」但充滿有些疑惑的表情，這時我了解到這是我理解脈絡的心智圖，孩子很難學習遷移這樣的學習方法。知道政忠老師一直在推行 MAPS 教學法，使我下定決心與目標，想要揭開 MAPS 教學法美麗的面紗。

外表看似溫馴如羊的我，實則個性有如獅子般，看到獵物目標，必定勇往直前，對於自我教學專業成長有強大的需求與目標，受到學校老師的邀約，終於來到 MAPS 的殿堂。這三天，與夥伴共同討論，面臨各種任務、各種燒腦的狀況，對於 MAPS 三層次提問有更深一層的了解，才知道心智圖背後的脈絡，原來國語課可以這麼有「架構」、「系統」，掌握其精髓，便能充實備課的內容，也知道心智圖該如何繪製。對我來說，工作坊是尋寶之旅，但有了法寶之後，很容易我們就停滯不前，所以感動後的實踐更為重要，為自己與學生勇敢的挑戰吧！

## ◆ 高級人生實踐之路

### 感動之後的續航力

在工作坊上累積滿滿能量，實踐的續航力顯得特別重要。在熱情正濃烈之時，我們三〇二的夥伴願意分配製作講義的擔子，互相支援，彼此可以參考當初設計的模板，這樣的無私分享，讓我們可以一同在 MAPS 的道路上精進。

沒有一個孩子在遊蕩，認真欣賞與參與學習

▲康軒五下〈故宮挖寶趣〉挑戰題延伸，跟學年共同挑戰製作任務本，完成故宮之旅的任務。

我的第一屆高年級MAPS是從懵懵懂懂的國小五年級升上六年級生開始，一開始要跟孩子介紹什麼是MAPS，如何透過提問單產出心智圖再到口說。對於習慣之前模式的孩子不太容易，我決定每天來個小改變與調整，讓孩子慢慢適應不同以往的學習模式，每天一點一滴的進步，對於學習的每一刻都有其存在的意義。

在參與工作坊前，在課堂憑藉一知半解的心智圖概念操作，但效果不好，自己也不上手。在工作坊密集燒腦的訓練下，雖能掌握訣竅，但對於學生而言，以前接觸的經驗沒有擷取到重要的關鍵字與訊息，或者按著課本隨意模仿繪製而出的心智圖，進一步詢問，也說不出個所以然來，更別說孩子能否理解課文的重要脈絡。然而MAPS課堂的引導，從暖身到基礎題的連結以及心智圖的繪製，都是需要一步一步帶領孩子了解MAPS精華之處。因此我的學習規劃說明如下：

**六上**

期中考前引導孩子討論基礎題，全班共作心智圖、心智圖填空。期中考後先在學校完成部分，回家繪製第一、二層；或小組討論嘗試繪製部分，其餘回家練習繪製。

**六下**

分為兩個部分：小組討論嘗試繪製部分，其餘回家練習繪製。等到孩子上手，自行根據基礎題來繪製心智圖。因疫情停課時，請孩子在線上討論完，自行繪製。

學習規劃是依孩子的狀況做滾動式修正，當班上孩子抓取關鍵字有困難的時候，會請小組討論或運用下課時間做個別指導；若摘要需要幫助，則請學伴協助，讓每個孩子都能夠跟上 MAPS 的步伐，一起往 MAPS 之路前行。

## 不停修正，持續向前

在教學的過程中，我發現我需要突破自己的框架，與別人激盪出新的火花，找尋自己的盲點，集結眾人的力量，不要單打獨鬥，過去自己總是默默做，但卻無法有所突破。也不要一次就想要有完美的框架，會把自己困住，所以每次卡關的時候，我都會一日三省吾身，努力找出卡關的地方，或者跟學年老師討論該怎麼做會更好。過去的自己，太容易緊張，擔心孩子基礎題或挑戰題卡關，就會焦急不安；現在的我，珍惜孩子討論時的每個眼神與語氣，即使他們卡住了，也有意義。「卡住」也是重要的時刻，也是我們需要解決面對的寶貴經驗，讓我可以作為教學修正的方向。

以下分享暖身題、基礎題、挑戰題、後測的經驗。

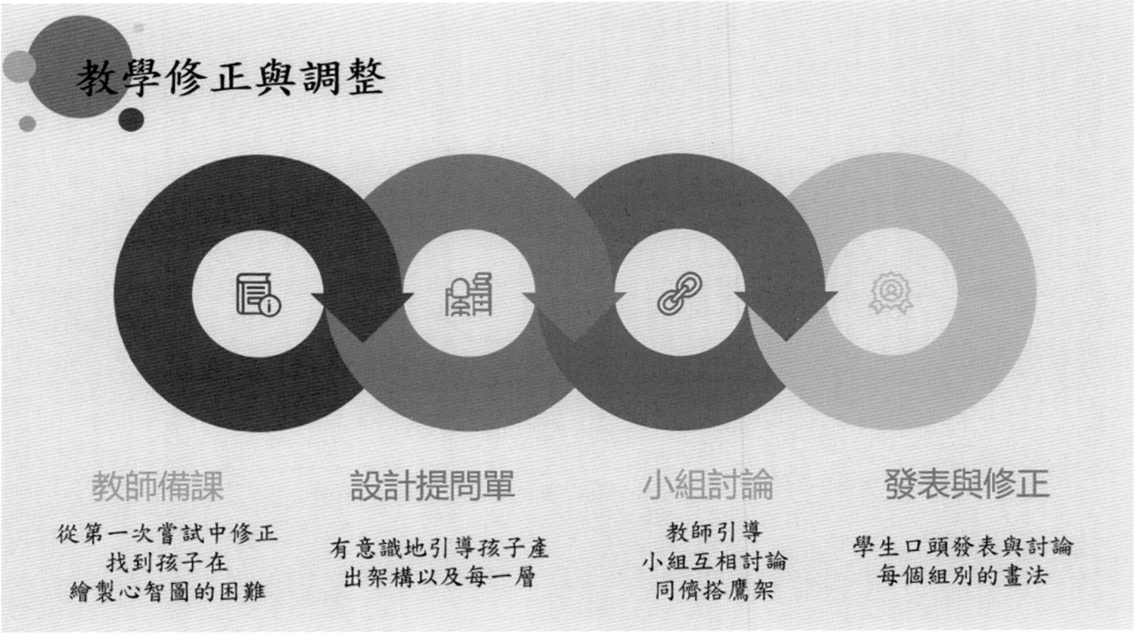
教學修正與調整
教師備課
從第一次嘗試中修正
找到孩子在
繪製心智圖的困難
設計提問單
有意識地引導孩子產
出架構以及每一層
小組討論
教師引導
小組互相討論
同儕搭鷹架
發表與修正
學生口頭發表與討論
每個組別的畫法

▲依班級孩子的學習情形做學習內容的滾動式修正。

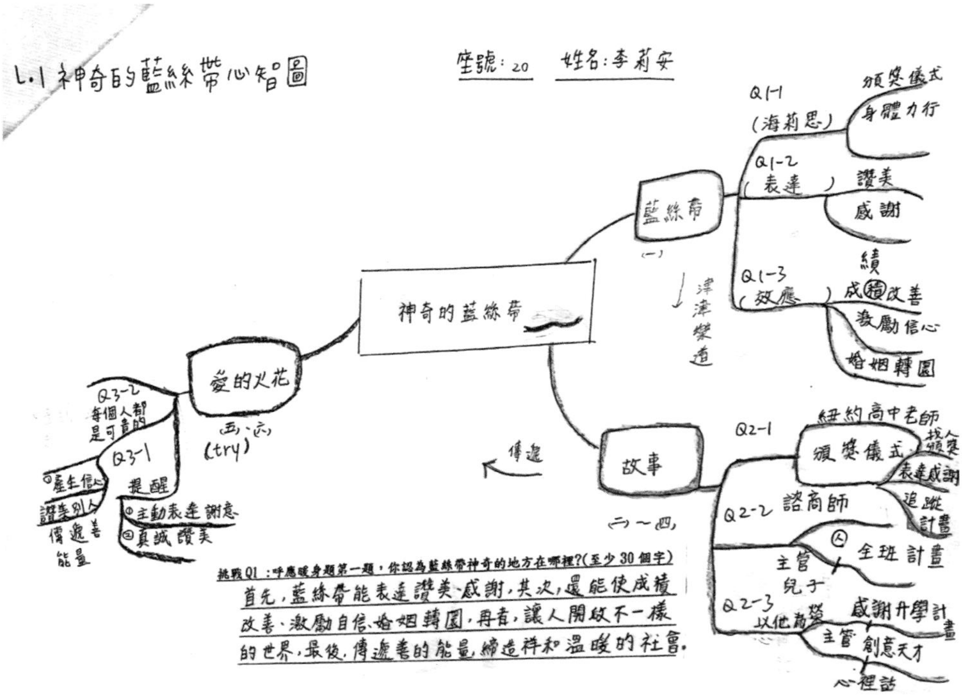


▲六上康軒〈神奇的藍絲帶〉在學校先完成部分，回家繪製第三層。

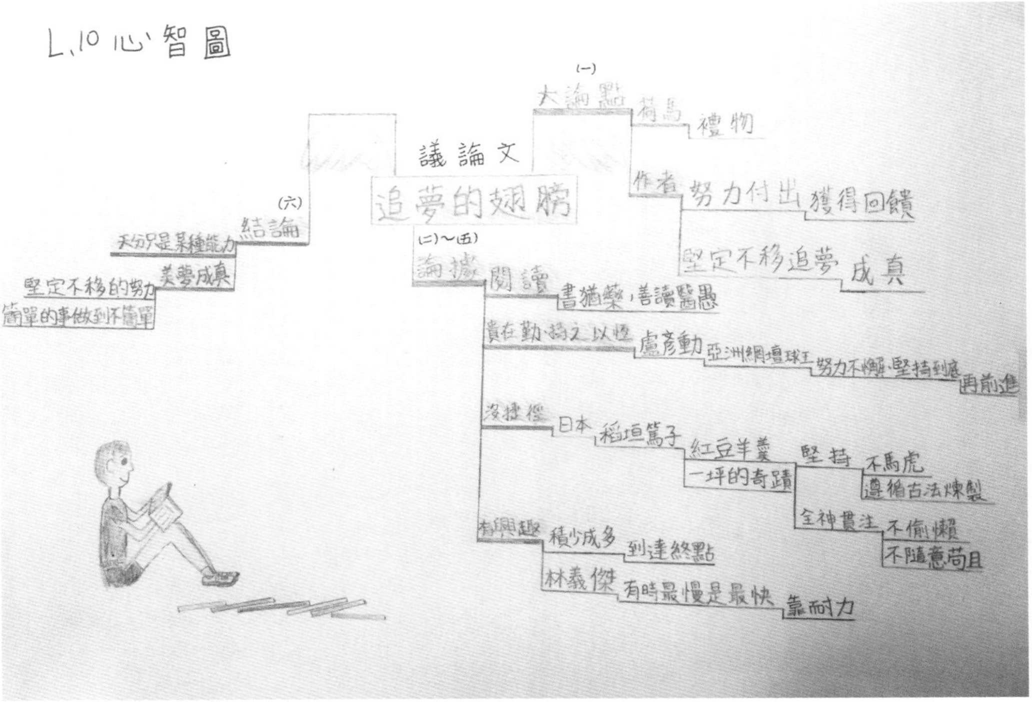


▲因疫情影響停課，線上課完後請孩子在家自行繪製心智圖傳到 googleclassroom。

### ▲暖身題

暖身題的連結與自身新舊經驗的連結，以康軒版六上第五課〈山的巡禮〉為例。我們因地利之便利，乘坐臺北捷運，全班去爬四獸山，讓孩子有親山的經驗，再連結本課的標題，「根據課文標題，請試著說明為何取名為〈山的巡禮〉？」最後問：「這兩首新詩為何要使用擬人的寫作手法來帶出？作者想帶給讀者什麼不一樣的感受？」提問層層推進，更能讓孩子提前掌握文本。

但不是每一課提問都切合要點，也會有所偏差的時候，這時候夥伴就很重要。獲得夥伴給予提問的指引，我會審視自己提問單的層次夠不夠？該如何讓提問設計單變得有層次與深度？我會運用長假設計，開學時再滾動式修正，常常在不經意的時候蹦出新的靈感與好點子。萬一真的腸枯思竭，就翻閱我們第三屆三〇二備課趴或網路上資源，更重要的是不要害羞，勇敢跟 MAPS 的同伴討論，激盪的過程，都是我們最珍貴的寶藏。

### ▲基礎題

在嘗試 MAPS 前的教學，仰賴提問單，但這些都不是有脈絡整理後的提問，總覺得操作起來很卡，參加完三天工作坊，猶記得政忠老師提醒我們：「不用很厲害才開始，要開始才會很厲害！」所以我重新審視文本，理解作者透過文本所呈現的觀點後，擷取「重要訊息」，透過訊息的關聯性，統整為不同的主題，並試圖將基礎題表格化，以便孩子能迅速掌握訊息，有邏輯的梳理文本脈絡。以康軒版六上第五課〈山的巡禮〉為例，因是新詩的緣故，所以先就基隆山的景色變化可分為「縮短幾吋」、「長高些」、「時有變化」和「精神飽滿」四個段落，也參考備課用書以及蔡志豪老師 MAPS 的提問單，並且請雅芬老師給我一些方向，讓我更有意識的備課，有層次的提問單就熱騰騰出爐了！

### ▲挑戰題

我嘗試在挑戰題提供更多的「跨域延展」、「延伸與思考」，以康軒版六上〈大小剛好的鞋子〉一課所傳遞的主要概念，說明生活環境與文化不同的人，要相互理解、尊重，才不會輕易以自己的觀點來批評他人的習慣或文化。接著請小組共同蒐集各國飲食文化差異的資料，完成海報，並在教室門口展示，邀請家長、同學投票，選出最佳海報，藉此讓孩子體會合作的精神。這不就是我們想要帶給孩子的生活素養？從 MAPS 學得知識、態度與價值，同時也能讓孩子反思學習歷程，符應我們現階段的教育潮流：「自發、互動、共好」。

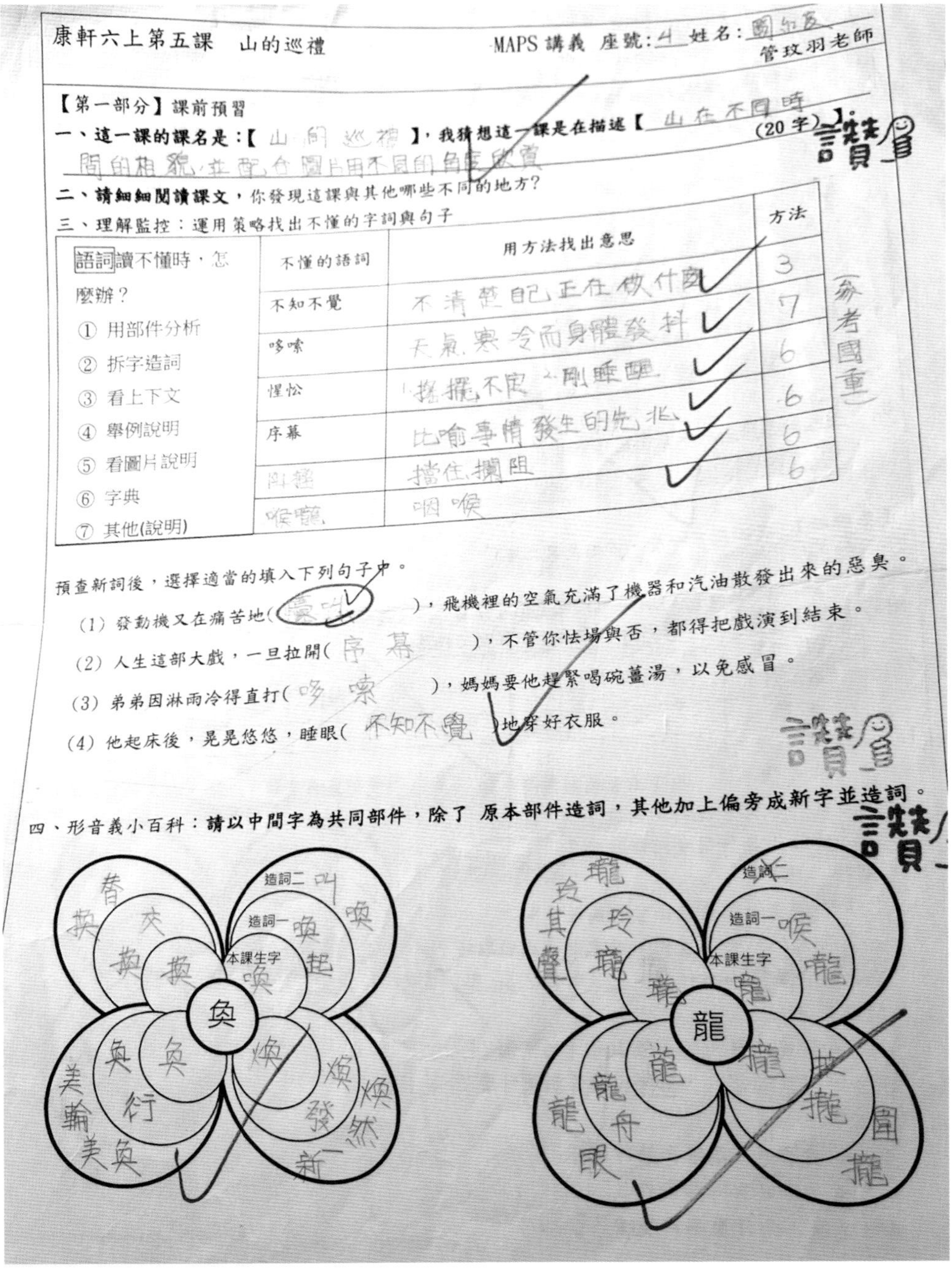

康軒六上第五課　山的巡禮　MAPS講義　座號：4　姓名：

管玫羽老師

【第一部分】課前預習

一、這一課的課名是：【 山的巡禮 】，我猜想這一課是在描述【 山在不同時間的相貌，並配合圖片用不同的角度欣賞 】（20字）。

二、請細細閱讀課文，你發現這課與其他哪些不同的地方？

三、理解監控：運用策略找出不懂的字詞與句子

| 語詞讀不懂時，怎麼辦？ | 不懂的語詞 | 用方法找出意思 | 方法 |
|---|---|---|---|
| ① 用部件分析 | 不知不覺 | 不清楚自己正在做什麼 | 3 |
| ② 拆字造詞 | 哆嗦 | 天氣寒冷而身體發抖 | 7 |
| ③ 看上下文 | 惺忪 | 1.搖擺不定 2.剛睡醒 | 6 |
| ④ 舉例說明 | 序幕 | 比喻事情發生的先兆 | 6 |
| ⑤ 看圖片說明 | 阻擋 | 擋住、攔阻 | 6 |
| ⑥ 字典 | 喉嚨 | 咽喉 | 6 |
| ⑦ 其他(說明) | | | |

（參考國重）

預查新詞後，選擇適當的填入下列句子中。

（1）發動機又在痛苦地（ 喘吁 ），飛機裡的空氣充滿了機器和汽油散發出來的惡臭。

（2）人生這部大戲，一旦拉開（ 序幕 ），不管你怯場與否，都得把戲演到結束。

（3）弟弟因淋雨冷得直打（ 哆嗦 ），媽媽要他趕緊喝碗薑湯，以免感冒。

（4）他起床後，晃晃悠悠，睡眼（ 不知不覺 ）地穿好衣服。

讚

四、形音義小百科：請以中間字為共同部件，除了原本部件造詞，其他加上偏旁成新字並造詞。



▲課前預習單參考引用光復國小楊雅芬老師的講義做編排，處理孩子語詞與形音義的部分。

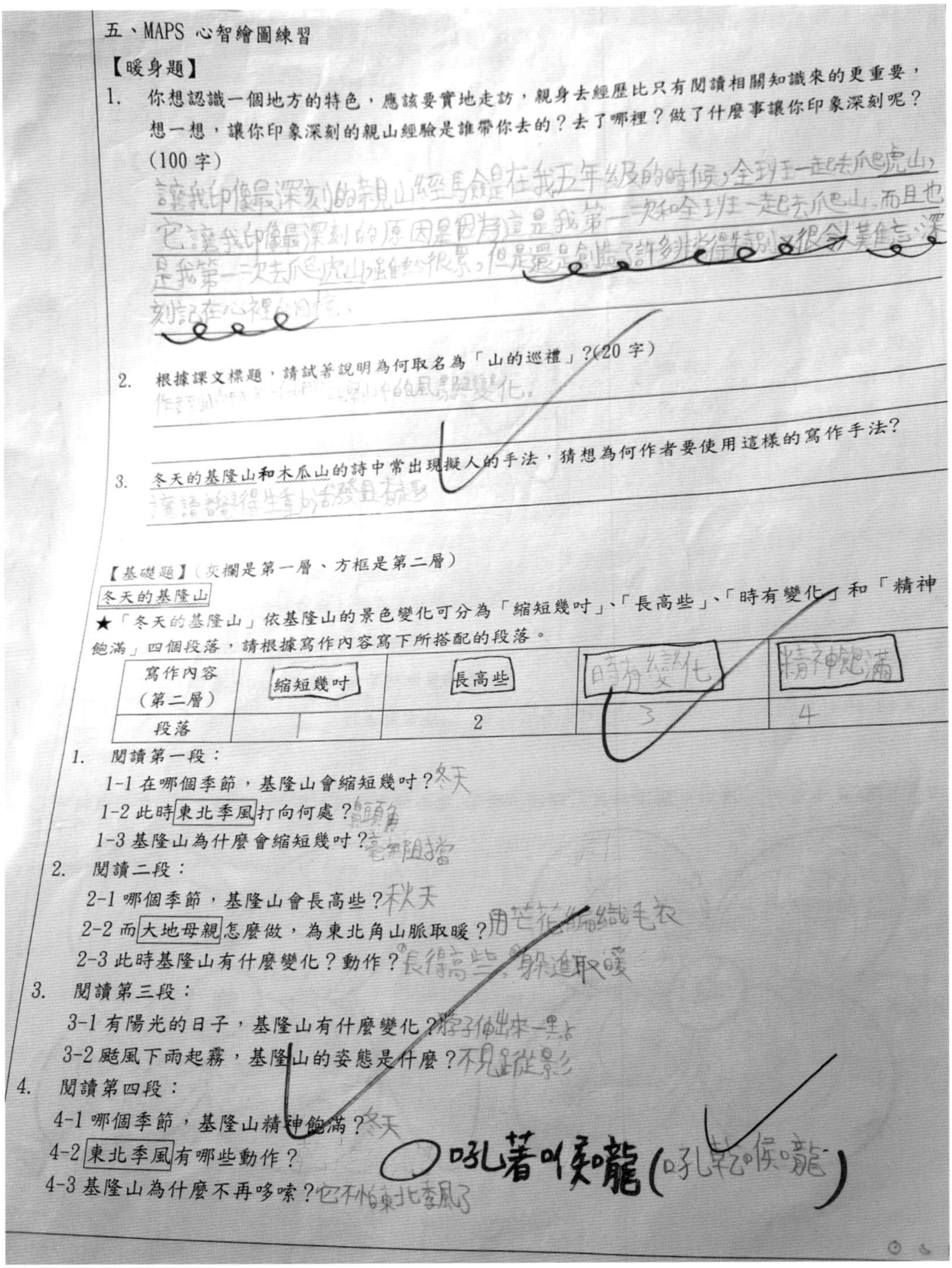

五、MAPS 心智繪圖練習

【暖身題】

1. 你想認識一個地方的特色，應該要實地走訪，親身去經歷比只有閱讀相關知識來的更重要，想一想，讓你印象深刻的親山經驗是誰帶你去的？去了哪裡？做了什麼事讓你印象深刻呢？(100 字)

讓我印像最深刻的親山經驗是在我五年級的時候，全班一起去爬虎山，它讓我印像最深刻的原因是因為這是我第一次和全班一起去爬山，而且也是我第一次去爬虎山，雖然很累，但是還是創造了許多特別又很令人難忘深刻記在心裡的回憶。

2. 根據課文標題，請試著說明為何取名為「山的巡禮」？(20 字)

作者到山中去……山中的風景與變化。

3. 冬天的基隆山和木瓜山的詩中常出現擬人的手法，猜想為何作者要使用這樣的寫作手法？

讓讀者覺得生動活潑且有趣

【基礎題】(灰欄是第一層、方框是第二層)

冬天的基隆山

★「冬天的基隆山」依基隆山的景色變化可分為「縮短幾吋」、「長高些」、「時有變化」和「精神飽滿」四個段落，請根據寫作內容寫下所搭配的段落。

| 寫作內容（第二層） | 縮短幾吋 | 長高些 | 時有變化 | 精神飽滿 |
|---|---|---|---|---|
| 段落 | 1 | 2 | 3 | 4 |

1. 閱讀第一段：
   1-1 在哪個季節，基隆山會縮短幾吋？冬天
   1-2 此時東北季風打向何處？額頭
   1-3 基隆山為什麼會縮短幾吋？毫無阻擋
2. 閱讀二段：
   2-1 哪個季節，基隆山會長高些？秋天
   2-2 而大地母親怎麼做，為東北角山脈取暖？用芒花編織毛衣
   2-3 此時基隆山有什麼變化？動作？長得高些，躲進取暖
3. 閱讀第三段：
   3-1 有陽光的日子，基隆山有什麼變化？脖子伸出來一點
   3-2 颱風下雨起霧，基隆山的姿態是什麼？不見蹤影
4. 閱讀第四段：
   4-1 哪個季節，基隆山精神飽滿？冬天
   4-2 東北季風有哪些動作？吼著喉嚨（吼著喉嚨）
   4-3 基隆山為什麼不再哆嗦？它不怕東北季風了

▲康軒版六上第五課〈山的巡禮〉的暖身題與基礎題，基礎題有參考引用來自蔡志豪老師的表格。

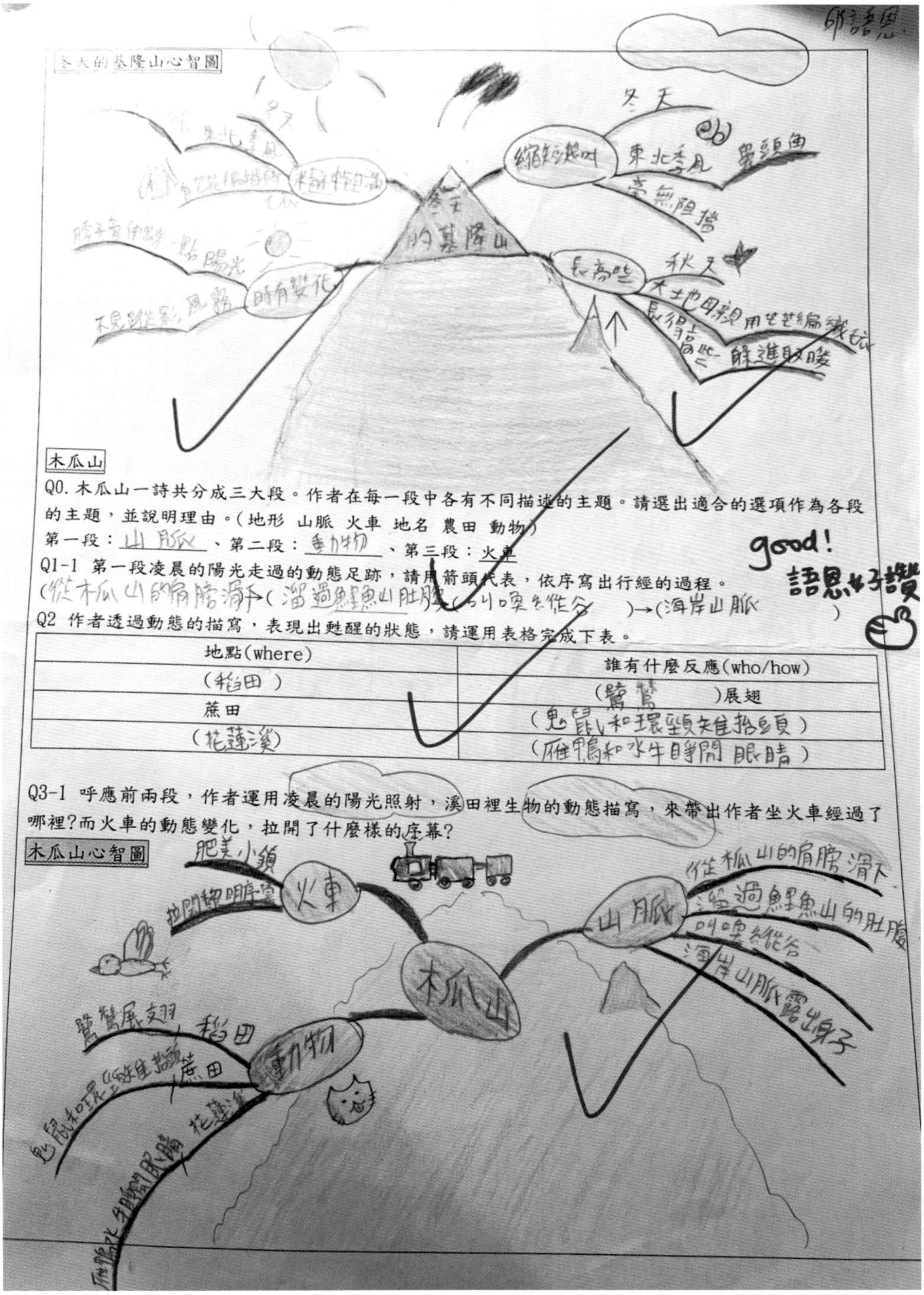

冬天的基隆山心智圖

木瓜山

Q0. 木瓜山一詩共分成三大段。作者在每一段中各有不同描述的主題。請選出適合的選項作為各段的主題，並說明理由。(地形 山脈 火車 地名 農田 動物)

第一段：山脈、第二段：動物、第三段：火車

Q1-1 第一段凌晨的陽光走過的動態足跡，請用箭頭代表，依序寫出行經的過程。

(從木瓜山的肩膀滑下)→(溜過鯉魚山肚腹)→(叫喚冬仔谷)→(海岸山脈)

Q2 作者透過動態的描寫，表現出甦醒的狀態，請運用表格完成下表。

| 地點(where) | 誰有什麼反應(who/how) |
|---|---|
| (稻田) | (鷺鷥)展翅 |
| 蔗田 | (鬼鼠和環頸雉抬頭) |
| (花蓮溪) | (雁鴨和水牛睜開眼睛) |

Q3-1 呼應前兩段，作者運用凌晨的陽光照射，溪田裡生物的動態描寫，來帶出作者坐火車經過了哪裡?而火車的動態變化，拉開了什麼樣的序幕?

木瓜山心智圖

good!

語恩好讚

▲學生能運用顏色來了解每個枝幹的層級。

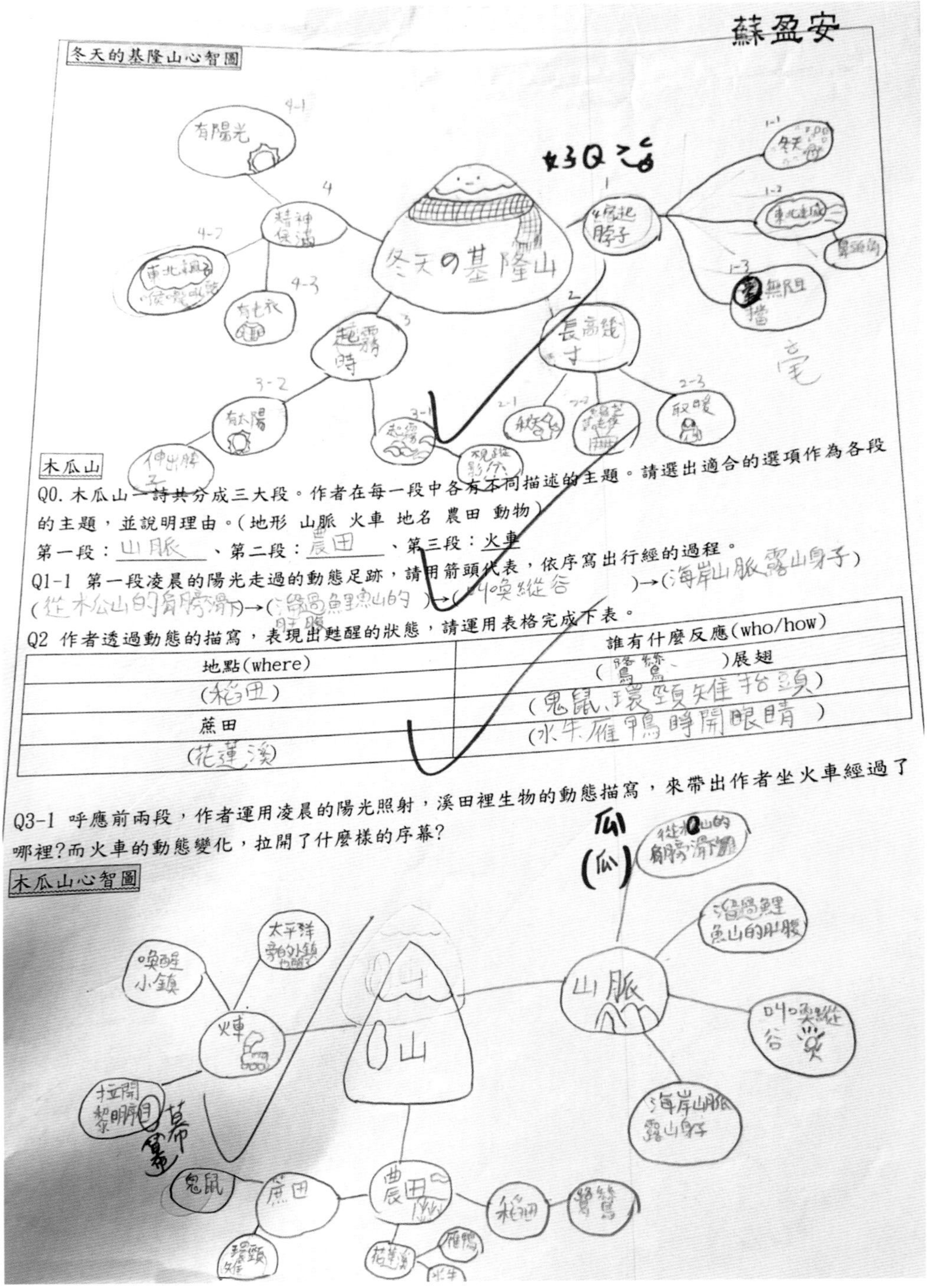
蘇盈安

冬天的基隆山心智圖

木瓜山

Q0. 木瓜山一詩共分成三大段。作者在每一段中各有不同描述的主題。請選出適合的選項作為各段的主題，並說明理由。(地形 山脈 火車 地名 農田 動物)

第一段：山脈、第二段：農田、第三段：火車

Q1-1 第一段凌晨的陽光走過的動態足跡，請用箭頭代表，依序寫出行經的過程。

(從木瓜山的肩膀滑下)→(滑過鯉魚山的肚腹)→(叫喚縱谷)→(海岸山脈露山身子)

Q2 作者透過動態的描寫，表現出甦醒的狀態，請運用表格完成下表。

| 地點(where) | 誰有什麼反應(who/how) |
| --- | --- |
| | (鷺鷥)展翅 |
| (稻田) | (鬼鼠、環頸雉抬頭) |
| 蔗田 | (水牛、雁鴨睜開眼睛) |
| (花蓮溪) | |

Q3-1 呼應前兩段，作者運用凌晨的陽光照射，溪田裡生物的動態描寫，來帶出作者坐火車經過了哪裡?而火車的動態變化，拉開了什麼樣的序幕?

木瓜山心智圖

▲學生能呈現自己特色的心智圖。

透過挑戰題的延伸，讓孩子上一堂思考課！人為什麼要有道德？對許多人來說，「道德」一詞很抽象，六上孩子是形式運思期階段，搭配康軒六上〈大小剛好的鞋子〉、〈沉思三帖〉，面臨情境兩難的議題，讓孩子從不同角度思考，透過同儕的討論，爬梳思考的脈絡，了解思考的重要性，並能從中做出適宜的價值判斷。

### ▲後測

經由這一屆操作下來，我發覺國習裡有些內容可以再深入討論與琢磨，所以下一屆國習需要討論的部分，讓學生在學校討論完成，其餘字音字形則帶回家書寫。我的後測除了考聽寫之外，也搭配文意理解的提問，希望孩子能透過MAPS的學習歷程，對於文本有深度的理解。

## 疫情下來點 MAPS

疫情下帶來教學巨大的轉變，每個老師化身成直播主，熟悉各項科技的操作，剛好這一屆學生六下遇到「停課不停學」，這時候提問單就派上用場。我與學生在線上共同討論，邀請學生自行在家繪製心智圖，沒想到至少有七成的學生掌握到 MAPS 的概念，這是將近兩學期操作過後的學習成效，我也看到孩子把心智圖所學運用在社會科的學習上，對於孩

▲學生思辨的過程討論。

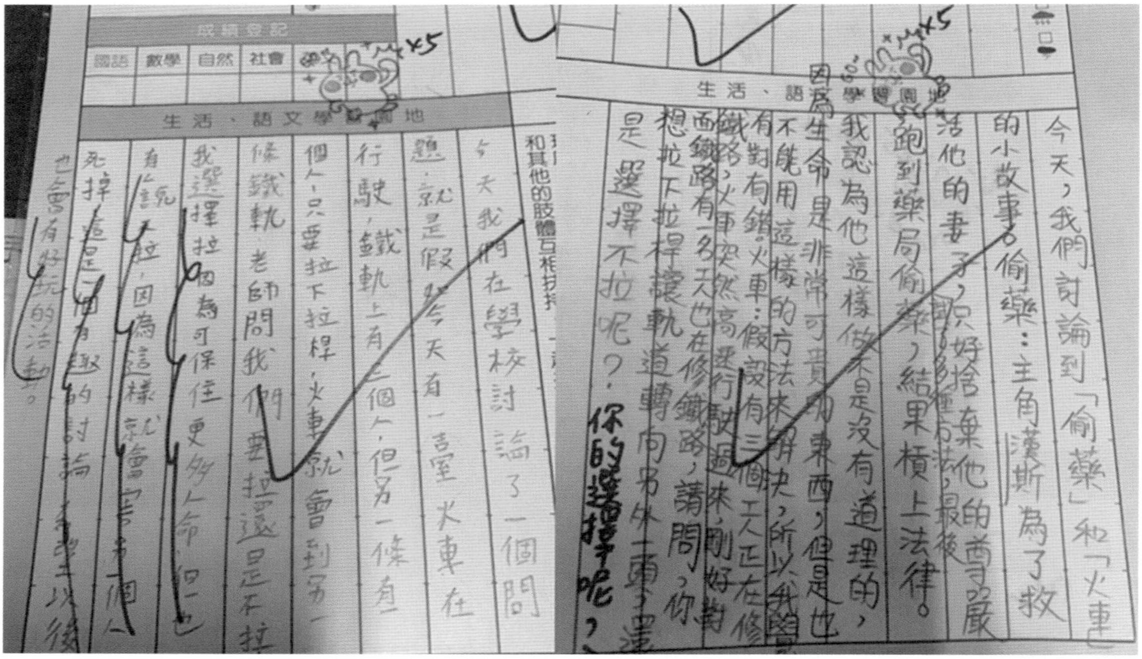


▲小日記省思在漢斯偷藥與電車問題。

子慢慢掌握到MAPS的精髓，並能學習遷移，頓時如釋重負。看著孩子與我共同的成長，不禁內心澎湃不已！

疫情下的改變是我開始記錄孩子的討論歷程。當日討論完的重點，我會拍照上傳google classroom，讓孩子與我都能回顧自己的學習歷程。尤其接了新班級，再度面臨疫情不穩定，隨時可能停課的情況，提問單跟講義就是很好依循學習的方向，看著每屆孩子從一開始滿臉狐疑、有些抗拒繪製心智圖的狀態，慢慢到掌握心智圖精髓，願意一個腳步一個腳步的跟隨，每個小進步都會帶來小改變，每天多0.1，也就是1.1乘1.1，乘以十次之後，帶來的改變就明顯可見了。

MAPS第一屆畢業班的孩子因為疫情無法舉辦實體畢業典禮，孩子主動辦理線上小小畢典，我把這段歷程記錄下來投稿「遠距讓『愛』與『學習』不停歇——以『畢業季』為主題」的活動；升上國中的孩子也陸續寫卡片給我回饋，提到「MAPS單幫助我銜接國中一年級的國文課」、「心智圖幫我整理文本，讓我帶一張紙就可以複習一課」。顯然，孩子雖然只有短短一年MAPS的經驗，但把這些好的提問與思考方式內化成他們的養分，就值得了呢！

▲把課堂紀錄上傳到 gooogleclassroom。

## ◆滿載而歸，回首來時路

非常感謝山中大叔手把手教學，讓我們不僅學習精髓，更能有一群夥伴共同精進 MAPS 三層次提問，把提問設計琢磨得更不一樣。

也很謝謝光復國小楊雅芬老師、黃美霓老師的邀約與引薦，讓我能有這個機會參與第三屆 MAPS 種子教師研習，更感謝 MOXA 心源教育基金會在這段時間不遺餘力提供各項協助，讓我們能在這三天時間，與大家好好共作燒腦，產出提問單，一起運用暑假共學，一起成長。

回顧自己以前設計的提問單，總是看似有骨架，卻沒有血肉靈魂，「精髓與眉角」沒有精準的掌握，頻頻卡住。課文就像一盤盤的食材備料，但卻因為苦無方法，而把這些食材煮成一道道分散的料理，少了些什麼。參與 MAPS 種子教師工作坊，政忠老師帶領我們重新把國語課文視為一盤盤新鮮的食材，透過老師的巧手與提問設計，把這道融合與創新的料理端出來，散發出陣陣撲鼻的香味，色香味俱全。

## MAPS 有如登山眺遠

「一個人可以走得很快，一群人可以走得更遠。」讓人想起蘇軾〈題西林壁〉：「橫看成嶺側成峰，遠近高低各不同，不識廬山真面目，只緣身在此山中。」透過同儕的反饋，可以即時修正自己看不見的盲點。因為在設計 MAPS 提問的時候，就像自己在山腳下小徑旁的灌木叢，它們使我感受侷限。如果陷入困境時，給自己一點時間和空間重新調整。有一些眼前看不到的東西，在慢慢攻頂的過程中，透過夥伴的提醒，自己也擴大視野時，才能看得更遠、更清楚。

身為老師，遇到困境時，便是挑戰與改變的契機。走過這段改變與實踐的歷程，更能看見孩子的需要。唯有老師先改變與調整，促發孩子對於學習的興趣，蹲下身看見孩子每個眼神的火苗，點燃他學習的那把火！透過老師有意識的提問，引起孩子對於語文的興趣，對於文學產生好奇與共感。我們是孩子嚮導員，登山過程中，踏出步伐，跨出舒適圈，也在訓練與挑戰自己，並拓展孩子的思維方向，便能達到「見山是山，見山不是山，見山還是山」的境界。

當老師最大的幸福就是與學生教學相長！衷心期盼孩子帶著這些學習的養分，日益茁壯，成為有溫度、有思考力的大人。

▲一起跨越舒適圈，挑戰自我。

【國小領域】

7

# 陳權滿／MAPS 是有效教學的神奇地圖

嘉義市西區港坪國小

## 山中大叔導讀

對，權滿老師是五十歲才考上正式老師的大嬸。

但她活得不像五十歲，也教得不像五十歲。

她積極學習並發展出屬於自己課堂的 MAPS 教學流程，她百般嘗試的長出屬於自己的提問設計脈絡，她帶領孩子學習並書寫國語科視覺筆記，她孜孜不倦踏上 MAPS 取經旅程並整理成學習地圖，她勇敢站上全市舞臺進行國語文公開課，她始終沒有停止廣博學習並深入思辨。

如果權滿老師始於五十歲的樣貌，叫作活著，那我們想要怎麼活著？

在《愛探險的 Dora》動畫中，可愛活潑的 Dora 在每次探險時都會叫出神奇的地圖，協助她完成探險任務。教師生涯因為遇到 MAPS，我也像 Dora 一樣找到有效教學的神奇地圖，幫助我完成教學任務。

## ◆ MAPS 的開始

### 沒有靈魂的國語課

提到阿滿老師，大家對我的印象都是那位五十歲才考上正式老師的大嬸。因為自己出道得晚，再加上沒有代課經驗，即使經過師資班短暫的訓練，在擔任教師初期，依然沒有非常好的教學技巧。我身為包班制的小學導師，要負責許多科目，數理腦的我，國語文教得心虛，所以常常追星——向多位大師取經學習，希望課堂不但精彩而且有效率。但所謂「貪多嚼不爛」，我取經學來的教學法，讓我沒有靈魂的國語課變得更加四不像，貌似繁華熱鬧的國語課，學生的考試成績也很不錯，但是我的心裡卻很不踏實，一課一重點、小組討論、口說發表、圖表組織筆記……系統性的國語教學到底要怎麼走呢？

### 尋找 MAPS

偶然間，在書商的備課光碟中看到蔡志豪老師的學習單，蔡老師有脈絡的學習單設計讓我驚為天人。我發現有人可以用多元的觀點來分析課文，因此吸引我從夢N國小的 MAPS 研習聽起，那時我學到有系統的步驟，但是我的學習空有骨骼（架構），在實踐時卻沒有自己的血肉（提問）與靈魂。所以，隔年決定進階到夢N國中國文的 MAPS 研習，近距離向政忠老師及靜慧老師學習，天真的我，以為找到祖師爺就可以在短時間提高自己的 MAPS 教學力。果然有進步，似乎又多聽懂了一些，可是心裡知道，教學設計實踐時，我的功力還是不夠扎實。此時的我，拼湊各路前輩的學習單概念，依然沒有自己的思考架構，產生的問題就是帶著學生使用別人的學習單上課，在進行挑戰題討論時，我常常和學生的觀點產生極大差異，但我依然沉溺在唯一標準答案的漩渦裡，偏偏我又認為學生的觀點很有想法，殊不知，挑戰題的設計精神，我根本沒抓住。

### 追尋 MAPS 夥伴

人生總要有個導師，讓我可以學習，從夢N開始就一直關注政忠主任的訊息，總覺得大叔很多的教學思考都走在前端。每年看到大叔分享的「MAPS 種子教師招募」，我總是因為暑假培訓的時間剛好和其他任務衝突而放棄。在疫情縱橫的二〇二〇年，讓我更珍惜幸福的臺灣，更想要把握當下做些什麼。

在《牧羊少年奇幻之旅》提到：「在生命的重要時刻，我們卻對發生在自己身上的事物無能為力，只能聽天由命——這就是世界上最大的謊言。」所以在種子教師報名截止前幾天，我鼓起勇氣詢問大叔，我可以跨組到國中MAPS上課嗎？大叔一口答應，並擔任我的介紹人。大叔曾說MAPS也是「Make All Possible Start」，當你真心渴望某樣東西時，整個宇宙都會聯合起來幫助你完成。人總要開始出發，才能向前走，我在二〇二〇年幸運的加入MAPS大家庭了。

MAPS種子教師三天的培訓，我很榮幸能和一群專業的國中國文老師學習，自覺國文底蘊不足的我，幸好有大叔將每一階段的操作拆解細說，一步一步手把手的教學與實作，還有夥伴討論時的腦力激盪與迷思澄清，讓我慢慢建立MAPS的圖像。身為高年級導師，小六生和小國一其實年紀差不多，誤打誤撞下反而讓我有更寬廣的視野，了解我的學生未來所要面對的國語文教學內容與會考趨勢，此時心中更加的感恩，有種「迷路原為看花開」的驚喜。

在半年後的回流課程，我更幸運的遇到同為使用南一版本的小六老師，開始有MAPS課程夥伴社群，這是非常重要的機緣。因疫情嚴重，在二〇二一年五月全國改為線上教學時，我原本擔心要如何進行線上MAPS教學，但學生告訴我，他們可以在家自主學習，也因為有共備學習單的引導，最後一課完全由學生自主完成學習，老師在檢核批閱學習單時，非常感動，因為每位學生都能自主完成任務，我也安心的送他們畢業了。

## ◆ MAPS的練習

### 學習單設計

整理自己學習MAPS的歷程如下：夢N研習啟蒙→網路自學拼湊→拜師學藝精熟→找到夥伴成長；而實踐MAPS的歷程如下：模仿開始嘗試→教學修正調整→發展多元想像→找到固定模式。

拜師學藝後，對於MAPS的課程設計，我充滿期待與想像。課程設計是要為學習者帶來連結與想法，把語文專業知識轉化成學生能理解的過程，所以我思考著MAPS教學流程及學習單設計順序。先從基礎題開始處理，再從暖身題到挑戰題，前後呼應。

暖身前測 → 生字語詞 → 基礎提問 → 心智繪圖 → 口說發表 → 挑戰提問 → 總結後測

▲我的 MAPS 教學流程。

1.基礎題
- 根據文本分析
- 反覆讀與修

→

2.暖身題
- 學生最愛
- 圖文連結

→

3.挑戰題
- 看見孩子觀點
- 多元策略融入

▲我的 MAPS 學習單設計順序。

## ▲基礎題設計

基礎題的設計首先要熟讀文本，老師先走入文本，才能走出脈絡。基礎題來自文本分析，老師要將閱讀理解策略放入題目中，因為學會這些策略才能讓學生有抓魚的能力。

設計基礎題時，我分成二階段，在上學期初，設計的題目前會標上自然段第幾段，這是幫學生搭建初遇MAPS的鷹架，學生就很容易跟上老師的腳步，按照課文脈絡尋找答案，產生像溫水煮青蛙的效果，學生不覺得很難，慢慢習慣，就可以進入第二階段。大約進行一個單元四課後，學生習慣從文本去找答案，我就會改用大段落題組來設計題目，讓學生可以更了解文章的架構。持續進行半學期後，只要在學習單討論後，學生都能從學習單中找出心智圖的階層及脈絡。

從基礎題的設計就能連結心智繪圖，我稱它為「視覺筆記」，同樣分二階段，學期初的筆記會在課堂上進行討論，會先討論文章架構後繪圖，小組根據學習單共同完成課文結構，學生回家後也是依據學習單完成個人筆記，讓學生習慣文轉圖的程序再慢慢拆掉鷹架。

在此同時，我也會結合社會科的筆記策略，先一一介紹圖像組織常用的心智圖、階層圖、魚骨圖……因為社會科的課文大部分都是有架構的說明文，讓學生同時練習做社會筆記，增加學生對筆記的熟悉度，經過這樣的練習，等到期中

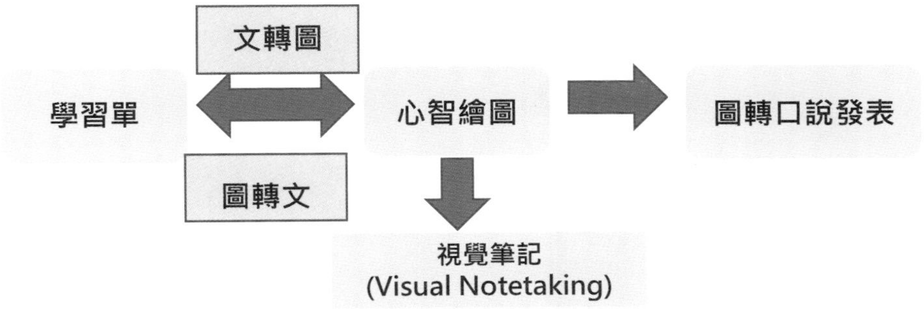


▲我的「視覺筆記」。

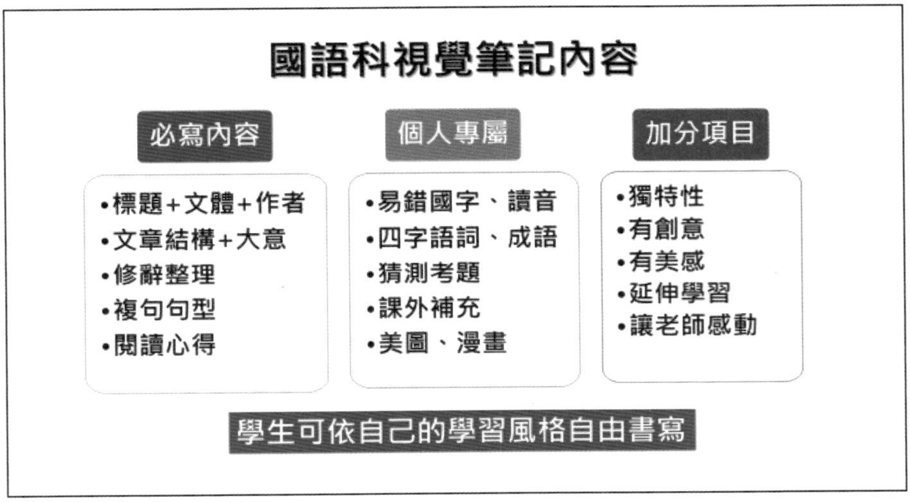

| 必寫內容 | 個人專屬 | 加分項目 |
|---|---|---|
| •標題+文體+作者<br>•文章結構+大意<br>•修辭整理<br>•複句句型<br>•閱讀心得 | •易錯國字、讀音<br>•四字語詞、成語<br>•猜測考題<br>•課外補充<br>•美圖、漫畫 | •獨特性<br>•有創意<br>•有美感<br>•延伸學習<br>•讓老師感動 |

### 學生可依自己的學習風格自由書寫

▲國語科視覺筆記內容。

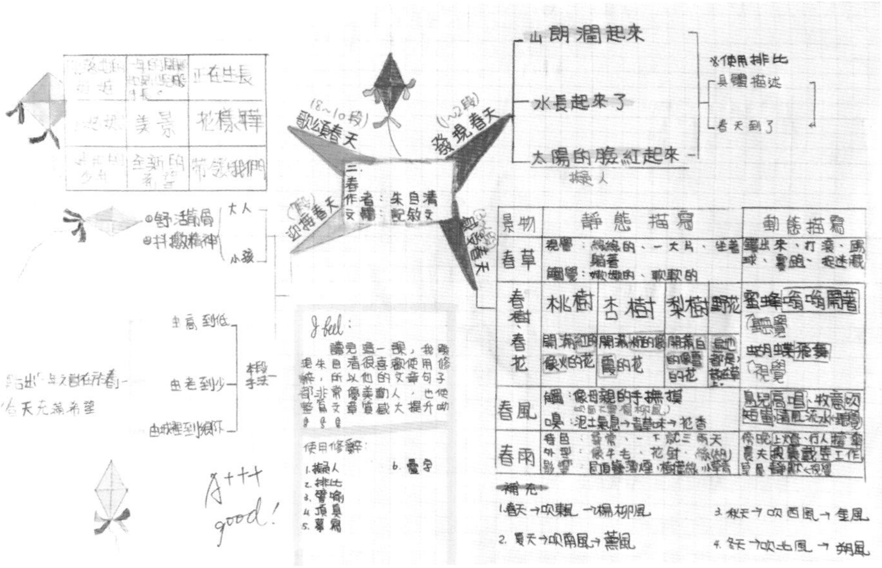

▲學生的視覺筆記作品。

考後，大部分的同學都能完成還不錯的筆記。

針對國語的筆記內容，我分成三大部分：首先是必寫內容，包含課文標題、文體、作者、文章結構及大意、修辭整理、複句句型和閱讀心得，其次是個人專屬，包含個人易錯國字、讀音，重要的四字語詞、成語，也可以猜測考題或是自己的課外補充，再加上美圖或是漫畫，完成自己專屬的學習筆記。學生習慣滿分是一百分，但透過加分項目，打破分數的天花板，只要學生具有獨特性、有創意、有美感，或是學生自主延伸學習，阿滿老師的分數無上限，全力支持獎勵學生的學習。除此之外，評分標準還包含每次筆記準時繳交、能掌握重點、筆記視覺化（易辨識閱讀）、筆記結構化（有組織或順序）。

上學期的國語筆記，我採用空白單張影印紙來書寫，學生可選A4或B4。我選擇用單張紙來書寫筆記，目的是讓全班的筆記作業都可以張貼在公布欄，除了讓同學觀摩票選最佳筆記外，老師會引導學生檢核同學的筆記，明確告訴同學每一份筆記的優缺點及獨特性的展現，我也同意讓每位同學都可以在一星期內自由拿下作業修正補充，或重新書寫後再貼回公布欄，一星期後我才會計分。有人會擔心學生會不會抄襲同學的筆記，而我卻有另一種觀點，就是先支持學生願意做的心，再培養學生獨立書寫的能力。事實證明，我的班上學生做筆記的能力成長，連家長都覺得很好。

## ▲暖身題設計

暖身題的作用是要勾起學生的學習動機，或是喚起學生的舊經驗，為下一階段的基礎題奠基。所以我會從標題預測連結課文內容，有時連結學生的生活經驗或生命故事，也可以是文章寫作架構手法，有時會加入班級經營的問題討論，或是影音多媒體的觸發想像，這些都是暖身題設計的策略。

舉例來說：小學課本常常有「機智的故事」，透過閱讀古今名人的故事，認識機智的神奇力量，欣賞在不同情境中，機智語言所產生的趣味。機智不僅可以化解尷尬與危機，還可以幫助他人，甚至解救他人性命。所以在暖身題，我就設計了一道題目：請同學分享生活中自己曾機智應對的經驗，或是聽過關於機智的故事；並請同學比較「聰明和機智」的不同，這兩個形容詞你會想到班上的哪一位同學？

大部分人都認為聰明的同學就是常常考第一名的孩子，而機智的同學是常常惹老師生氣，卻在緊要關頭說出讓老師、同學爆笑或是有哲理的話，讓老師無法處罰他的同學，帶著這樣的思考進入文本，更能促進學生的學習動機。也因為暖身題的內容多元有趣，後來也證實了班上孩子最喜歡的是暖身題，因為是從孩子的經驗出發，每個孩子都能完成。

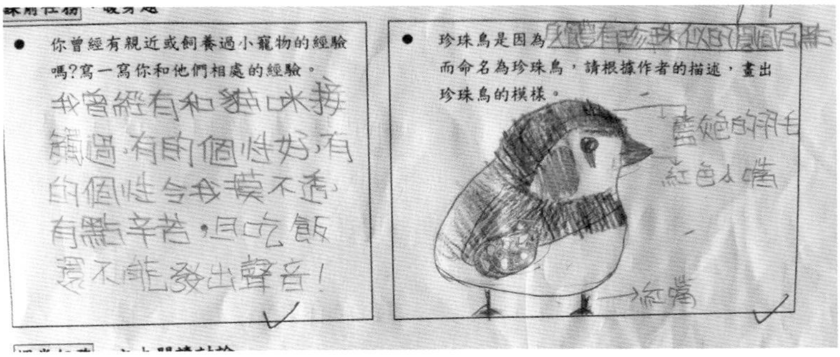

你曾經有親近或飼養過小寵物的經驗嗎?寫一寫你和他們相處的經驗。

我曾經有和貓咪相處過，有的個性好，有的個性令我摸不透，有點辛苦，且吃飯還不能發出聲音!

珍珠鳥是因為______而命名為珍珠鳥，請根據作者的描述，畫出珍珠鳥的模樣。

藍色的羽毛
紅色小嘴
紅嘴

前任務、暖身題

你曾經有親近或飼養過小寵物的經驗嗎?寫一寫你和他們相處的經驗。

狗

有時候我回到家我會撫一撫牠的頭，牠不會去傷害人，除非你去打牠，或是你去搶走牠的食物

珍珠鳥是因為身上有白色斑點而命名為珍珠鳥，請根據作者的描述，畫出珍珠鳥的模樣。

灰藍色的毛
沒有白點
紅嘴
紅腳

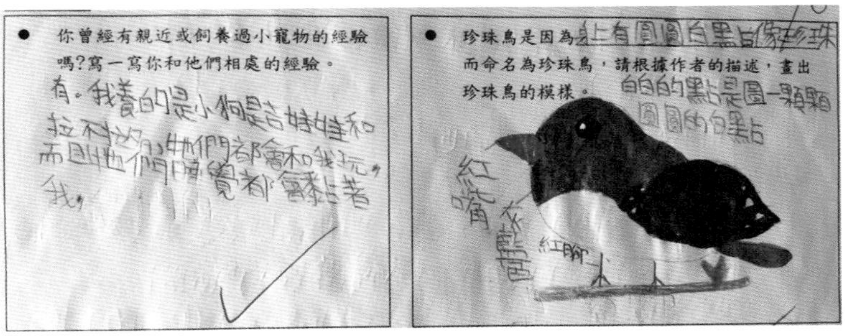

你曾經有親近或飼養過小寵物的經驗嗎?寫一寫你和他們相處的經驗。

有。我養的是小狗是吉娃娃和拉不拉多，牠們都會和我玩，而且牠們睡覺都會黏著我。

珍珠鳥是因為身上有圓圓白點像珍珠而命名為珍珠鳥，請根據作者的描述，畫出珍珠鳥的模樣。

白白的點是圓一顆顆圓圓的白點
紅嘴
灰藍
紅腳

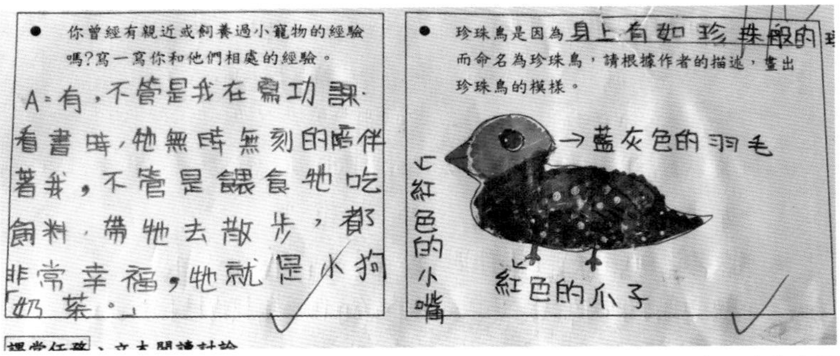

你曾經有親近或飼養過小寵物的經驗嗎?寫一寫你和他們相處的經驗。

A:有，不管是我在寫功課、看書時，牠無時無刻的陪伴著我，不管是餵食牠吃飼料、帶牠去散步，都非常幸福，牠就是小狗「奶茶」。

珍珠鳥是因為身上有如珍珠般的而命名為珍珠鳥，請根據作者的描述，畫出珍珠鳥的模樣。

藍灰色的羽毛
紅色的小嘴
紅色的爪子

▲六上南一版第四課〈珍珠鳥〉，連結學生的生活經驗，並依作者的描述畫出珍珠鳥的模樣，學生在閱讀文本時更加清楚。

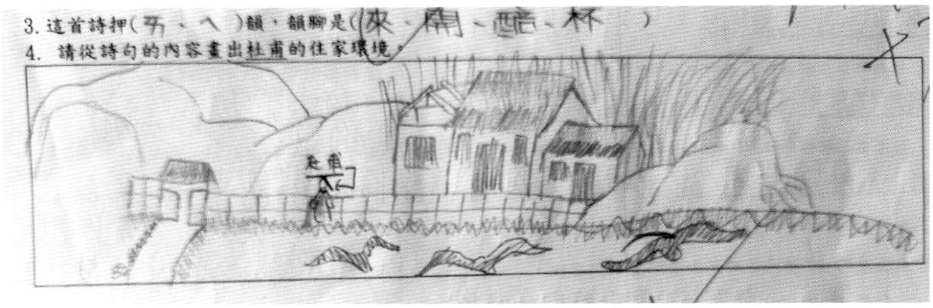


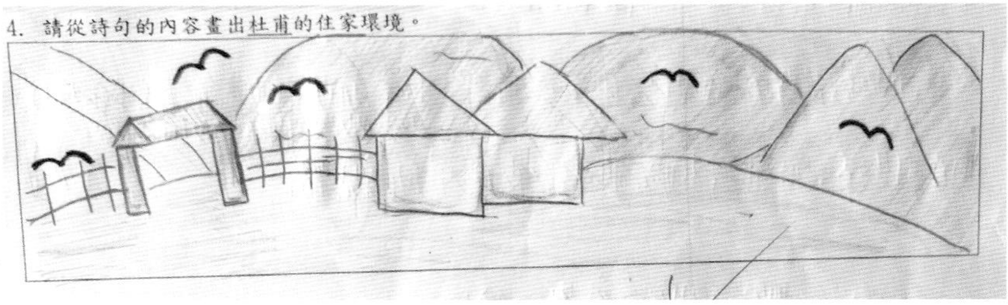

▲六上南一版第五課〈客至〉，從詩句的內容畫出杜甫的住家環境，不在圖案的美醜，而在詩句的了解，逐句檢視，讓學生清楚知道詩句的描述重點。例如：春水、群鷗、蓬門、鄰翁、隔籬。

### ▲挑戰題設計

在拜師學藝之前，我的挑戰題只有一種面貌，就是延伸寫作，從文體架構仿寫、單元主題寫作練習，或是習作內容轉化、句型仿寫、語詞造句、修辭、縮寫、擴寫練習，偶爾會有圖文寫作、觀點改寫或群文閱讀，感覺上頗為繽紛多元，但還是侷限在國語課文教學的框架內，這是我在種子教師培訓後最大的反思。

因此，我先將大叔的培訓課程內容及我的反思整理成「MAPS 教學大補帖」，讓 MAPS 成為我教學的神奇地圖，每次設計學習單時，看著這張 MAPS 地圖，腦袋就會被觸發，不管是班級經營、價值澄清的題目設計，或是媒體識讀、議題觀點探究，都能拉高層次，讓情意深化，更可以結合素養導向的題目設計，進行跨領域連結，這時我才真的體會走出文本，連結生命的挑戰題設計。

例如：在〈打開心中的窗〉這一課，結合班級經營的題目設計：「請選擇班上一位人緣好及一位人緣差的同學（不具名），試著分析這兩位同學的個性及日常行為表現上的差異，並給予正向鼓勵及建議。」

暖身題設計的題目也可以和挑戰題前後串聯，例如暖身題提問：「如果你想要開一家店，你會想開什麼店？」挑戰題的延伸寫作就選擇國中會考題目：「我想開設這樣的一家店」，讓即將畢業的小六學生提早體驗會考的寫作測驗。

## ◆ MAPS 的實踐

### 全市公開觀課

教學最快速的成長方式就是強迫自己來一次公開課，剛好學校是十二年國教前導學校，需要老師進行嘉義市的全市公開觀課，學年推薦我來擔負這項任務，藉此機會，我可以找校外老師來共備國語課，此時腦中立刻浮現大叔的名字，但馬上被我自己否決，大叔太忙了。（會是錯誤的迷思嗎？）

記得在 MAPS 種子教師培訓時，靜慧老師犀利的眼光總能很快看出每一組在課程設計上的問題，但是在給予點評時，她的態度卻是讓人覺得很溫暖，因此邀請靜慧老師來協助我們備課、說課、觀課及議課，受益者除了我之外，學校其他老師也能體會 MAPS 的教學設計。在過程中，靜慧老師不會直接告訴我們學習單的提問設計好或不好，而是透過更多的問題讓我們思考：想一想，這樣的提問是要問什麼？這樣的提問順序脈絡有沒有問題？有層次的提問引發大家更多的討論及觀點交流，這是我特別喜歡的備課風景。

最後討論公開課要教哪一部分時，我的想法是直接教延伸寫作，運用六頂思考帽的策略引發思考討論，並練習議論

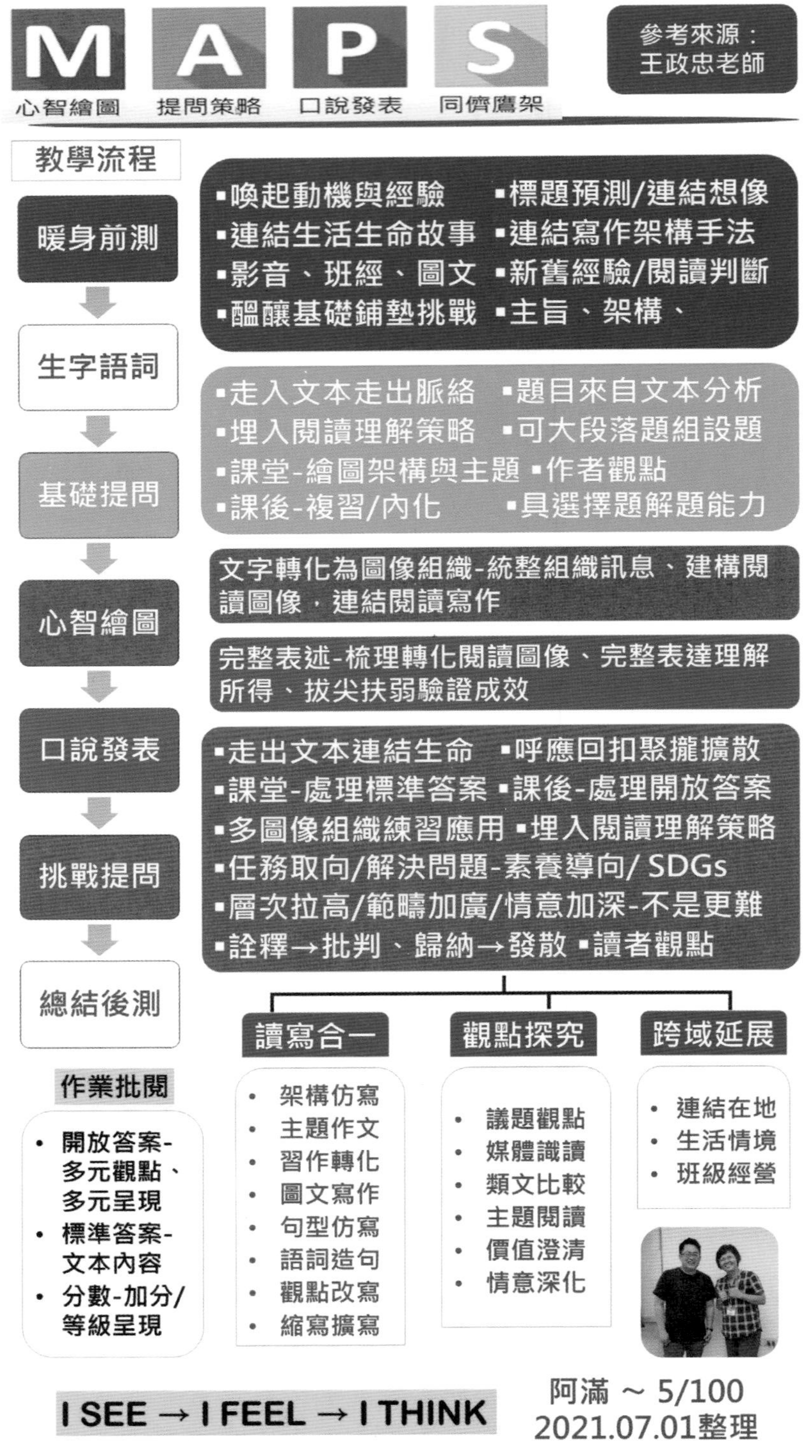
M A P S
心智繪圖 提問策略 口說發表 同儕鷹架
參考來源：
王政忠老師
教學流程
暖身前測
生字語詞
基礎提問
心智繪圖
口說發表
挑戰提問
總結後測
▪喚起動機與經驗 ▪標題預測/連結想像
▪連結生活生命故事 ▪連結寫作架構手法
▪影音、班經、圖文 ▪新舊經驗/閱讀判斷
▪醞釀基礎鋪墊挑戰 ▪主旨、架構、
▪走入文本走出脈絡 ▪題目來自文本分析
▪埋入閱讀理解策略 ▪可大段落題組設題
▪課堂-繪圖架構與主題 ▪作者觀點
▪課後-複習/內化 ▪具選擇題解題能力
文字轉化為圖像組織-統整組織訊息、建構閱讀圖像，連結閱讀寫作
完整表述-梳理轉化閱讀圖像、完整表達理解所得、拔尖扶弱驗證成效
▪走出文本連結生命 ▪呼應回扣聚攏擴散
▪課堂-處理標準答案 ▪課後-處理開放答案
▪多圖像組織練習應用 ▪埋入閱讀理解策略
▪任務取向/解決問題-素養導向/ SDGs
▪層次拉高/範疇加廣/情意加深-不是更難
▪詮釋→批判、歸納→發散 ▪讀者觀點
讀寫合一
觀點探究
跨域延展
作業批閱
• 開放答案-多元觀點、多元呈現
• 標準答案-文本內容
• 分數-加分/等級呈現
• 架構仿寫
• 主題作文
• 習作轉化
• 圖文寫作
• 句型仿寫
• 語詞造句
• 觀點改寫
• 縮寫擴寫
• 議題觀點
• 媒體識讀
• 類文比較
• 主題閱讀
• 價值澄清
• 情意深化
• 連結在地
• 生活情境
• 班級經營
I SEE → I FEEL → I THINK
阿滿 ～ 5/100
2021.07.01整理

▲我的 MAPS 教學神奇地圖。

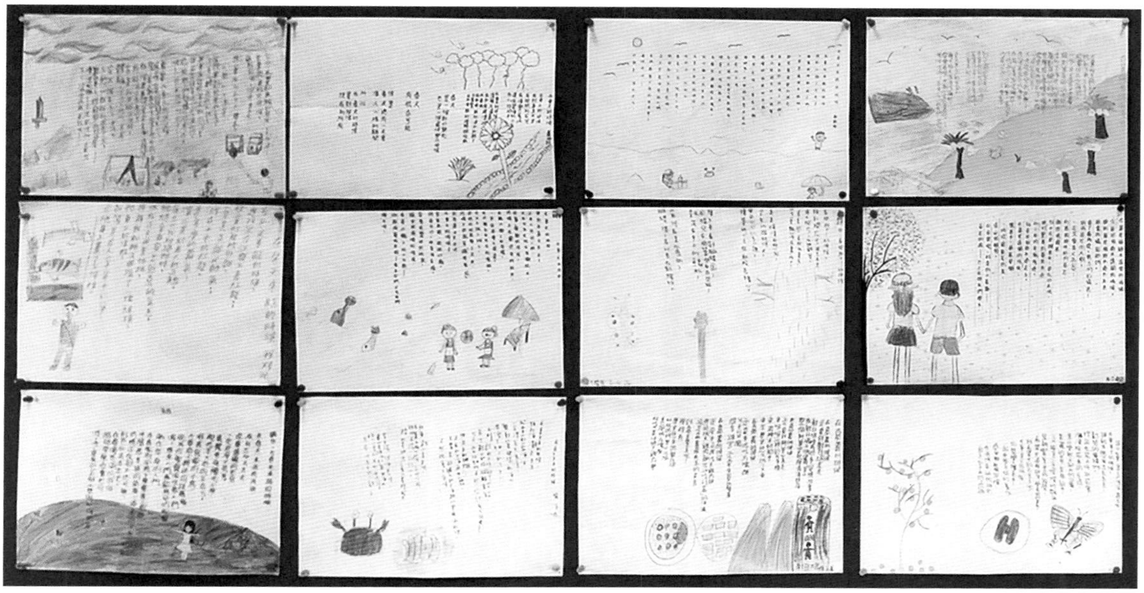

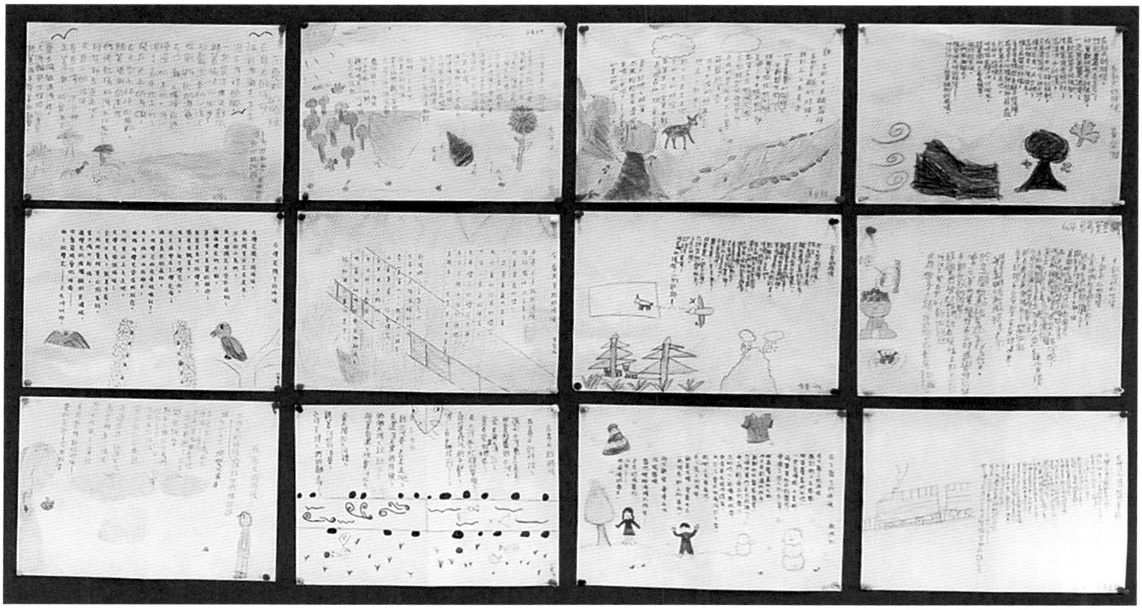

▲第一課新詩仿作「在○○的時候」，學生作品圖文並茂，開啟 MAPS 第一課的繽紛。

文寫作，或是來一場學生辯論，感覺這堂課上起來會很炫。但靜慧老師卻在這個時候提醒我，還是以課本為主的提問教學比較好。她一語驚醒夢中人，MAPS 教學不是用來炫技，而是每天教學的日常，我們應該好好將每一課課文精實的教好，不只是許多活動的累積。我好喜歡靜慧老師的樸實建議，所以在議課時，我也特別向全體觀課老師說明。當然，最後的班級辯論大賽結合綜合課的議題討論，同學分組進行，挑戰成功。

## 師生一起成長

兩年的 MAPS 實踐歷程，學生在校內考試的成績有明顯的進步。在文意理解及課外閱讀測驗的分數，明顯高於同學年其他班級，學習低成就的孩子在扶助學習的科技化評量上，從原本十幾位到只剩二位學習障礙的孩子尚未通過，但這二位孩子的測驗分數都有提高。因為國語課有互動討論及口說發表，班上的學障男孩藉由同儕的鷹架支持，第一次國語段考及格（因為文意理解的選擇題答對率高），不僅領到進步獎，同時影響他在其他科目的學習成長，身為導師感受更深。

學期末，在學生的課程建議中，大部分的孩子都提到他們很喜歡小組上臺報告，感覺多一些人比較不會害怕，也發現自己的口說能力進步了。還有一些孩子喜歡在課堂上完成心智圖，因為和同學一起討論後畫過一次小組心智圖，同時能觀摩其他小組的架構圖，這樣一來，回家要完成個人筆記時，就比較容易，而且比以前更有架構。

## 找到教學的 MAPS

謝謝 MOXA 心源教育基金會團隊和秀英姐、麗慧姐的支持與陪伴，感謝政忠大叔、靜慧老師、建光老師的傾囊相授，感謝 MAPS 教學第三屆種子教師工作坊國中三〇二組的夥伴一起共學，感謝小學六年級南一版的夥伴分享學習單，還有歷屆學長姊的鼓勵分享，在 MAPS 大家庭真的很溫暖。

在電影《靈魂急轉彎》裡的主角說過：「生命的意義是……每一刻、每一天，而不是達到成就的某一刻、某一天。」相同的體會，在 MAPS 實踐歷程中，系統性思考的訓練無形中影響我對其他科目的課程設計，彷彿是教學的神奇地圖，讓我的思考有了方向。教育是百年事業，拉長教學的時間軸，在教學迷惑時能遇到政忠大叔和 MAPS 教學，感謝自己的勇氣，開始踏上 MAPS 教學旅程，我願在未來每一刻都能永保初衷，讓每一天的教學累積成就奇蹟，看見更美的課堂教學風景。

【國中領域】

1

# 胡心如／心如老師的神奇進化之路

南投縣仁愛鄉仁愛國中

## 山中大叔導讀

**我深刻理解心如老師面對的艱困。**

**她任教於南投縣最高海拔的學校，文化背景的不同與家庭支持力道的落差，加上偏遠小校的結構性困難，讓心如老師的教學生涯起點完全不輕鬆。**

**但我們看見她的勇敢、活力、多學、實踐、調整與時刻反思，在一次次的期待與失落之後，她的心志堅定屹立彷彿環繞她的教學現場的高山峻嶺，促使她轉換心境成為孩子的女神，進化再進化的精進教學，透過 MAPS 陪伴山裡的孩子透過閱讀，看見家鄉高山的全貌，也看見山之外的遼闊世界。**

## ◆心如的故事品牌

### 目標：我要成為麻辣鮮師（請點小辣）

#### ▲當老師四部曲

**為什麼我想當老師？**

會這樣懷疑自己，因為從小我就是個家中來陌生客人就會躲起來的害羞女孩，大學前從未在臺上說過話，卻是個見義勇為的隱藏版俠女，國小和國中各遇到一次同學用言語和肢體在騷擾同學，幸好同學都很信任我，願意讓我幫助他們。是因為這樣才有當老師的特質嗎？之後看到徐磊對著校園大喊：「我要當老師！」洗腦力之強大，學生都信服他，不良學生也能改變，從此我的偶像就是他。

**我的心靈導師**

讀南女時遇到「驚為天人」的老師，除了因運動會的打扮而成為報上人物，也是媽媽兼朋友的角色，對老師的喜歡讓我對當教師更加嚮往，只是覺得無法賺大錢，並非我的第一志願。

**要當英文老師還是國文老師？**

大學沒考上商業或英文系，意外進入高師大國文系應中組，起初覺得是命運的捉弄，還不安分想參加中山大學轉學考，沒多久因為認識一群好友而決定為友情停駐，但三年來一直在英文老師和國文老師之間搖擺，直到大三被突發奇想的閃電打到，「我想辦營隊！」那尼！這不可能吧？但我真的做到了。我用國標舞社營隊總召的名義，努力揪系內外朋友在暑假設計帶領課程，高雄中正國小的孩子非常專注上課，讓我覺得教學很有趣，因為有這最辛苦也最美好的體驗，我才決定大四放棄英文雙主修，認真學習國文和了解教甄。

**大四生的奇妙志工之旅**

大四上，因為遠距教學的學生不認真上課，當志工的滿腔熱血沒得到回應，正心灰意冷時，偶遇 AIESEC 中山大學分會來校招收志工，我便成為高師大史上第一位參加者。寒假期間，在印度四十二天，因為當地分會安排出錯，我竟要研究當地 NGO 組織（這是意外!!），其實我最想當的是教學志工。終於在快離開前，有一日課輔志工的體驗，孩子都很認真聽我教學，讓我重新找回教學的熱情。剛好杜明德教授舉辦第一屆三週實習，在陽明國中實習期間，更堅定我要通過教甄大魔王考驗的決心，再苦都會告訴自己：「辛苦和幸福只差一點點，今年我一定可以考上正式教師！」沒想到，考上正式教師後，遇到更多不同題目的大魔王考卷，而且考過後，還會有新的試題。

## 阻礙：無心改變也改變不了的教學現場

初任教師前三年較容易跟學生有「言語碰碰車」時期，心灰意冷 again，既然學生對我的教學沒興趣，那就去進修吧！但我不想再念跟國文、教育有關的科系，因為當時我沒有想要改變，也覺得改變不了教學現場，同時也想專心追求從小拚課業而放棄的畫家夢。在念完臺中科大商業設計研究所後一年，盡情跟同事學習油畫技巧，完成十幾幅畫的我，才終於心滿意足。回到教育崗位，剛好遇到幾位程度不錯也願意認真學習的學生，我希望能為他們提升會考成績而努力拚拚看，同時察覺自己沒參加過研習，跟不上最新的教學觀念與方法。在清楚意識到自己的不足，這才開始搜尋名師的研習，開始我的「小改變」。

## 努力：心驚膽跳的開始?!

二〇一八年七月參加臺南夢的 MAPS 研習後，並沒有一直使用 MAPS，因為不知道三層次的提問脈絡是什麼（苦瓜笑），再看《我的草根翻轉：MAPS 教學法》後，還是不得要領，且從第一步形音義貼貼就有挫敗感。學生貼太久、課堂有點吵雜……形音義貼貼直至現在都先暫時不用。有時改用花瓣部首，學生更喜歡這種方式，還興奮的說國小老師教過，教學真的輕鬆多了。

## 結果：「只要願意開始就會變得越來越厲害」

嘗試 MAPS 幾堂課後，只保留異質分組形式，提問設計單多參考出版商和網路資源。雖然第一次接觸 MAPS 最終是放棄了，卻激發我想參加更多研習改變教法，但都無法有效解決我的教學問題，因為當時的我不懂如何分析文本，自然無法自己設計題目。

## 意外：大改變後的不歸路

二〇一九年的一、三月，我邀請童欣老師對領域老師與學生講課，我也加入臺中共備團，認識幾位夥伴，才知道專業教學的世界有多大，怎麼學都學不完。從他們身上看到對教學的熱情，終於啟動我「大改變」的按鈕，願意投入很多時間參加各種研習。休息夠了，就要勇於面對困難，逐一突破，充滿熱情的我積極跑遍半個臺灣也不覺得累。十月參加臺中夢 N，是我第二次接觸 MAPS，才稍微理解三層次的提問設計，覺得政忠主任的 MAPS 變得很不一樣，比兩年前更平易近人，更容易操作上手。

## 轉彎：持續學習與調整

用 MAPS 教學初期會有種不確定感，但真的不用完全模仿政忠主任的模式，可調整成適合自己班上的學習狀況。由於過半的學生回饋及課堂反應很不錯，我才真正開始喜歡用

MAPS 教學，會期待上課和喜歡設計學習單的成就感。

「學了適合的就要用，不用就是白學了，要回到課堂去實踐。」二〇二〇年進入沉澱期，我不再參加那麼多研習，卻因為 MAPS 教學和文本透視，讓我的心更安定，有更多餘裕可以休息思考與複習研習所學，好好備課設計學習單、陪伴家人、陪伴自己與運動，讓我在身心最為動盪不安的時期，看見自己的光芒，取而代之的是更有效率的運用時間和更強大的設計能量，一直穩定進步。

感謝一〇九年畢業班的會考好成績與平時良好的學習態度，讓我更確定要參加初階培訓，讓我的心思更加澄明，因為教學步驟可以隨著班級狀況而調整，若要走完所有步驟，對於大多數文化刺激較少、閱讀速度較慢的偏鄉原民孩子是十分吃力的，所以選擇慢慢加上步驟，或某些課做，下一課做別的嘗試，並搭配藍偉瑩老師的《教學力》、《提問力》，隨時調整提問方式，並靈活回應學生的答案。現在常覺得時間過得很快，也喜歡和學生創造多元的答案，很多都是我意想不到的。

## 待續的結局

種子教師進階上的文本分析結合「土壤心法」的學習，我很快就上手，不像第一次聽時一知半解，回到學校立馬在〈歲月跟著〉這首詩使用，分析得很有成就感，之前新詩是我最擔憂教的課文，因為太抽象不好上，結果學生照此方式也大多賞析得很好。

在二〇二一年臺中實踐家的分享，我看見自己從 MAPS 0.1 進化成 MAPS 1.0。原來「心驚膽跳」的新解：專心使用、驚奇發現、大膽的思考跳躍，就會交融其他教師的教學法，例如 MAPS X 雅晴老師的 What-Why-So X 黃金圈。

「缺什麼，就補什麼」，大魔王和小惡魔的考卷，我通過一張又一張，智慧也跟著一級升一級，也學到新的知識技能，我從害怕新挑戰變成任何挑戰都能安心解鎖，因為我知道這些挑戰能激發自己的潛能，讓未來越來越順利。當然，在這次體驗之後，就跟安真對瑞凡說的一樣：「我們再也回不去了！」因為真的用得太開心了！不會再回到最初的教學方式，我會一直跟著山中大叔的腳步，不斷升級，變得越來越厲害。

# ◆ 站在男女神的肩膀上省思

## 學生上課可以不專心嗎？

第一屆婉真老師的提醒，讓我重新思考心中好老師的定義。學生都不能在我的課堂上不專心嗎？是否容許孩子短暫的分心、覺得無聊？我在研習時也無法全程貫注聆聽，那可以容許多久的分心？沒學習動力？

接受不好的狀態，其實也是在修復能量。土壤心法讓我知道學生的專注力最多十五分鐘，所以學習任務要有變化。自學、共同討論、發表輪替，答案若不夠完整或想不出來，再重新小組討論，蒐集各小組的答案並彙整成較完整的答案。我發現標準放寬後，上課的氛圍變得比較輕鬆，我不再時時刻刻關注某一位學生突然分心，但如果幾乎全程沒在聽，還是要把他召喚回來現實的國文課，我會幽默問說：「周妹妹漂亮嗎？你和周叔叔在聊什麼？」他的國文能力才能繼續進化，成為創造佳績的神奇寶貝。

## 國文課的價值是什麼？

同時我也思考對自己而言，國文課的價值是什麼？這也是二〇二〇年臺中夢N靜慧老師給我的任務。要當自己的課室觀察者，察覺問題，並加以記錄，但我只做到察覺問題，然後思考下一堂應該要如何調整才會更好。

## 教學兼顧複習行得通？

當我們告訴學生每天回家都要複習上課的內容，能做到的又有幾個？加上學生段考時，答錯的題目幾乎都是上課學過的內容，在在讓我思考是否應該盡量每節下課前花五到十分鐘複習該堂重點，是否會再提升教學成效？

## 學生教會我的！

常遇到的學生有三種類型：1.自學（極稀有寶貝）；2.對課程沒興趣，若有同儕關注與陪伴就會願意嘗試；3.對課程沒興趣、同儕的幫助也無法給予長久的學習支持，大多是敷衍，因為他們已確定未來工作方向、認為學歷無用因而學習動機低落。因此，學習單的提問要更貼近孩子的生活與興趣，也需要更緊密的師生對話。

在薩提爾學到：教師的自我覺察與師生對話，會一直感受自己與學生越來越靠近，學生給我挫折與困境，卻同時讓我跨出舒適圈。學習是痛苦的，同時也是幸福有趣的事，每個孩子的進步都是送我的最好禮物。我也深信每個挫折的經驗都是珍貴的成長動力，世界上不存在完美無缺的課。

# ◆ MAPS 1.0 養成記

## 實施 MAPS 的教學（前中後流程）

對我而言MAPS是設計題目時的GPS。先進行文本分析，確定教學目標和教學重點，再來設計提問單會比較聚焦。好的提問設計能讓學生從被動聽講轉為主動尋找、討論答案，進一步主動自學有興趣的相關知識。

我設計學習單步驟大致如下：

1.文本分析↓暖身題↓基礎題↓挑戰題（最常用）。

▲ 2022 年會考後和神奇寶貝（導師）班學生開心留念。



2. 文本分析→心智圖→暖身題→基礎題→挑戰題。

## 失敗的N次方變成夢的N次方

### ▲ MAPS 的教學困境→教學成長

**表層文本分析→師帶生做深層文本理解**

一開始，只下指令說要學生做文本分析，當然是全班幾乎陣亡。在進階培訓時，靜慧老師特別手把手帶我們作文本分析，之前研習不懂的地方，突然茅塞頓開，開學立刻帶學生實踐，並調整指令「作文本理解」。首先用幾種色筆圈畫關鍵詞句，並把相關的或是覺得能連結的地方就畫線，結果成效還不錯。接著先讓學生回家作文本理解，等下堂課再帶學生一起操作，開始由我先示範，再請學生示範同一段，上過一兩課後，讓學生先上臺作文本理解，我再適時補充，甚或不發言，因為有時學生說得比我還精彩，我頓時無用武之地，心裡卻非常驕傲。

**學習單設計易卡關且題目龐雜→MAPS 提問臉書和種子教師共享雲端**

剛開始設計學習單，花很多下班時間和假日設計，很沒效率。後來，會在 MAPS 提問設計臉書參考政忠主任的學習單，或與校外共備的麗華、宛芸、佳欣、童欣老師一起討論，才順利踏出第一步。

### 不知如何掌握心智圖重點與架構↓做好文本理解，並在課堂指導第一層

在文本理解時，讓學生練習抓各段的重點，上完整課後，讓學生自己完成心智圖，並在課堂指導學生畫第一層心智圖。但目前還無法確實檢討全班心智圖，是我未來可以再進步的部分。

### 教學流程繁雜↓教學流程簡化

剛開始，前測後測注釋都做，但發覺學生不喜歡背多分，多考成績也不會變好，所以現在改用浩勳老師融合雅晴老師的文言文注釋教學，讓學生透過語境，推測解釋的意思。

### 無感加分↓有效加分

仿效政忠主任不用小組加分，嘗試一個月後，宣告失敗。後來，我時常思考可以加分的時機，並隨時加分：從一進門看到最先坐好的、討論熱烈、秩序良好的小組就加分。庫克牌是很好的加扣分機制，能維持秩序和提高討論參與度。上課時，我會巡視討論的狀況，聆聽他們討論的內容，並和淑卿老師一樣把學生特別用心完成的作品，變成教室外的布置，讓全校師生都看到孩子努力的成果，也會安排「牌卡小天使」，負責收牌和報分數，還有負責收白板的白板小天使，則是較不善於討論的孩子，藉此增加他們與同學的互動。

### 小白板分享進化

曾遇過有一組不移動，其他組也會有一到兩個同學沒有參與討論，當然會是一個挫敗的經驗，這時會想起靜慧老師對我的提醒：「每一堂課都要進行反省和修正」，所以隔天調整作法，例如會特別說：「沒參與討論就全組下課跟我聊聊。」結果學生馬上移動去討論，真的是意外的驚喜！不知道大家遇到同樣情況又會怎麼做呢？

## 一年的進化歷程

「抱怨無法改變任何事，不如用抱怨的時間處理問題和讓自己更快樂！」經過夢N的洗禮後，我開始感謝所有挫敗和不愉快的經驗，更能隨遇而安，更感恩找到更多適合的教學法、遇到更多的校外夥伴。現在，一堂課的時間內，我不像之前拚命上很多內容，只設定一到二個目標。對我而言，「最壞的經驗，也是最好的經驗」，才能夠「缺什麼補什麼」，一直不斷打怪升級技能。在二〇二一的臺中夢N後，我開始嘗試提問設計螺旋狀加深，因為學習經驗在不同年級的差別，會根據同一主題加深比較。提問設計如後，大家可以看看兩者有哪些不同。

## 新詩1上夏夜(康軒)｜暖身題｜新詩2上：飛魚(康軒)

3. 關於本詩形式：這首詩是一首新詩 請從下列新詩和古典詩之間的差異觀察它可能會有哪些特色。

**第一首：新詩〈山〉【圖象詩】：( 文字排列像……)**

山
像個
大巨人
靜靜的坐著
白雲姊姊在他臉上玩躲迷藏
烏雲妹妹在他頭上澆水
人們在他身上搔癢
山巨人很堅強
從來不向人
訴苦

**第二首：古典詩〈登鸛雀樓〉**

白日依山盡，黃河入海流。
欲窮千里目，更上一層樓。

新詩又叫白話詩、自由詩、現代詩
觀察的特色有：
1.語言白話
2.形式(句數、字數、押韻)、和內容較自由、開放
3. 相對於「古典詩」而言、多寫現代人的生活

請圈出兩首詩不一樣的地方，細細品讀哪一首用的詞語較好、較有詩意，並寫出兩種詞語使用的差異和感受。(資料來源：白靈的研習講義)

| A( 實景 )描寫 | B( 加入想像力 )描寫 |
|---|---|
| 扶搖直上，小小的風箏能飛多高呢<br>長長一生莫非這樣一場遊戲吧<br>用細細一線，拉著飛高的風箏<br>上去，再上去，都快看不見了<br>沿著河堤，我開始拉著風箏奔跑 | 扶搖直上，小小的希望能飛多高呢<br>長長一生莫非這樣一場遊戲吧<br>細細一線，卻想與整座天空拔河<br>上去，再上去，都快看不見了<br>沿著河堤，我開始拉著天空奔跑 |
| 1. 風箏<br>2. 用<br>3. 拉著飛高的風箏<br>4. 風箏 | 1. 希望：會帶著勇氣往更高的地方<br>2.刪去用：覺得多餘，刪去，念起來不拖泥帶水，節奏感更好。<br>3. 卻想與整座天空拔河：擬人，更能具體展現人要和環境對抗的鬥志和力量。<br>4. 天空：感覺人戰勝困境，能和每一次困境、挑戰一起成長，變得更強。 |
| 補充說明：<br>避免在詩中出現(主題)，例如( 風箏 )的字眼，這樣比較有( 思考想像 )的空間。 | |

▲暖身題設計目標（政忠主任）：
1. 從標題猜測主題或想像內容；2. 連結生活經驗；3. 連結寫作架構、寫作手法、新舊經驗；4. 為基礎題醞釀；5. 為挑戰題鋪墊；6 更多元的先備知識閱聽（影音資料、延伸知識）；7. 更多架構新舊經驗閱讀與應用（舊經驗閱讀與切分、新經驗閱讀與判斷）。

★本題設計：連結新舊經驗

一上先學新詩的特色（源自政忠老師），從新詩和古典詩作比較得到答案，而不是直接問新詩有什麼特色。二上則要進階學習兩首新詩，透過兩首對比，白靈老師特別提醒要避免在詩中提到主題，也讓學生思考哪首的詞語使用較有詩意？投稿比賽比較容易得獎？大家可以思考還有哪些內容可以再設計題目？

| 新詩1上夏夜(康軒) | 基礎題 | 新詩2上：飛魚(康軒) |
|---|---|---|

4-1. 哪一句話是判斷夏夜來臨的關鍵？(當街燈亮起來向村莊道過晚安‧‧‧‧)
4-2. 夏夜是如何到來的？請描述它的動作 (就輕輕地來/爬了‧‧‧‧‧‧‧‧)‧‧‧‧‧‧
4-3. (‧‧星星‧‧‧) 像珍珠，(‧‧月亮‧‧‧) 像銀幣，珍珠撒了滿天還有銀幣帶給你的感受是(‧‧‧‧‧‧‧‧)

5.「小雞和小鴨們……小弟弟和小妹妹也闔上眼睛走向夢鄉了……田野靜靜地睡了」這段文字帶給你什麼感受呢?靜謐與溫馨

6.從哪一個字可以知道夏夜其實還有生物在活動呢?(‧‧醒著‧‧‧‧‧‧‧‧‧‧‧‧‧‧)

7-1.在夏夜裡活動的主角有哪些？各自又有哪些活動呢?(請寫前兩個字和後兩個字，中間用刪節號)

| | |
|---|---|
| 南 瓜 | *伸長了藤蔓輕輕地往屋頂上爬。* |
| 小河 | *低聲地歌唱著溜過彎彎的小橋* |
| 夜風 | *從竹林裡跑出來，跟著提燈的螢火蟲，*<br>*在美麗的夏夜裡愉快地旅行。* |
| 螢火蟲 | *在美麗的夏夜裡愉快地旅行。* |

7-2.那些還醒著的主角在夏夜裡的活動，會帶給你什麼樣的感受呢?
活潑與生機

黃金圈 + 雅晴師 What — Why — SO

★飛魚 What-Why-SO 黃金圈解析

(靈感來自梁雅晴老師)

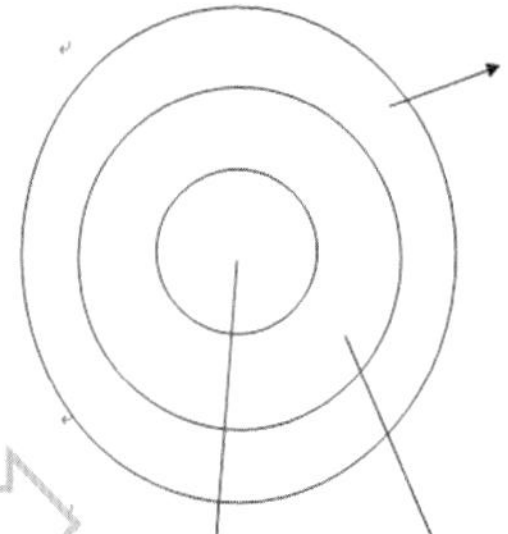

從這首小詩，你學到哪些道理？

小飛魚、老飛魚、魚蝦浪花、大海分別是怎樣個性的人？請從他們的行為、感受去找出判斷的字詞進行推論，並選一個用 譬喻 修辭描寫。

| | |
|---|---|
| 1. | 個性：<br><br>判斷的字詞： |
| 2. | 個性：<br><br>判斷的字詞： |
| 3. | 個性：<br><br>判斷的字詞： |
| 4. | 個性：<br><br>判斷的字詞： |

1.為何小飛魚的快樂，大海並不知道呢？

2.為何老飛魚會說：「大海的快樂你才不知道！」？

3.承上兩題，這兩隻飛魚體驗到的快樂為何不同？

▲基礎題設計目標（政忠主任）：
1. 走入文本，走出脈絡；2. 認識架構是為了挑戰題的讀寫合一；3. 題幹埋入閱讀理解策略；4 答題模式切換──自學／共學／抽籤／指定／老師；5. 基礎題來自文本分析；6. 課堂處理心智繪圖的架構與主題；7. 訊息課後處理──複習／內化／準備／口說；8. 對應段考考點 / 會考選擇題解題能力；9. 更大段落的題組設題──會考答題正確率／運用更多元的閱讀理解策略；10. 更多節省時間的技術──課本畫證據選擇／更必要的關鍵訊息。
★本題設計：3. 題幹埋入閱讀理解策略；10. 更必要的關鍵訊息。
一上剛上學初階培訓，其實還在摸索，基礎題大多只停留在檢索訊息與表達感受，沒有再延伸提問與思考。二上先用黃金圈分析要上的重點，精煉設計題目，就比較不會有一直在趕課的狀況。
一上兩頁學習單 7 題（細分成 16 小題）；二上一頁 3 題（細分成 8 小題），“What” 從言行去推論是什麼個性？請從他們的行為、感受去找出判斷的字詞進行推論，並選一個用譬喻修辭描寫。“Why” 為何小飛魚的快樂，大海並不知道呢？ “So” 這首小詩要告訴我們哪些道理？

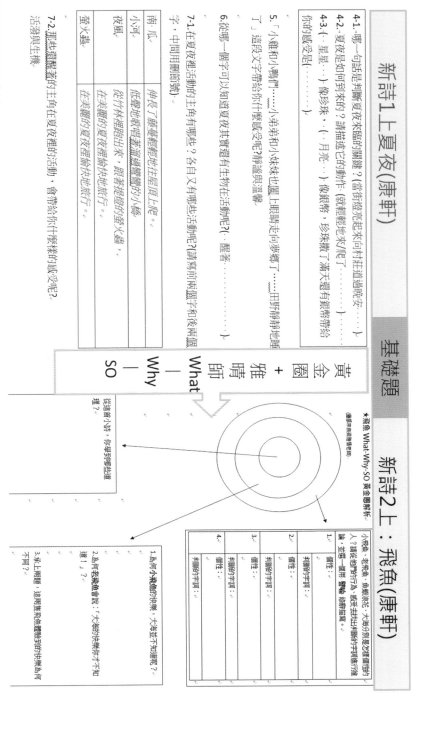

| 新詩1上夏夜(康軒) | 挑戰題 | 新詩2上：飛魚(康軒) |
|---|---|---|

4..創作小詩練習：
請將下列的詩句，選擇喜歡的字詞重組排列，讓它成為有意境的詩。

(步驟一)從下列詞語中，選出三種組合句子(請由左往右閱讀重組)

| | | | | |
|---|---|---|---|---|
| 夢<br>夜<br>春天<br>床<br>公寓<br>椅子<br>星星 | 是 | 詩<br>白日夢<br>憂鬱<br>黃昏<br>花朵<br>人生<br>懸疑<br>歲月<br>夢<br>靈感 | 的 | 工廠<br>搖籃<br>心臟<br>罐頭<br>聚寶盆<br>玻璃瓶<br>濃縮 |

範例 1：公寓是夢的罐頭
範例 2：春天是黃昏的濃縮
★我的小詩：

(步驟二)可以加上自己的微幅修飾再寫下：

範例 1：每幢公寓都是一瓶瓶夢的罐頭
範例 2：每朵春天都是一個黃昏的濃縮
★我的小詩：

心如老師範例：

| | | |
|---|---|---|
| 1.創設句子：自己任選 | (1) 被風吹落了帽子 |
| | (2)讓愛飛翔一輩子 |
| 2.竄改詞彙：請將「被」、「風」、「吹落」、「帽子」任意竄改成其他詞彙，並填入右列表格，但必須從「被」開始依序修改，再輪到「風」、「吹落」、「帽子」，以此類推。 | (1) |
| | (2) |
| 3.延長詞彙：可在動詞或名詞前後任意添加形容詞或副詞 | (1) |
| | (2) |
| 4.串連句子：將右述各項詞彙、任意串連。例：讓原始浸了一身的野/被蝴蝶撩撥了一下午/陪黃昏飛翔了三十秒 | (1) |
| | (2) |
| 5.修飾句子：將串出的句子之較近詩意者保留，並稍予修飾。例：被藍色的夢網去了一簾陰影/讓憂傷針刺似地扎了一整夜/被多情的眼神媚去了一下午 | (1) |
| | (2) |

▲挑戰題設計目標（政忠主任）：

1.走出文本，走進生命；2.呼應回扣、聚攏擴散暖身題及基礎題；3.層次拉高、範疇加廣、情意挖深；4.標準答案課堂處理、開放答案課後處理；5.納入連結課本習作類文、應用練習；6.更多圖像組織的運用——從詮釋到批判，從歸納到發散、觀點探究／讀寫合一／跨域創作；7.更多素養導向的設計——SDGS融入課程設計、任務取向及解決問題、時事議題及媒體識讀。

★本題設計：3.層次拉高、情意挖深。

一上先從詞語選三個創作一句有意義的句子；二上則是進階學習，選五個詞語創作出三個句子，並能根據步驟修改成較符合整體詩意的句子，第一次段考前因為兩個連假和學校有活動，放掉五節，所以來不及詳細說明，成果沒有預期好。白靈老師的設計很棒，必須要讓更多學生體驗，自己有根據學生的能力再去修改內容及精簡流程，未來要繼續讓學生練習，會找時間重帶或下一屆再詳細教一次。

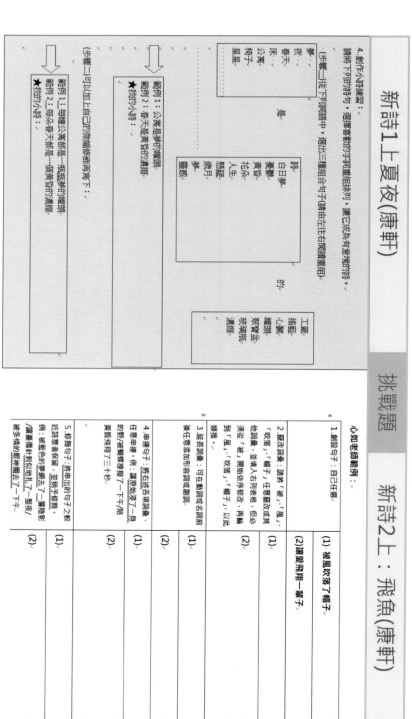

8.台灣美食叫賣大車拚：請帶一樣台灣特色或你想推薦的美食上臺介紹，

我是第(    )組。

1.時間：

2.販賣的商品及叫賣的廣告台詞：

3.別校範例：

第一組：好吃的幸福魚骨肉喔！（幸福魚骨肉）

第二組：來哦、快來買哦！牛軋糖裡面有杏仁，又香又脆，非常好吃，讓你會想再吃。（牛軋糖）

第三組：止嘴乾、不礙胃，讓明日更健康。（參仔茶）

第四組：好吃的牛軋糖喔！（牛軋糖）

| | 台灣特色美食 | 品嘗心得 | 最喜歡的美食(勾選) |
|---|---|---|---|
| 第一組 | | | |
| 第二組 | | | |
| 第三組 | | | |

▲「臺灣美食大車拚」修改自校外學習單。

胡心如
2020年10月2日
孩子們在聲音鐘的活動玩得很開心^^
我也看到三組不同的風格及創意，競標兄弟檔pk烤蕃薯推車美男pk甜美雙妹，他們真的成長許多，都玩得很開心，剛轉來的孩子也愛上仁愛國中，我們學校果然超有魅力的^^
+2

▲聲音鐘挑戰題叫賣活動。

心智圖(新詩)

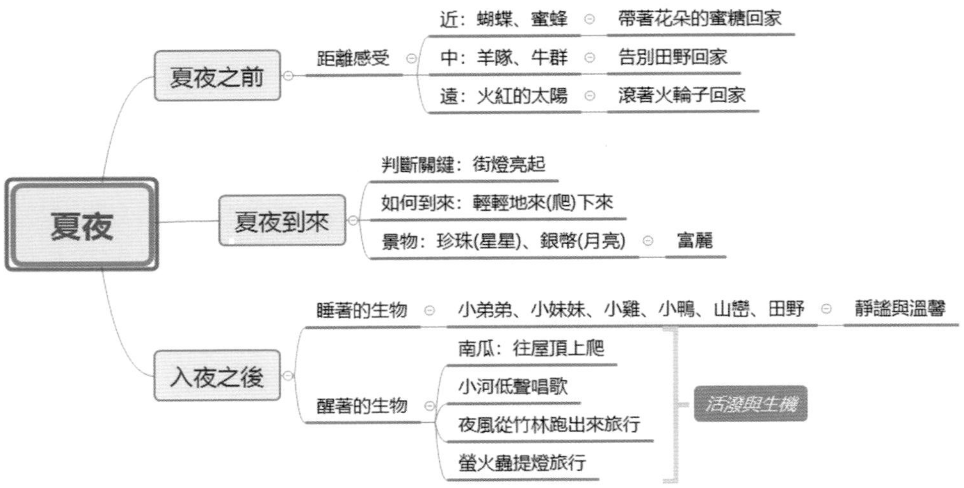


心智圖(古文)

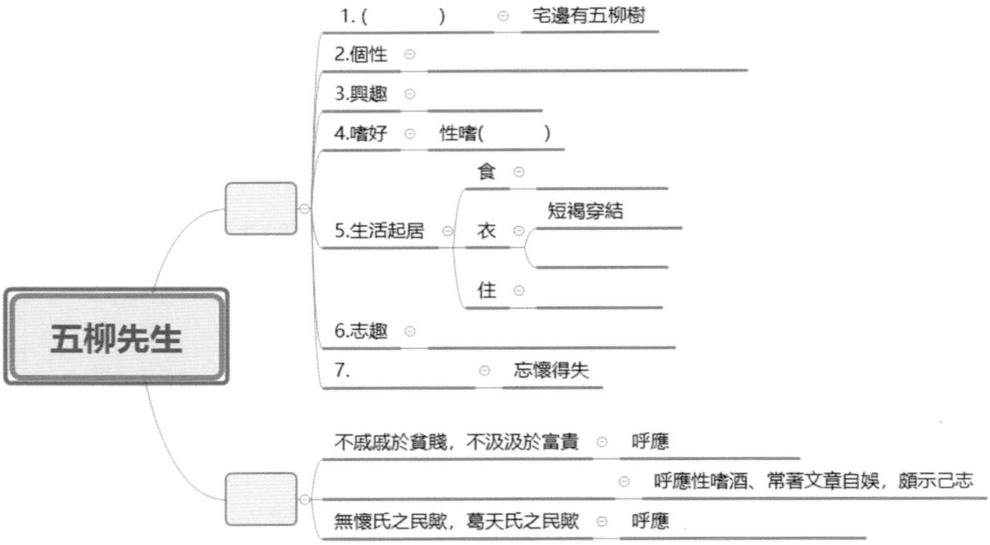


▲心智圖可以檢視學生是否按照文本分析的內容和老師的教學提問是否具有脈絡。二〇二〇至二〇二一年，同時上一二年級，一上第一課〈夏夜〉，新生才剛適應學校環境和課程，還沒讓學生畫心智圖，而是先介紹老師版本，等第二課〈絕句選 · 登鸛雀樓〉才讓學生操作。二年級因為在國一已練習過心智圖一兩次（那時還沒上初階種子教師），只是還不成熟，上〈五柳先生〉時則先用填空的方式讓學生練習，等上〈鳥〉再讓學生自己發揮，只是成果非常的簡單，跟學生說可以把學習單的內容抓取重點畫進去，結果還是維持原圖（苦笑）。

# 心智圖

## 1上L2 登鸛雀樓：

登鸛雀樓基礎題

1. 上學期我們曾學過南一版的絕句選，康軒一下同時學絕句和律詩，請根據學習的舊經驗，閱讀本課四首詩，回答下列問題 修改自政忠主任：

(1) 依照表格所列的指標，試著觀察並寫出絕句和律詩的格律要求

| | 每句字數 | 全詩句數 | 平起/仄起 | 押什麼韻 | 是否對仗 | 幾言絕句/律詩 |
|---|---|---|---|---|---|---|
| 1. 登鸛雀樓 | | | | | | |
| 2. 早白帝城 | | | | | | |
| 3. 山居秋暝 | | | | | | |
| 4. 聞官軍收河南河北 | | | | | | |

▲因為心智圖在二年級班操作不佳，剛好接下來輪到一年級要畫心智圖，所以很認真思考如何帶學生畫出較豐富的心智圖。操作方式是以基礎題第一題為例，先讓學生找這題的關鍵字是？學生先圈出「格律」，因此，「格律」為第一層，接下來第二層來到綠色框起來的表格內容。大多數學生可以完成到此步驟，最後可讓學生寫對詩的想法。

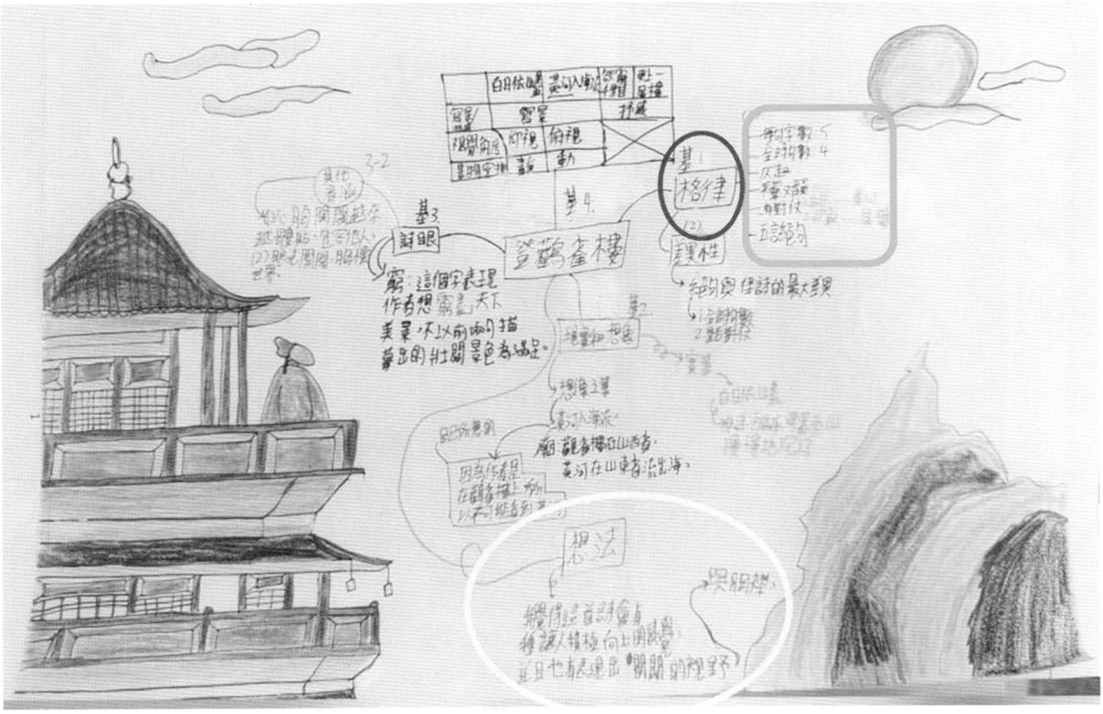


▲學生乙玄作品。

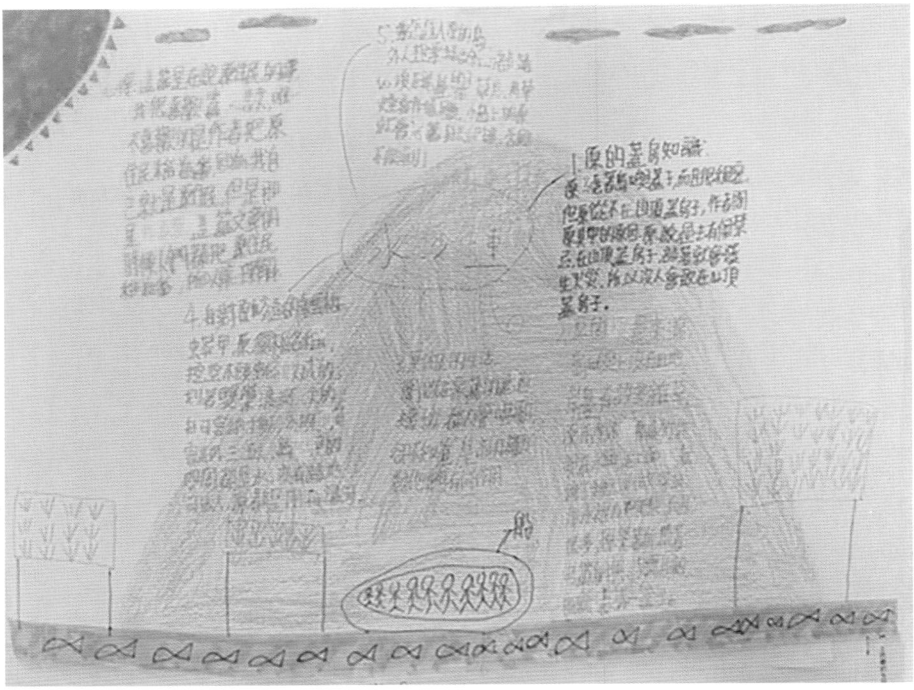

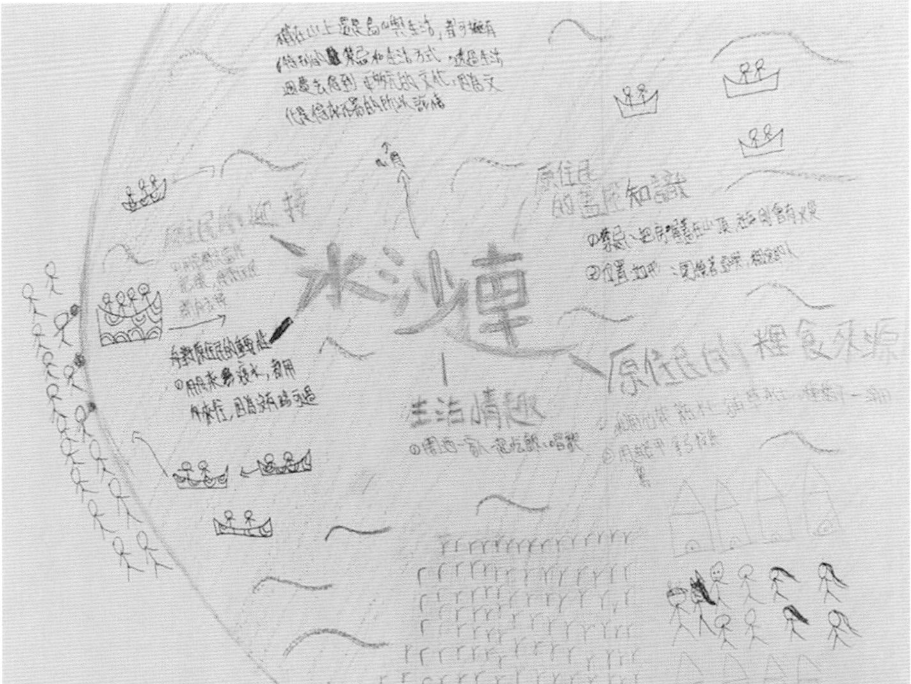


▲在南投夢 N 學完文言文理解技巧，原本沒有要畫心智圖，突然靈光一現，一學期只畫一次，三年級要拚會考，接下來也沒時間，不如趁剛開學讓學生再練一次，不看老師的架構，讓他們自己發展架構和抓重點。上圖學生家臻作品、下圖學生慧欣作品。

學習單融入段考卷(學生佳作)

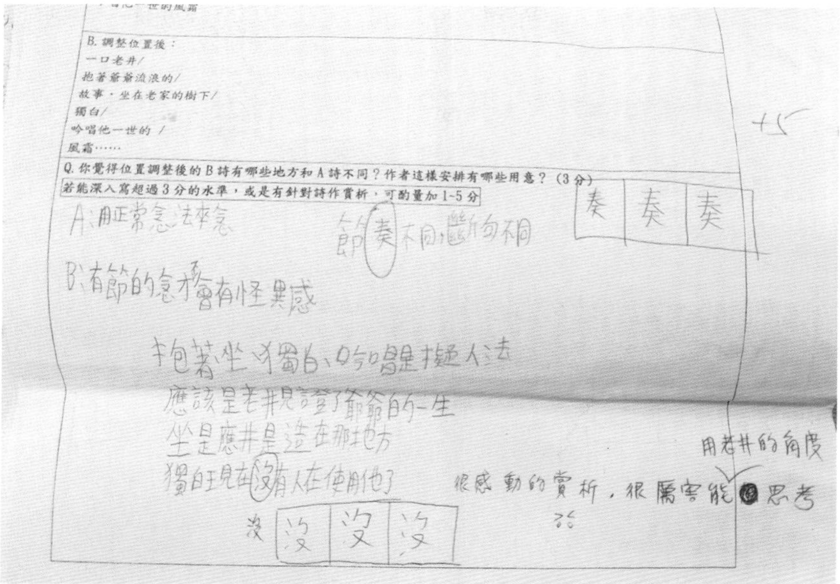
B. 調整位置後：
一口老井/
抱著爺爺流浪的/
故事，坐在老家的樹下/
獨白/
吟唱他一世的 /
風霜……
Q. 你覺得位置調整後的B詩有哪些地方和A詩不同？作者這樣安排有哪些用意？（3分）
若能深入寫超過3分的水準，或是有針對詩作賞析，可酌量加1~5分



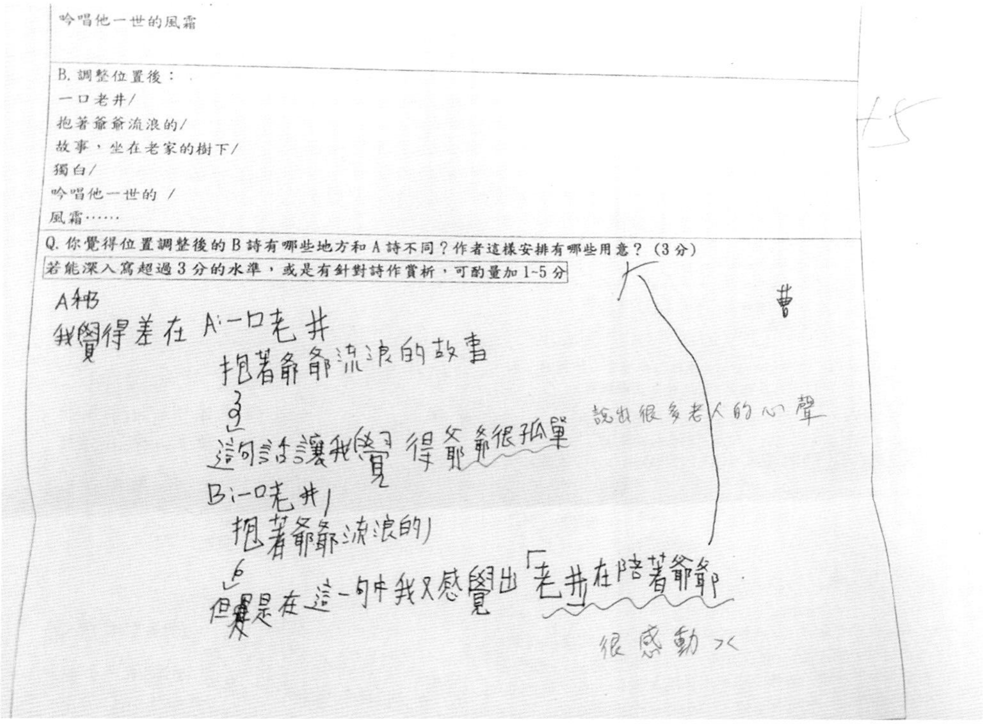
吟唱他一世的風霜

B. 調整位置後：
一口老井/
抱著爺爺流浪的/
故事，坐在老家的樹下/
獨白/
吟唱他一世的 /
風霜……
Q. 你覺得位置調整後的B詩有哪些地方和A詩不同？作者這樣安排有哪些用意？（3分）
若能深入寫超過3分的水準，或是有針對詩作賞析，可酌量加1~5分



▲段考卷問答題，我會很認真回饋，珍惜每一次的交流，也因此更了解孩子。不知道看書的你們又會怎麼回應學生？上圖是成績前五名，話少，但是思考很深入；下圖則是平常上課對學習沒興趣的孩子，上課常去找周妹妹，但是段考卷問答題經常寫得不錯，不知是怎麼回事，仍待研究中。

4. 黑嘉嘉即將到英國比圍棋，出國第一件事就是要整理行李，許多物品到底能不能帶?應該要託運還是放手提行李?她分別上兩個網站(GQNews《原來這些東西不能放隨身行李！出國整理行李要注意》、桃園國際機場網站)查詢資料：

重要提醒

請注意旅客應於航班起飛前 2-3 個小時,向所搭乘之航空公司報到櫃台辦理完成報到手續。

自助行李託運

**自助行李託運小檔案**

1. 開放時間：每日 5:00-23:00
2. 適用航空：中華航空、華信航空、長榮航空、立榮航空，已完成報到手續之旅客。(不含共掛、聯營班機)
3. 限當日航班，需於起飛前 1 小時完成，隔夜航班無法使用。

**注意事項**

1. 超大超長行李：長寬高總和超過 158 公分，或最長邊超過 70 公分之行李，不可使用自助行李託運機
2. 請確認行李通過安檢 X 光機後再離開

託運物品規定

・含噴霧、膠狀、液體且體積大於100ml的容器，一律皆須放置於行李箱一併託運
・如須托運噴霧罐，單一物品不得超過500ml，每人總計不得超過2000ml

液體、膠狀及噴霧類物品容器

・有液體的容器，包含噴霧、膠狀、乳液均須小於100ml才能帶上飛機，此外，液體容器均須裝於不超過1公升且可重複密封20*20的透明塑膠袋，每名旅客只能攜帶一袋上機。
・大於100ml之容器，例如水瓶，可帶上飛機，但必須等出境後才可裝水

含有24-70%之酒精飲料

・必須為零售包裝，一律採託運。
・單一容器盛裝必須小於5公升，且每人攜帶的總量也不得超過5公升。
・酒精濃度如未過24%則不受限，但入關一樣有攜帶限制。

打火機

・一律不可託運，僅能作為隨身行李，但每人僅限攜帶一枚打火機。
・藍焰防風打火機禁止上機。
・注意！如是前往大陸地區，打火機是禁止攜帶的。

自拍棒、相機腳架

・自拍棒以及腳架收合後，長度小於25公分，即可以隨身行李登機。
・如管徑為1公分以上且超過25公分者，便必須託運。

可攜式電子裝置
(含有鋰金屬、鋰離子、電池)

・相機、手機等電子產品中的電池，因有受到保護，不會過度撞擊，因此是可以託運的，但託運有被摔壞的風險，建議手提上飛機。
・像是行動電源或是未裝在相機中的備用電池等，一律不可託運，皆須放置於隨身行李中。
・行動電源屬於一種電池式的充電器，裏頭也含有鋰電池，因此這是這類的充電器產品也一律不可託運。

8.（　）黑嘉嘉的登機流程，下列選項哪一個作法是正確的？
(A)飛往英國的班機是早上7點20分，她在早上5點30分向搭乘的長榮航空櫃台辦理報到手續
(B)先把行李放上安檢X光機，接著做完身體安檢後，行李仍在安檢就前往自動通關查驗護照系統
(C)在早上6點自助託運長邊80公分之行李
(D)將一瓶3公升5%金色三麥蜂蜜啤酒放入託運的行李

▲因為喜歡設計挑戰題，也想在段考放入跟生活相關的主題。

歌詞創作背景簡介：

2000 年 4 月以前，當時的葉永鋕是一個平凡不過的國中生，唯有一點與別人不同 —— 陰柔且偏女性化的性別氣質，這使得他長年都遭到特定同學欺負。葉永鋕的死亡，促使台灣社會開始意識到校園霸凌與性別平等問題，進而促使教育部將研擬的《兩性平等教育法》改為《性別平等教育法》，其中的一項條文：「任何人不因其生理性別、性傾向、性別特質或性別認同等不同，而受到差別之待遇。」政府正式將「多元性別」納入教育中。

蔡依林：「葉永鋕提醒了我，在任何情況我都可能成為某種少數，所以我更要用同理心去愛任何我身邊的人。這首歌獻給他，也獻給所有曾經認為自己沒有選擇的你，你一定要選擇你自己。」希望能藉由這首歌，為每個正在奮鬥、正在努力「做自己」的人帶來希望和力量，用音樂散播包容和尊重，讓各種型態的美麗都能持續綻放下去。就像 Jolin 曾在另外一次受訪時說：「不要活在社會框架裡，陰柔不一定是不好的，陽剛也不一定是你要追求的，不管是男性女性，對於性別的認同，沒有既定的框架。」

衷心期盼不久的將來，整個社會上的「框架」能漸漸消滅，人人都有顆溫暖包容的心，懂得欣賞和尊重與自己不同的群體，不論是你我他或是妳我她，每個人都能「真正地」被平等對待。

文章修改自：《今周刊》和 ETFASHION

| 歌名：蔡依林〈玫瑰少年〉 | 歌詞傳達的意涵/歌詞在說什麼？ |
|---|---|
| 誰把誰的靈魂 裝進誰的身體<br>誰把誰的身體<br>變成囹圄囚禁自己(2 分) | |
| 亂世總是最 不缺耳語<br>哪種美麗會換來妒忌<br>你並沒有罪 有罪的是這世界<br>(2 分) | |

你覺得蔡依林和阿信創作《玫瑰少年》是希望我們消除什麼樣的框架？（　　　　　　）(2 分)
又帶給我們哪些省思？(6 分)

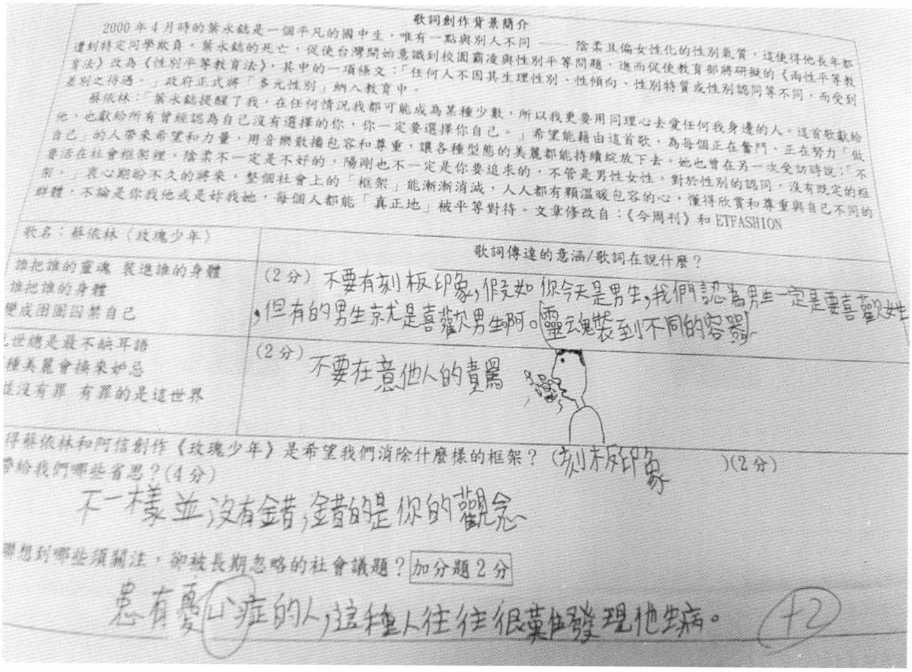

歌詞創作背景簡介

2000 年 4 月時的葉永鋕是一個平凡的國中生，唯有一點與別人不同 —— 陰柔且偏女性化的性別氣質，這使得他長年都遭到特定同學欺負。葉永鋕的死亡，促使台灣開始意識到校園霸凌與性別平等問題，進而促使教育部將研擬的《兩性平等教育法》改為《性別平等教育法》，其中的一項條文：「任何人不因其生理性別、性傾向、性別特質或性別認同等不同，而受到差別之待遇。」政府正式將「多元性別」納入教育中。

蔡依林：「葉永鋕提醒了我，在任何情況我都可能成為某種少數，所以我更要用同理心去愛任何我身邊的人。這首歌獻給他，也獻給所有曾經認為自己沒有選擇的你，你一定要選擇你自己。」希望能藉由這首歌，為每個正在奮鬥、正在努力「做自己」的人帶來希望和力量，用音樂散播包容和尊重，讓各種型態的美麗都能持續綻放下去。她也曾在另一次受訪時說：「不要活在社會框架裡，陰柔不一定是不好的，陽剛也不一定是你要追求的，不管是男性女性，對於性別的認同，沒有既定的框架。」衷心期盼不久的將來，整個社會上的「框架」能漸漸消滅，人人都有顆溫暖包容的心，懂得欣賞和尊重與自己不同的群體，不論是你我他或是妳我她，每個人都能「真正地」被平等對待。文章修改自：《今周刊》和 ETFASHION

| 歌名：蔡依林〈玫瑰少年〉 | 歌詞傳達的意涵/歌詞在說什麼？ |
|---|---|
| 誰把誰的靈魂 裝進誰的身體<br>誰把誰的身體<br>變成囹圄囚禁自己 | (2 分) 不要有刻板印象，假如你今天是男生，我們認為男生一定是要喜歡女生，但有的男生就是喜歡男生啊。靈魂裝到不同的容器 |
| 亂世總是最不缺耳語<br>哪種美麗會換來妒忌<br>你並沒有罪 有罪的是這世界 | (2 分) 不要在意他人的責罵 |

你覺得蔡依林和阿信創作《玫瑰少年》是希望我們消除什麼樣的框架？（刻板印象　　）(2 分)
又帶給我們哪些省思？(4 分)

不一樣並沒有錯，錯的是你的觀念

聯想到哪些須關注，卻被長期忽略的社會議題？加分題 2 分

患有憂鬱症的人，這種人往往很難發現他生病。　+2

▲課本較缺乏 19 項議題，從「性平」主題延伸的段考深思問答題。

## ◆ 未來要走的神奇進化之路

看完上述分享，有哪些技巧對大家是有幫助的？哪些可以再做得更好？

MAPS 是當今最厲害的教學派別之一。我的教學招式是三層次的提問學習單，教學心法則搭配薩提爾，因為察覺不是用心設計學習單、認真備課和上課就夠了，還要關注到學生的內心，但也看見因為我的改變，學生也跟著改變，也察覺自從認真使用 MAPS 教學讓我更有自信，勇於嘗試不同知識技能的學習和挑戰。歐陽立中說：「寫作能決定一個人的影響力，像『影分身』傳遞自己的價值。」我也嘗試偶爾在臉書貼文分享教學，開始覺得寫作是件樂事。祈願未來成為能增進教學的熱情效應、教學效果、學習發笑（酵），三效合一的老師，盼望三個願望都能滿足！

## 二〇二一新冠肺炎帶來的新挑戰

實踐 MAPS 後，未來就沒有挑戰了嗎？

二〇二一年五月二十日因新冠肺炎停課，直到七月二日，以及二〇二二年會考前後這段線上教學期間，在時間的壓逼下，激發老師在一天內學會 Google meet，也會用酷客雲設計課程，三層次提問單也沒有廢止，只是心智圖操作因為隔著螢幕彷彿隔著臺灣海峽，學生無法感受到老師關心指導的溫度，加上作業回收率比以往在校時低到令人懷疑人生，好想吟：「防疫停課何時了？作業收多少？小樓昨夜又颱風，全交不堪回首心累中。」（Follow 到浩勳老師的貼文，忍不住跟風）尤其是二〇二一下半年，經歷人生最五味雜陳的教學時期，縱使裝備好技能，卻是無法盡情施展，才領悟到「萬事俱備，只欠東風」的無力感，後來接觸幫助身心靈療癒的瑜珈和頌缽音療課程，學習盡量不讓外界影響內心和教學的熱情，越來越接近我最欣賞的蘇軾「莫聽穿雨打葉聲／莫聽旁人評論聲，何妨吟嘯且徐行／何妨忽略勇於行」、「回首向來蕭瑟處／回首向來質疑處，歸去也無風雨也無晴」，也體悟到學生心理學和職場心理學也是必修課程。

瑜珈訓練意志力，與辛苦並存，辛苦的薄弱感會越來越淡薄，不只代表體力越來越好，也代表不斷穿越辛苦練習，設計學習單和改變修正教學也是，一開始很辛苦，要過很多關卡，之後雖然還是很辛苦，但是會越來越上手，能力也越來越強，創造力隨著提升，發覺自己充滿正向能量，也會影響身邊的人。

我會繼續用溫暖、熱情、堅持抖內 MAPS 教學法！

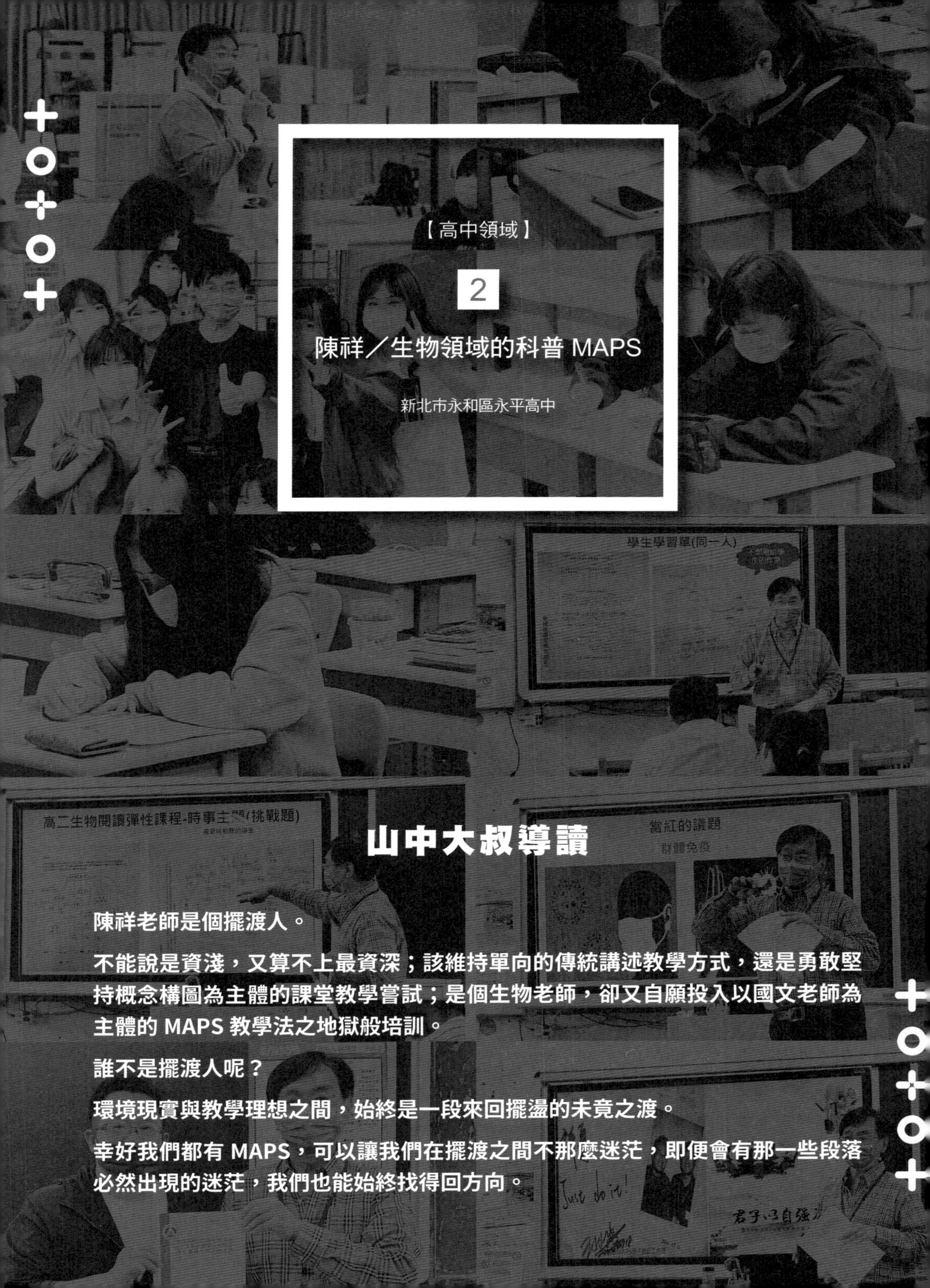


【高中領域】

2

# 陳祥／生物領域的科普 MAPS

新北市永和區永平高中

## 山中大叔導讀

**陳祥老師是個擺渡人。**

**不能說是資淺，又算不上最資深；該維持單向的傳統講述教學方式，還是勇敢堅持概念構圖為主體的課堂教學嘗試；是個生物老師，卻又自願投入以國文老師為主體的 MAPS 教學法之地獄般培訓。**

**誰不是擺渡人呢？**

**環境現實與教學理想之間，始終是一段來回擺盪的未竟之渡。**

**幸好我們都有 MAPS，可以讓我們在擺渡之間不那麼迷茫，即便會有那一些段落必然出現的迷茫，我們也能始終找得回方向。**

## ◆ 教學擺渡人

今年是我邁入正式學校生涯的第二十七年，以教育崗位上不年輕也不算最資深的擺渡人而言，這篇文章更像是我的教學回憶錄……。

### 在學生身上學到更多

我是中學的生物教師，和多數自然科教師類似，很多時候我們花不少時間在實驗室的研究及教育工作上。我大學學的是水產養殖，很早就確定我不會走這方面產業的路線。退伍後，我還是短暫去研究機構工作，那時也受影響念了第一個研究所。我一直是熱愛跨領域主題結合的人，但這樣的興趣卻不見容於當時的環境，在辛苦往返學校與各實驗室兩年半之後，最後我選擇了與學生在一起的生活。

就在我安分當教師一段時日後，一次學校將高二留級班的生物課程交給我（那時還有留級制度），其實那班學生大多並非因生物而留級，有些甚至已經留級第二次，他們都聽過同樣一套生物課程至少一次以上，當時只有三年教學經驗的我，其實很虛心的接下這個任務。他們很期待我給他們「不一樣」的課程內容，我每天備課都多花三倍以上時間，剛開始的那段時間，真的令我吃不消。後來，因緣際會下，我接下出版社教科書的編寫工作，因此有筆預算拍攝外景照片及影片（VHS格式時期），我遂找了班上幾位「資深」同學，假日跟我上山下海去拍攝。那些學生個個身懷絕技，有植物辨識高手（現在在荒野保護協會任職），有資訊製作達人（現在是資訊科技公司的老闆），也有文案處理能者（現任職職校主任），我在他們身上學到更多，我們還報名參加競賽得了獎項（八十九年中小學教師自製教學媒體競賽高中組電腦多媒體甲等獎、九十年臺北市第二屆教育行動研究成果發表會實物展示組佳作），這樣的經驗也讓我重新體認到老師與學生的互動模式。

### 概念圖教學研究

釋迦牟尼曾說：「不管事情開始於哪個時刻，都是對的時刻。」這句話讓我感觸最深。一邊教書一邊念研究所，而研究所論文又得不到認同，那時日子過得很辛苦。在得知中興大學研究所招生的訊息時，我陷入沉思，我還能再試一次嗎？以前那些失敗的經驗又會到我生命中嗎？若又失敗豈不是再次打擊？為此我輾轉反側近月，直到我讀到英國小說家、劇作家柯魯德．史密斯的話：「對於我們來說，最大的榮幸就是每個人都失敗過，而且每當我們跌倒時都能爬起來。」我第二次的研究所生涯於是展開。

當時指導教授是所長、也是當時的副校長，他對我的經歷十分感興趣，並鼓勵我論文方向可以往興趣結合教學工作嘗試，還找了教育學程的共同指導教授協助我，從此展開我在自然科學教育的學習與行動研究的工作。因為我念的是生命科學研究所，同學的研究主題大多是遺傳、分子生物及免疫生理為主，我可說是獨學而無友，在這樣背景之下我展開了我在學校的概念圖教學（概念圖主要是以命題（propositions）的形式將概念間做有意義的連結）。我從傳統的傳遞生物學知識的教師，搖身一變為探究學生如何建構科學學習概念，以建構主義為我論文的主要理論基礎的研究生。因為我要深入探究學生對於科學概念的形成途徑，所以必須藉由不同學生的概念圖來了解概念形成的途徑與彼此之間的關聯形成，同時還須檢視在相同主題下，學生在測驗題作答時所呈現的迷思概念及對照其在概念圖的表現是否呈現一致性，最後再輔以個別訪談的質性資料來佐證。三年時間完成近一百五十位學生的質性與統計分析資料，概念圖的評分時間也由一份約三十五分鐘縮短到十分鐘左右，其間還參加兩次全國科學教育研討會及一次新加坡的生物學研討會。

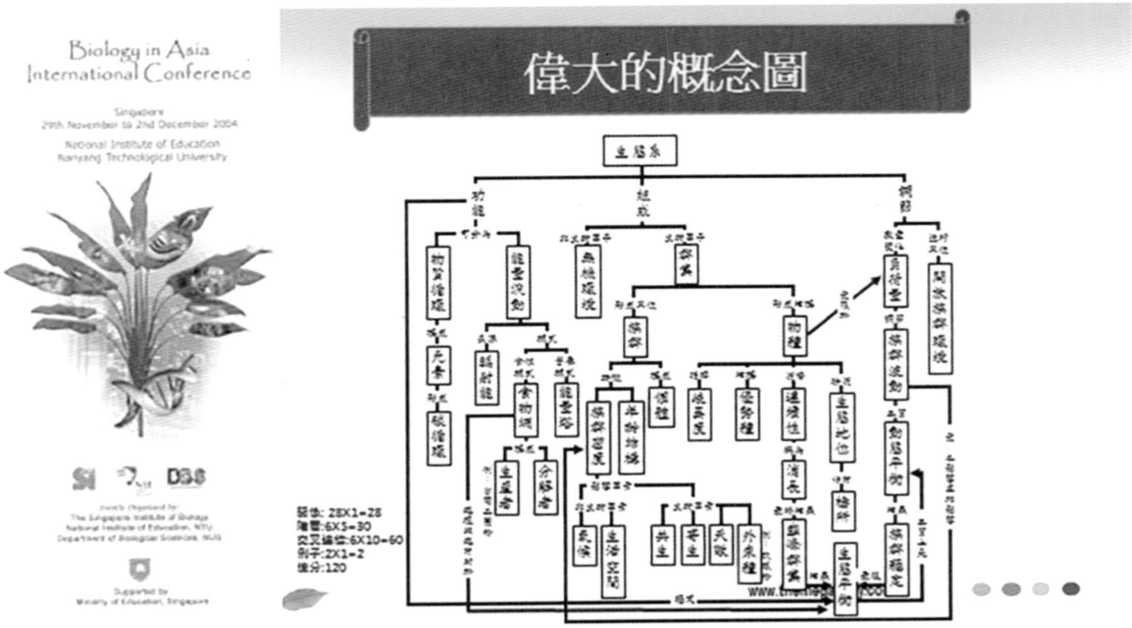


▲新加坡的生物學研討會海報及當時呈現的概念圖。

## 有沒有更靈活的教學方式？

論文完成後，教學一度又回到傳統的講述方式。在那三年裡，那些為論文所做的概念圖教學，讓我看到學生的概念形成與科學學習歷程，但若每個單元都以此模式，在進度壓力下，是不可能完成的，因此不得不讓我將概念圖教學束之高閣，內心是十分矛盾與掙扎。

一直以來，我積極的尋求在生物科教學與評量上的精進，參與最多的是閱讀理解策略的推廣與應用，包括：中正大學師資培育中心與教育學研究所曾玉村教授的「自然領域文本分析」及師大蘇教授所推動的「自然領域閱讀策略教學共備社群活動」。我做這些嘗試，不僅是受到課程改革中素養導向的課綱及素養導向的情境式考題影響，主要是希望對於學生在吸收現有的科學知識、發覺與討論科學議題、表達科學發現與論述上，能有所幫助。使學生能學習、熟悉閱讀策略，了解自然領域生物閱讀的特性，幫助學生理解，而不用花太多時間死背強記課本內容，把科學知識內化。我在上課時設計了各單元的學習心得紀錄表，也讓學生自己將課本文本內容內化成圖像記憶內容，學生基本上都很捧場的。（因為跟平時成績有關啊！）部分同學受啟發後，展現出對科學文本的創造力，甚至超過我的想像。

記得我的指導教授曾說：「在建構教學中，教師扮演學

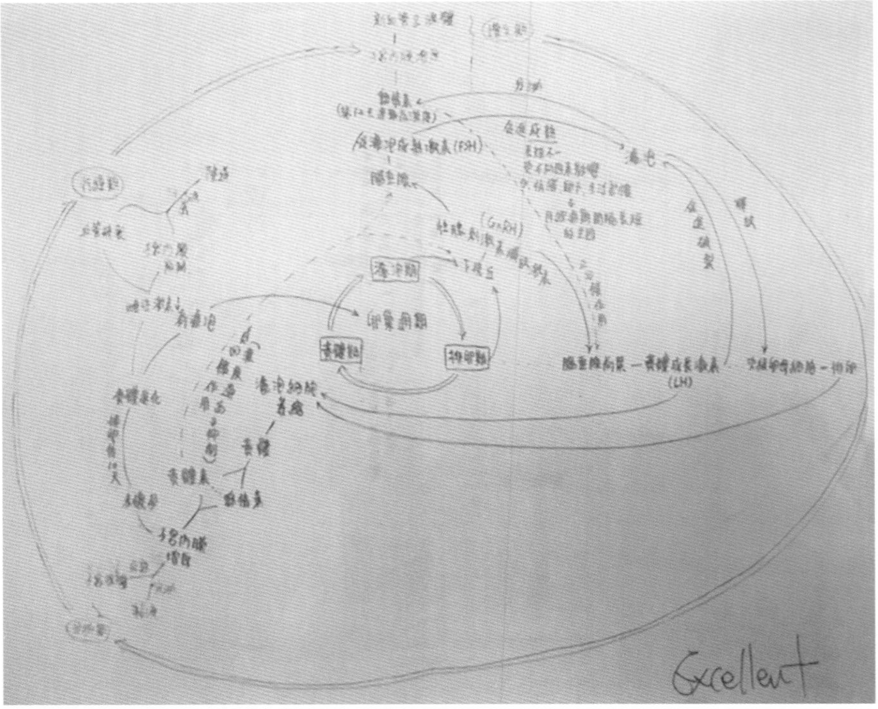


▲學生的課堂學習單。

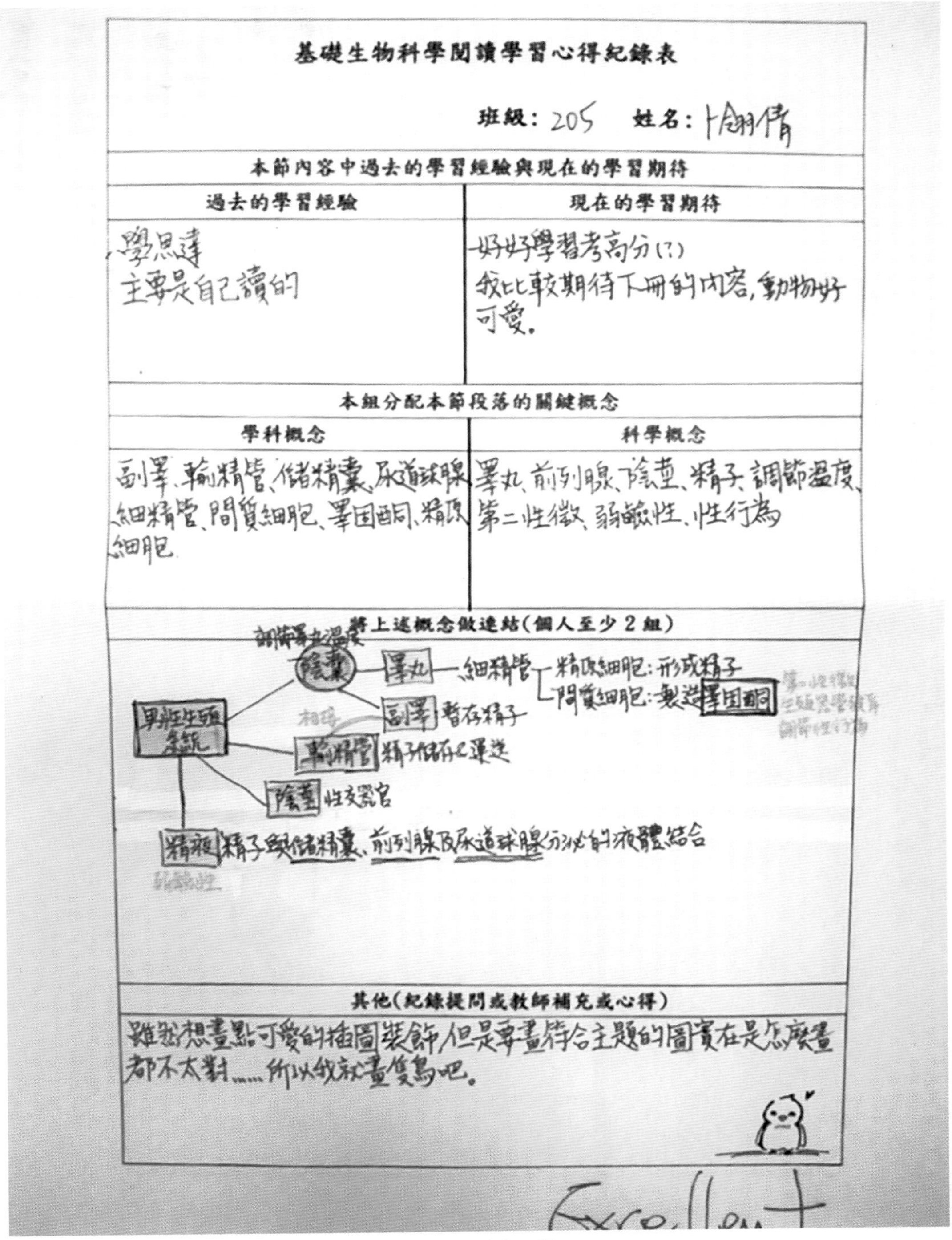

基礎生物科學閱讀學習心得紀錄表

班級：205 姓名：卜翎倩

本節內容中過去的學習經驗與現在的學習期待

| 過去的學習經驗 | 現在的學習期待 |
| --- | --- |
| 學思達<br>主要是自己讀的 | 好好學習考高分(?)<br>我比較期待下冊的內容，動物好可愛。 |

本組分配本節段落的關鍵概念

| 學科概念 | 科學概念 |
| --- | --- |
| 副睪、輸精管、儲精囊、尿道球腺、細精管、間質細胞、睪固酮、精原細胞 | 睪丸、前列腺、陰莖、精子、調節溫度、第二性徵、弱鹼性、性行為 |

將上述概念做連結(個人至少2組)



其他(紀錄提問或教師補充或心得)

雖然想畫點可愛的插圖裝飾，但是要畫符合主題的圖實在是怎麼畫都不太對……所以我就畫隻鳥吧。

Excellent

▲學生的課堂學習單。

習促進者、引導者、指導者、輔導者或顧問的角色。所以，教師不再是提供知識的專家，而是改變學生迷思概念，幫助學生在相關的科學活動和個人生涯建立信心和成就感的陪伴者。教師要運用各種策略，鼓勵學生表現好奇心和學習熱忱，運用各種方法，提升學生的學習效果。你雖然做了概念圖的研究，但千萬不要迷信那是單一權威式的教學法，教師在教學過程中要營造設計協同的師生互動合作關係，使學生能主動學習，建構知識才是最重要的。」

我不禁反思：除了規格嚴謹、在計分上錙銖必較的概念圖外，能不能有更靈活的方式，提升學生對於科學與科普文章閱讀的興趣，讓他們的想像力能有更自由的發展呢？

## ◆ 改變與挑戰

### 概念圖達人 VS. MAPS

就在我終日思索如何突破教學上的 bug 之際，新北市教育局電子公告版上訊息「MAPS 教學法推廣計畫」吸引了我。居然有這樣的方式？我之前在做概念圖的時候似乎沒聽說啊？MAPS 是不是概念圖的進階版？還是所有的圖像教學的總稱呢？許許多多的疑問在我心中。再看上課地點在臺中，心裡掙扎了一下，「很遠，畢業後好久沒回去了，還要住宿！」但我是概念圖達人，怎麼能不了解呢？況且還能有初階及進階的課程設計，也開設到第三屆（表示不是消化預算式只辦一次性的演講），應該能有收穫吧！

當天起了大早直接開車抵達，報到過後找到自己的組別位子（跨領域，好特別）。奇怪，本組怎麼只有三位學員（兩位生物教師、一位地理教師）？是有人放棄了嗎？不久後，學員紛紛開始自我介紹，發現出席者九成是國文老師，我開始想是不是來錯地方了？要不要中午吃完便當直接閃人？進入課程後，政忠老師開始上課，我之前一直不知道他是何許人（因為我不是看人報名，是看課程報名的），課程開始後發現漸入佳境。政忠老師的邏輯思路完整、口條清晰。我發現 MAPS 教學法強調「在課堂內利用課內文本學會如何學習」，希望學生能夠自學、思考、表達，並且解決教學現場低動機現象（這正是我在社會組班級上生物課時的現象），協助學生從不會到會，從不願意到願意。MAPS 教學法，讓學生重新成為學習的主體（這與我的理念完全一致啊！），讓講臺成為學生的舞臺，使學生感受學習的美好。而 MAPS 教學法的 map 指的是心智圖（Mind Mapping），用心智圖協助學生理解文本，透過繪製心智繪圖的過程，解構文本統整主題，更利用挑戰題的設計，引導學生對文意進行深究以及情意產出的延伸。概念圖，我很清楚，心智圖，我聽過但沒用過，MAPS 教學法可以讓我多一個教學上的技能，真是太好了！

隨後課堂上的實作分享真是大考驗。國文教師各個言之有物且切中要領，跨領域組似乎是來看戲的半個局外人，好在本組熱心的助教學長姐在旁協助，讓跨領域組能一步步完成三層次的提問步驟，最後還能上臺分享，讓我真的感覺這一切好值得，也慶幸自己能堅持到最後，也非常感謝政忠老師，在我個別詢問時給予生物領域三層次提問建議模式。

## 最燒腦的挑戰

接下來的日子裡，我開始從教科書中找尋相關主題的科普文章（對生物課文內容，學生表示較無趣，但願意閱讀相關主題科普文本），開始設計三層次提問的學習單。我先決定科普文本，隨後找尋相關的影片，引起學生的學習動機，依照影片內容，設計暖身題，隨後再以科普文本內容為主設計基礎題。基礎題是學生建構挑戰題的基礎，此時學生已釐清科普文本內容，再加入外部經驗，最後完成獨一無二的心智圖。

在我任教的班級中，當然不乏原本對生物科興趣缺缺的同學（社會組班部分同學），但我以科普文本為素材，配合由簡入繁的三層次問題，讓同學不會一下子就進入最燒腦的挑戰——心智圖，給足他們所有的學習鷹架，最後也得到不少同學的迴響。

以下是我設計的第一份主題「致命的萬靈丹」MAPS 三層次提問學習單，此篇科普文本是從美國自然文學作家瑞秋．卡遜（Rachel Louise Carson）女士所著《寂靜的春天》（*Silent Spring*）一書中摘錄。

## ◆ 收穫及建議

在第一個主題「致命的萬靈丹」完成之後，我又依照課程內容設計了其他主題，分別是「為什麼人類有性別，而且只有二種性別？」及「臺灣的智人」。這兩個主題並沒有像第一個主題那樣得到多數同學的迴響，我分析原因如下：

1. 在「為什麼人類有性別，而且只有二種性別？」主題中，大多數的科學概念與學科概念都已經在上一個學習階段（國中階段）完備，文本的內容深度不足，學生的學習動機就無法顯現，呈現出的心智圖大同小異，是一次錯誤的嘗試，日後要選擇類似主題科普文本時，一定注意勿再重蹈覆轍。

2. 在「臺灣的智人」主題中，學生普遍對此項主題的大多數科學概念與學科概念是不具足的，也就是先備知識嚴重不足，反映在心智圖上的回饋，缺乏深度與廣度。

**暖身題**

1. 依據之前在國中課程所學，請回答以下問題：
在國中生物課程裡曾經學習到「生物放大」的知識，你（妳）能回想一下在目前的學習或日常生活中，請寫出你（妳）認為在臺灣的環境中或是世界上其他的環境裡符合「生物放大」的例子。

2. 依據第一段影片提供的內容，請你（妳）思考後回答下列問題：
(1)生態學上的鉅著《寂靜的春天》影響世界極為深遠，請問是哪個因素讓瑞秋·卡遜女士決定寫這一本書呢？試簡述之。
(2)瑞秋·卡遜女士的鉅著《寂靜的春天》推出後，對於當時的美國與後來的全世界最直接的影響是什麼？

3. 依據第二段影片「蜜蜂消失事件簿」提供的內容，請你（妳）回答下列問題：
(1)依據臺大昆蟲系楊教授的研究，雖然是低劑量的農藥不會直接殺死蜜蜂，但是會對蜜峰造成什麼樣的傷害？試以影片中所得到的訊息回答。
(2)使用農藥似乎變成部分農民不得不然的選擇，依影片中農委會防疫檢驗局官員的敘述，農民可以有哪些方式減少使用農藥對蜜蜂的傷害？

▲暖身題提問單。

**基礎題**

1. 依文意在原本殺蟲劑的製造預備用來作為什麼目的使用？後來為什麼會跟殺昆蟲有關？

2. 依文描述在殺蟲劑的來源上有來自天然的與人工合成的，來自植物性的物質原料有哪幾種？各取自什麼樣的植物？

3. 人工合成的殺蟲劑不一樣的地方，在於其對生物有強大的藥性。不只是毒害，還能對生物體產生哪些危害並導致生物死亡？

4. DDT的脂溶性是它對於人體為害一個很可怕的因素，為何一旦進入生物體就如此可怕？試以文本中的描述回答此問題。

5. 歷史上DDT還跟諾貝爾獎產生聯繫，試問是什麼原因？得獎者是哪一位？他是哪國人？

6. 美國南方產棉的農村，因為噴灑含何種成分的農藥，使得當地養蜂業已完全絕跡？

▲基礎題提問單。

**挑戰題**

1. 老師課堂中呈現給你（妳）文本的心智圖，現在請你（妳）自行設計你（妳）的心智圖（依文本），並以劃記連接標明哪些是科學概念？又哪些是學科概念？可以加上適度的其他說明及美工圖（多多益善）。
2. 這篇文本摘自瑞秋・卡遜女士一九六二年的的鉅著《寂靜的春天》，但現在已經是二〇二〇年，科學上的進展已不可同日而語，你（妳）認同此篇文本作者有關於殺蟲劑的證據觀點嗎？
   若認同，請詳述為什麼認同的理由？（不認同者免填）
   若不認同，請詳述不認同的理由？（可以附上相關參考佐證資料）
3. 目前全世界已經有不少農業耕作者使用生物防治法或是完全以天然有機物方式來達成驅趕害蟲的目的。妳（你）認為這些方式能夠取代傳統農藥（殺蟲劑）嗎？說一說你（妳）的理由？

▲挑戰題提問單。

▲科普主題上課。

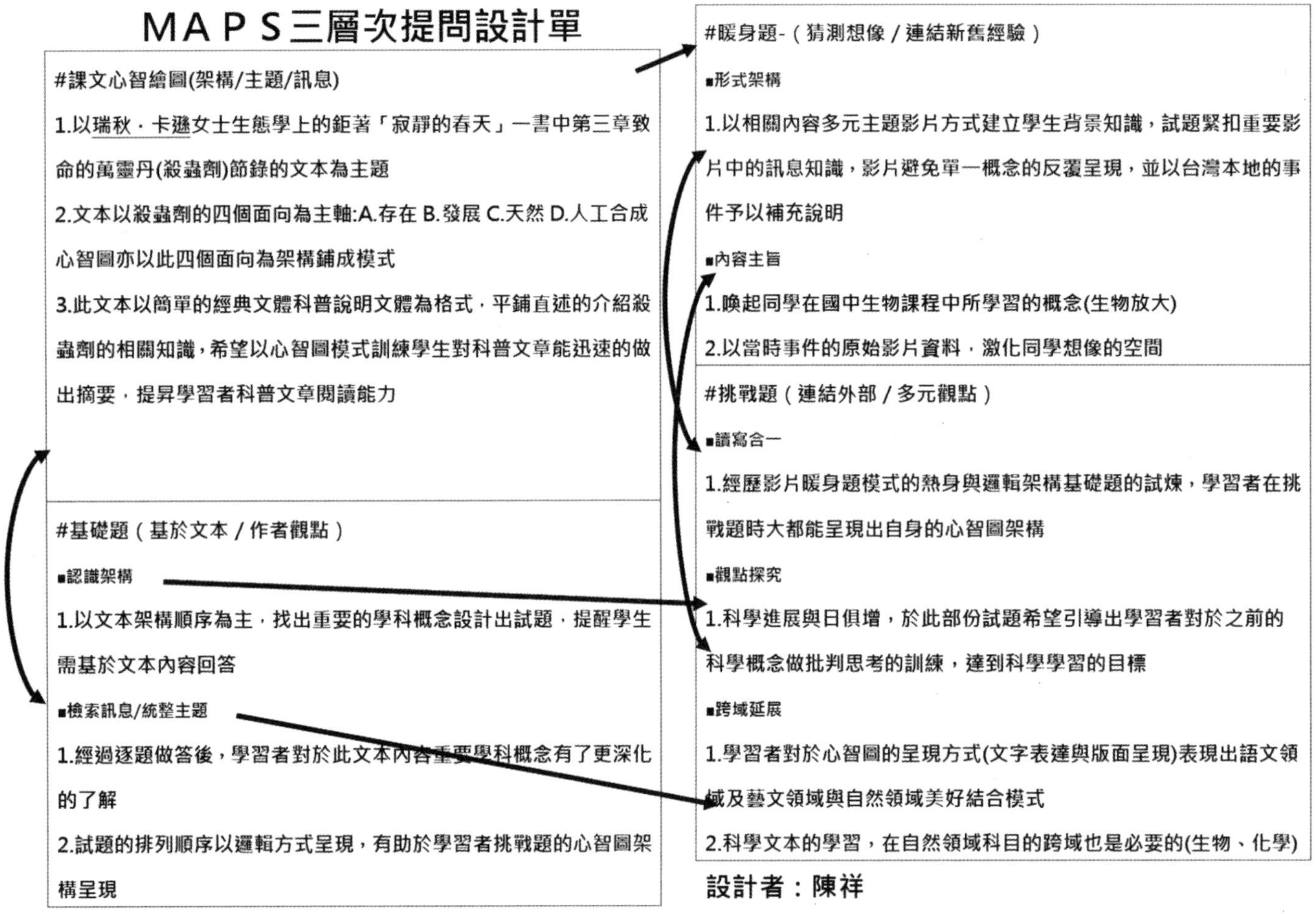

MAPS三層次提問設計單

#課文心智繪圖(架構/主題/訊息)

1.以瑞秋．卡遜女士生態學上的鉅著「寂靜的春天」一書中第三章致命的萬靈丹(殺蟲劑)節錄的文本為主題

2.文本以殺蟲劑的四個面向為主軸:A.存在 B.發展 C.天然 D.人工合成心智圖亦以此四個面向為架構鋪成模式

3.此文本以簡單的經典文體科普說明文體為格式，平鋪直述的介紹殺蟲劑的相關知識，希望以心智圖模式訓練學生對科普文章能迅速的做出摘要，提昇學習者科普文章閱讀能力

#基礎題（基於文本／作者觀點）

■認識架構

1.以文本架構順序為主，找出重要的學科概念設計出試題，提醒學生需基於文本內容回答

■檢索訊息/統整主題

1.經過逐題做答後，學習者對於此文本內容重要學科概念有了更深化的了解

2.試題的排列順序以邏輯方式呈現，有助於學習者挑戰題的心智圖架構呈現

#暖身題-（猜測想像／連結新舊經驗）

■形式架構

1.以相關內容多元主題影片方式建立學生背景知識，試題緊扣重要影片中的訊息知識，影片避免單一概念的反覆呈現，並以台灣本地的事件予以補充說明

■內容主旨

1.喚起同學在國中生物課程中所學習的概念(生物放大)

2.以當時事件的原始影片資料，激化同學想像的空間

#挑戰題（連結外部／多元觀點）

■讀寫合一

1.經歷影片暖身題模式的熱身與邏輯架構基礎題的試煉，學習者在挑戰題時大都能呈現出自身的心智圖架構

■觀點探究

1.科學進展與日俱增，於此部份試題希望引導出學習者對於之前的科學概念做批判思考的訓練，達到科學學習的目標

■跨域延展

1.學習者對於心智圖的呈現方式(文字表達與版面呈現)表現出語文領域及藝文領域與自然領域美好結合模式

2.科學文本的學習，在自然領域科目的跨域也是必要的(生物、化學)

設計者：陳祥

▲我設計的第一份主題「致命的萬靈丹」MAPS 三層次提問設計單。

▲挑戰題撰寫。

▲暖身題學習。

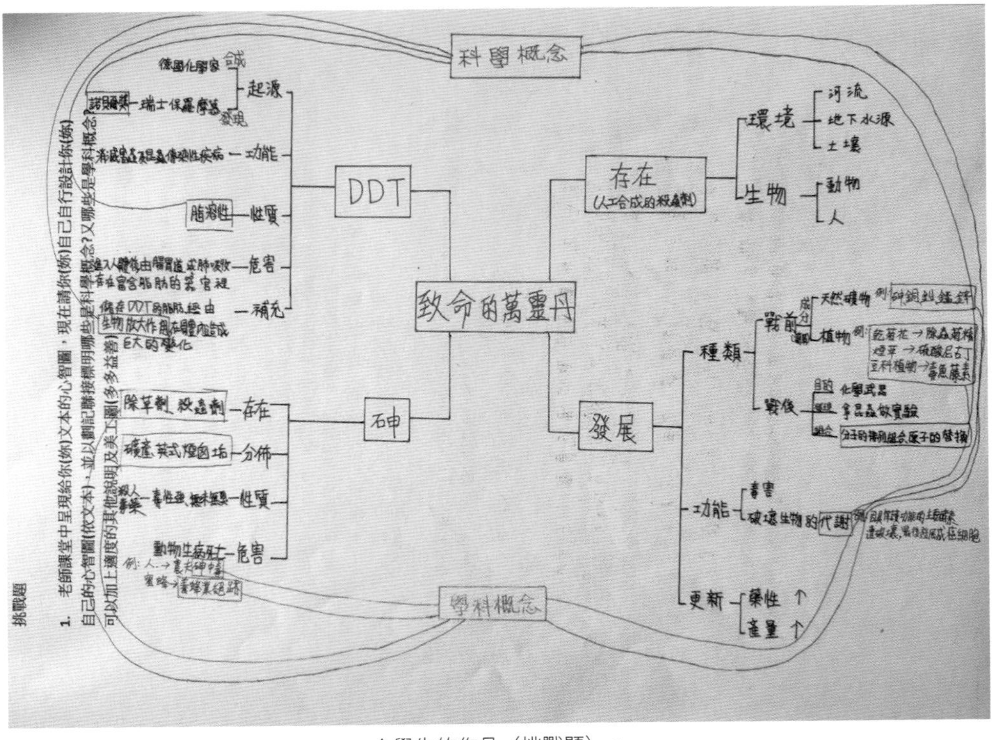


▲學生的作品（挑戰題）。

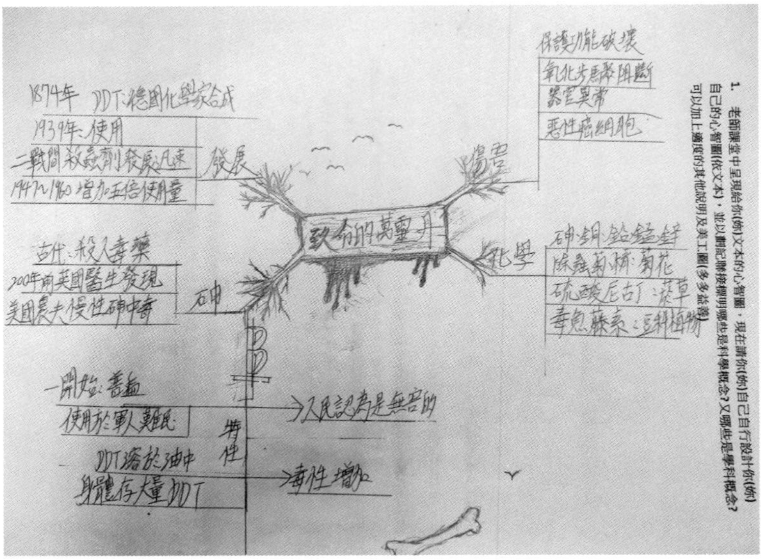
1. 老師課堂中呈現給你(妳)文本的心智圖，現在請你(妳)自己自行設計你(妳)
自己的心智圖(依文本)，並以劃記聯接標明哪些是科學概念?又哪些是學科概念?
可以加上適度的其他說明及美工圖(多多益善)
致命的萬靈丹

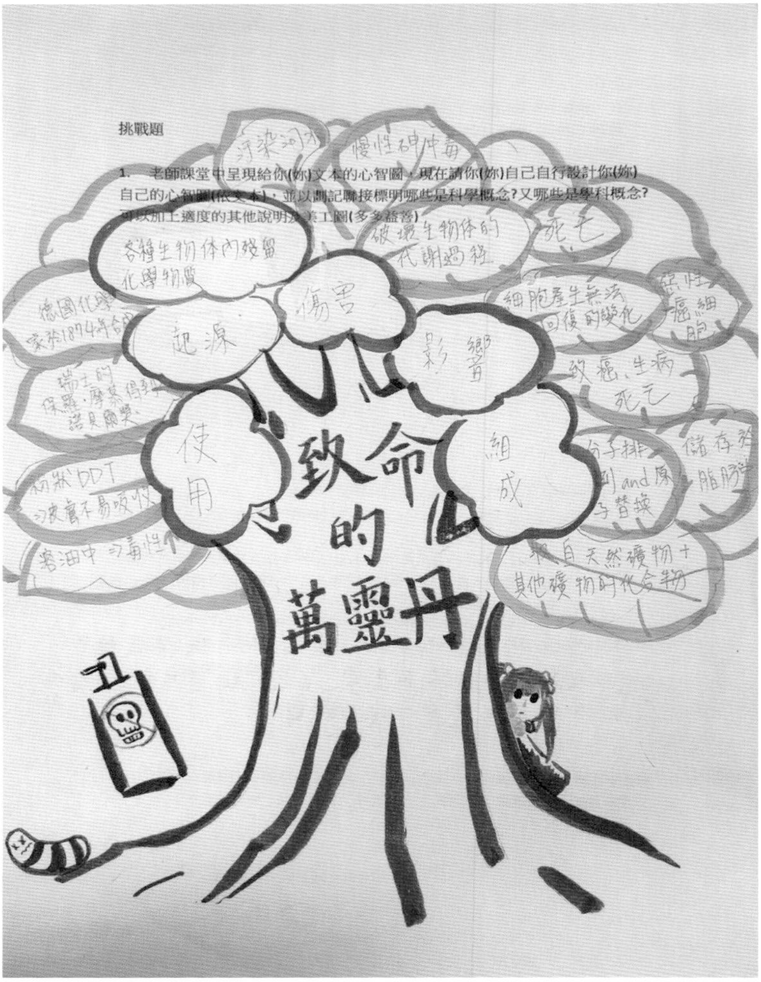
挑戰題
1. 老師課堂中呈現給你(妳)文本的心智圖，現在請你(妳)自己自行設計你(妳)
自己的心智圖(依文本)，並以劃記聯接標明哪些是科學概念?又哪些是學科概念?
可以加上適度的其他說明及美工圖(多多益善)
致命的萬靈丹

▲學生的作品（挑戰題）。

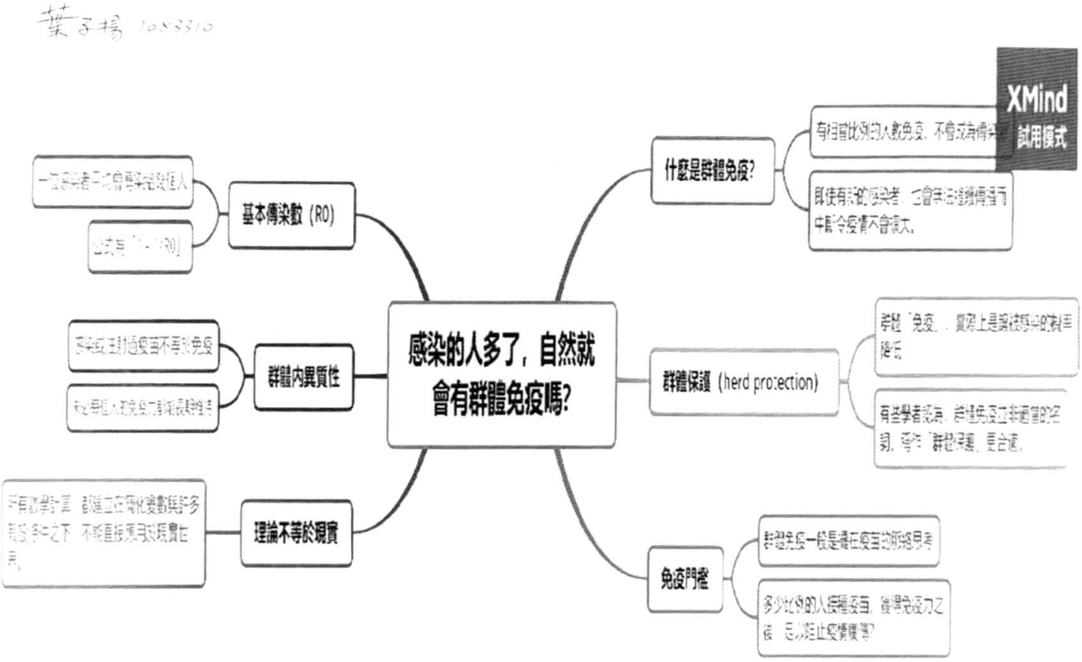


▲群體免疫主題心智圖。

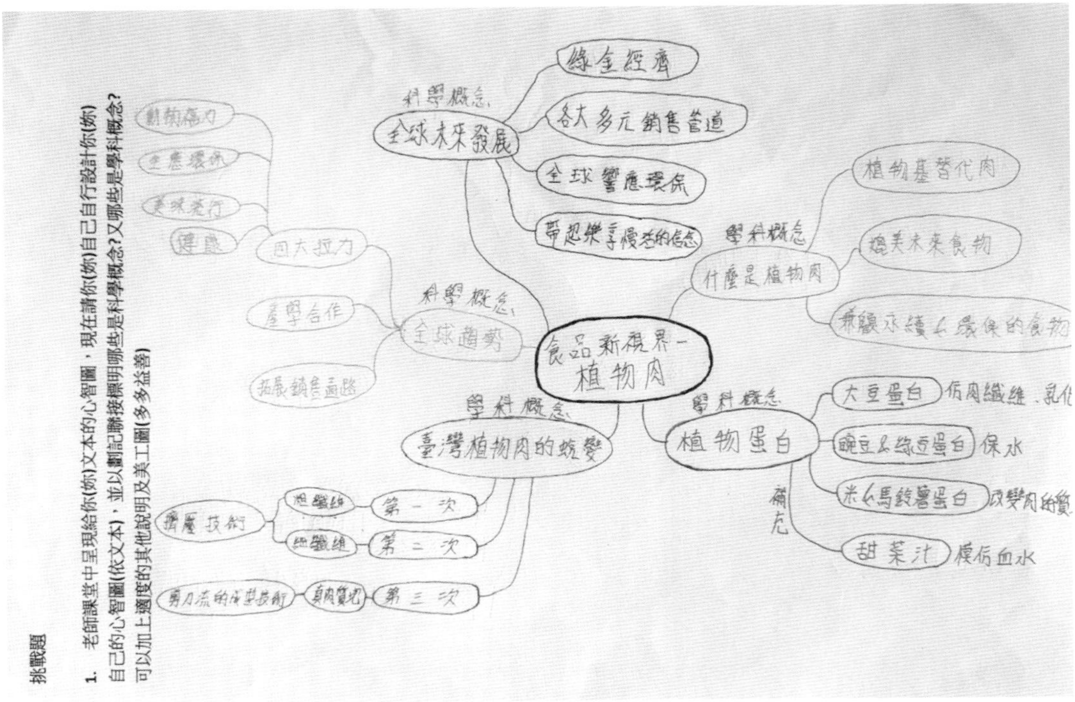


▲植物肉主題心智圖。

有了前兩個主題的失敗經驗，使我領悟到科普文本選擇適切性的重要，這其中又以能引發學習者關注議題及興趣的文本，是我比較建議的。我之後嘗試的主題就深受同學喜愛，主題分別是具有新聞性的「群體免疫」及未來議題的「植物肉」。

以下提供數個靜慧老師建議的科普文章來源網站：

科學人雜誌

泛科學

科學少年

關鍵評論

聯合學苑

國立自然科學博物館

走筆至此，我還是要再次感謝政忠老師的 MAPS 教學法設計及 MOXA 心源教育基金會對於課程的協助。從學生在不同主題的回饋，使我再次想起多年前在論文裡的那些話：「科學學習中心的終極目標，則是透過教師的專業成長，在教學上有效提升學生對科學的興趣和素養能力，但不是幫助學生更會應付學科考試。」

謝謝所有在 MAPS 教學法學習及課程中協助過我的師長與學生！

【國中領域】

3

# 黃暉凱／我的微 MAPS——從「我」到「我們」

雲林縣斗六市斗六國中

## 山中大叔導讀

類者，沒有也；類素養，沒有素養也。君不見類火車乎？

比起類翻轉，我推薦暉凱老師的微流程與微嘗試交織而成的微 MAPS。

微者，微小也，我們看見暉凱老師針對 MAPS 流程取其核心元素，鞏固國文教學的核心本質，踏實樸實而切實的陪伴孩子閱讀理解；微，細微也，我們看見暉凱老師反思課堂樣貌改變浪潮而留其師生本質，調整教與學的變與不變，與時俱進但不忘學習核心價值。

慎微，即可深邃而不離初心。

## 微的定義

「微」，是微小。是因為沒有使用 MAPS 的完整流程，而是取其三層次提問的架構，分別是「暖身題——猜測想像／連結新舊經驗」、「基礎題——基於文本／作者觀點」、「挑戰題——連結外部／多元觀點」。用這樣的架構進行提問設計，才不會在提問的過程中走偏了方向。

「微」，是細微。是在原有的講述教學之外，做一些細微的調整改變。這幾年透過各種觀課與議課，微調自己的教學模式，並省思教學現場發生的樣貌，試圖保留屬於自己的教學風格，並嘗試在能力許可的範圍內做些改變。不是大幅度的跟風改變，而是思考自己的個性與學生屬性，微調出最適合自己的「教」與孩子的「學」。

## 夢的開端

### 語文共舞社群

二〇一五年「夢一」浪潮襲來，未能趕上。二〇一六年的「夢一回娘家」，是我的第一場「夢」系列研習。猶記得當日上臺分享者如同一個個的寶庫，講者陶醉聽者痴迷，用餐時間一邊扒著便當一邊寫下筆記，唯恐錯失每一個精彩環節。自此之後的夢二、夢N……更是從大班式的課程進入到在地扶持。而我參與過國中國文組、閱讀探究組、聽說讀寫組，認識許多熱情分享的老師，從他們的身上挖寶，開啟我的教學新視野。

在偶然的機會下加入「語文共舞」社群，這是個跨校且跨學制的社群。第一年以廣學為主，第二年起舉辦成果發表會，雖是鼓勵性質，但整理與分享每一年的學習以及在課堂上的實踐，是最能發現自己成長的機會。因此自社群學習第二年起，每年我都會主動報名參加成果發表。

| | |
|---|---|
| 2018 年 | 「從聯絡本談班級學科教育」。 |
| 2019 年 | 「國語文補救教學省思——由兩次公開課談起」。並於同一年年初擔任雲林夢N實踐家，談「文學不歸路之表格萬歲」。 |
| 2020 年 | 談「讀寫合一運用——以『寫人』文本為例」。並於同一年年底擔任高雄夢N實踐家，將校內共備社群成果整理，發表成「從共備評量點談國文科學習內容」。 |

| | |
|---|---|
| 2021 年 | 談「我的語文教學日常」。並於第三屆 MAPS 種子教師期末線上發表會時，以「緣分，一年到N年——我的微 MAPS」為題，談與校內社群夥伴共備的成果。 |
| 2022 年 | 以「我的十天奇幻旅程——線上閱讀操作與省思」為題，將二〇二一年教育史上首次遇到的「停課不停學」政策下，所進行的線上課程留下紀錄。 |

## 起心動念——尋覓夥伴相伴同行

在「語文共舞」社群的學習飽滿，每一回的相聚對話，都能讓我活力滿滿，進而重新思考及定位自己的教學。俗語說：「一個人走得快，一群人走得遠。」我也好想將這種學習的充盈豐實帶回學校，讓校內老師與我共享、成長。但我該如何做呢？

適逢一〇八新課綱的第一屆，暑期學習活動時，張涵瑜老師及蔡明桂老師參加由 MOXA 心源教育基金會舉辦的第二屆 MAPS 工作坊，回校後向她們好奇詢問，遂決定與兩位老師以及甫介聘至本校的蘇育瑩老師，進行校內共備。

一開始從共備評量點開始，自九年一貫課程開放教科書之後，備課用書的資料齊全到不可思議的地步，要加深、加廣皆可，每個老師著重的點都不同，形成「一課課文、多樣補充」的情景。每個老師都擔心少補充了什麼，讓孩子在校內定期考未能拿高分，因此除了基本習作、形音義補充外，成詞語、閱讀測驗題，一張張的黃卷、題庫卷，讓辦公室影印機恆常過熱。但，國文科的核心價值到底該學什麼？給孩子滿漢全席，孩子是胃口大開，還是消化不良？

意識到這樣的現象，校內共備評量點一開始先讓參與的老師寫下這一課如果只能有三個考點，該考什麼？一個考點寫一張便利貼，若有相同考點，表示老師有志一同；若有所差異，則開始討論，最後統整出每一課三到五個評量點，整理後公布在校內國文科群組內，提供出題老師及同年段的老師參考。

例如：〈論語選〉，孔子其人是一個評量點，《論語》一書是一個評量點，選文的文意理解又是一個評量點。有了共同的出題方向，老師無須大量且漫無目的的補充，將評量點確實的讓孩子學習並吸收。「考試領導教學」這句話在現場教學中毋寧是個事實，當知道要「考什麼」，回過頭來思考「教什麼」，更進一步思考，孩子該「學什麼」？

在這樣的想法底下，開啟了每一課的共備。走了三年，我們的想法從「這一課要考什麼」，逐漸轉變為「這一課該教／學什麼」？若「以終為始」是教學的思考，學習的終點絕對不是形成性或是總結性評量，反而是評量之後，孩子學到了什麼？我們又該如何看待此次的評量？此時校內每一次定期考的試題分析，提供了共備教師群一些可參考的點。

第三年共備時，已有其他學年的老師對於共備過程感到好奇，想要索取提問單，但若老師「知其然也知其所以然」，是否會對提問單的設計更有助益？因此申請國教署「中央課程與教學輔導諮詢教師團隊專案教師試辦計畫」，邀請王政忠老師到校，與校內國文老師一同研討，可以更深入了解三層次提問法，在每一課的共備之後，提問會更有脈絡，比較不會東問一題西問一題，而是利用提問搭起學習的鷹架。

## ◆ 課堂實錄——教師的共備是為了孩子的共學

共備是為了孩子的學習，育瑩老師和明桂老師在課堂上皆採用三層次提問單，我則視不同課給予不同的任務單，有時讓孩子寫下這一課的學習筆記，內容要有課堂上所學以及對此課的收穫、疑惑與想法。

### 與孩子一起探究文本

例如在〈大明湖〉一課，孩子記錄下：「在〈大明湖〉一課中，老殘提到『秋山紅葉、老圃黃花』，老師說大部分人都喜歡鮮亮明媚的風景，但我反而可以理解老殘，蕭瑟之景不一定代表著破敗，就像文中的老圃，為什麼花園一定要亮麗呢？殘缺之美難道不是一道風景嗎？老圃的老舊更可顯示出濟南的歷史悠久，它見證了騷人墨客的足跡，受盡了文風的洗禮，或許它一開始也是鮮明的，只是時光流轉，成了老舊的模樣，在我看來，這樣的陳舊更具歷史意義，一味的鮮明會讓人視覺疲勞，有時也需要到『老圃』這樣的地方沉澱自我。」

我給孩子的回應是：「世人皆以新為美，衣服要穿新，『快時尚』因應而生，當中莫不以新潮、流行為主打，但若是能靜下心來觀看，老舊事物有其時光沉澱與凝鍊之美。」

以往在教〈大明湖〉這課時，其中一個重點會放在三副對聯的內容解析、平仄判別，在解到「一盞寒泉薦秋菊，三更畫舫穿藕花」時，孩子理解用泉水及鮮花祭祀水神，半夜時有裝飾華美的遊船「要做什麼呢？」我心中預設的答案是「去夜遊」，但任課班的學生回答我：「燒王船啊！」原以為只有一個班的孩子是這樣想，沒想到導師班孩子也是這樣認為：「拜完就拖去燒掉，不是很理所當然嗎？」

「等等，濟南有『燒王船』這種習俗嗎？還是只有臺灣有？」「不知道耶！」「開電腦查一下啊！」課堂上聽孩子七嘴八舌的討論，雖然不是一本正經的解釋對聯，但卻意外讓我知道原來孩子是這樣理解的，那麼之前我在教授這一課的時候，孩子沒有這些想法嗎？還是孩子從未在我面前展現出來？

任課班的孩子認為三更畫舫是要「抓交替」用的，我聽完他的說法，提出我的好奇：「大明湖是風景名勝，在這裡燒王船或抓交替，合理嗎？」才有另一部分的孩子說：「還是他們晚上要去玩，所以搭遊船？」

事後孩子紛紛反應對於這一段的討論印象最為深刻：「雅說那副對聯是在抓交替好好笑，隔壁兩班的答案更酷，第一次看老師笑成這樣。」「這一課其實上起來滿有趣的，每講到一段，腦子裡就會浮現那畫面，好像和作者一起出去玩一樣，也會一直浮現看到那畫面時的色彩，會有想要拿起畫筆去沾顏料的感覺，還挺神奇的。再搭配本班那神奇詭異的想法，竟然想到『抓交替』，就讓我更覺得這課有趣了。」這一段岔出去的討論，在我設計的課堂脈絡之外，卻意外引發熱烈的討論，孩子也更加好奇除了「大明湖」這個章節之外，《老殘遊記》的其他篇章，有個孩子因此去借了《老殘遊記》一書認真的翻閱。

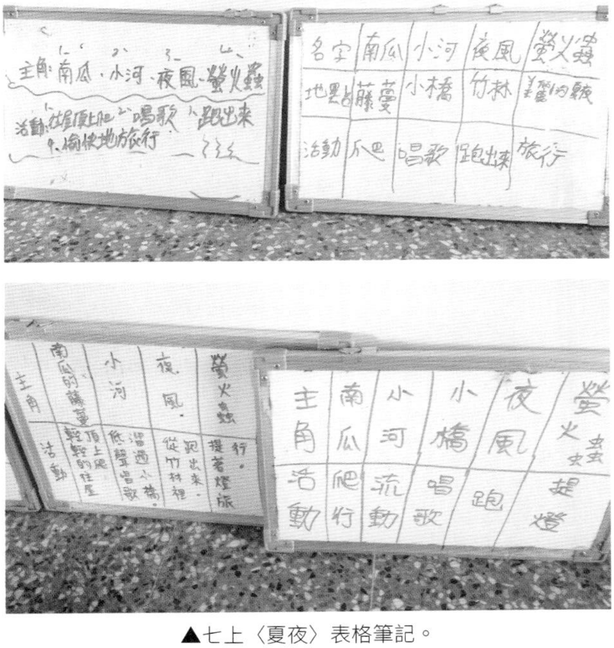

▲七上〈夏夜〉表格筆記。

文本從來就只是個媒介，開啟孩子對於文學語境的認知與想像。因為學習帶來好奇，因為好奇，引發更多的學習，進而在課堂上討論分享，跟著新世代孩子的腳步，一起探究文本，是我喜歡的課堂樣貌。

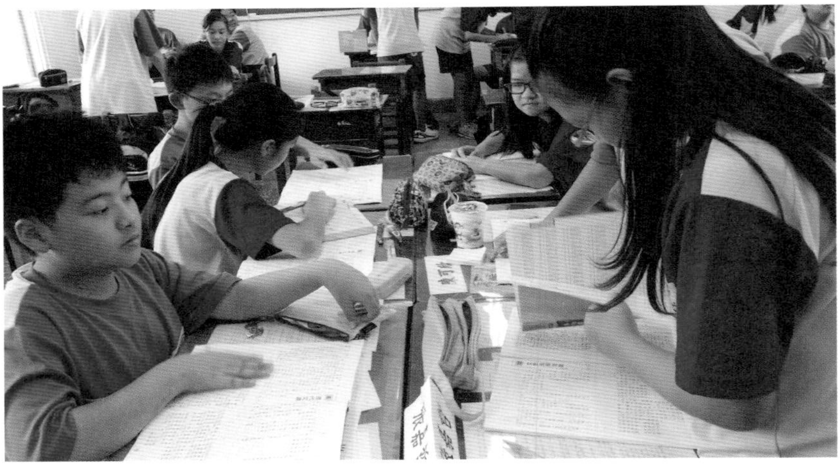

▲七下利用字典小組合作處理字詞。

▲八上分組完成文本拼圖。

▲八上課堂討論實況。

▲八下課堂分組討論（文字發表）。

▲八下課堂分組討論（鄰近座位四人小組）。

## 文本反映出讀者自己

九上在上完瓦歷斯．諾幹〈獵人〉一課，用表格整理出老獵人與年輕獵人的比較。孩子在〈背影〉以及短篇小說的閱讀中，已有先備經驗，因此雙線整理是沒有問題的。將兩個人的言行舉止並列出後，就會明白，在年輕獵人的成長歷程中，有個經驗豐富的老獵人陪在身邊，知道他會受傷、會失敗、會跌倒、會犯錯，但仍舊放手讓他嘗試。因為成長的道路沒有人可以代替，但有人在旁時時刻刻關注提點，是件重要且幸福的事情。

課後挑戰題給孩子的提問是：「這篇文章為什麼放在九年級？跟我們的生活、生命有何關聯？若你是年輕獵人，你做了什麼？心情如何？你的老獵人是誰？他如何指引你？」原以為「打獵」的主題跟孩子的生活經驗相去甚遠，孩子可能不容易回答出來，但出乎意料的，這篇文本讓孩子十分有感：「老獵人帶著年輕獵人一同上山，在山上老獵人好像外表都不在乎，也不關心，其實所有的一切，老獵人都知道也都看在眼裡。而這就好像我們一樣，在身旁總有個外表看似不在乎，但一直不斷幫助我們的人，真想知道我身旁的這人會是誰？」「在教〈獵人〉這一課時，老師說完，留時間讓我們用自己的話寫筆記，因此印象比較深刻。尤其是上〈獵人〉的最後一節課，老師把老獵人對年輕獵人的默默守護，放大到『人生中也常會有一個人總在默默守護』的層面，把格局放得更開、涵義又更大了，讓我料想不到。而我的老獵人，應該是一直在我旁邊嘮叨、卻始終默默幫我把很多事情做完的爸媽吧？」

課後有個機會與校外老師討論此文，這篇〈獵人〉屬於原民文學，表面上看起來談及「文化傳承」，實際上更深一層是在談「認同」。我認同什麼？我為什麼認同？認同與不認同會促使我做些（或不做）什麼？此時發現這篇文章有更多的切入點，在第一次閱讀進行基礎理解後，第二次閱讀要把讀者與所處環境、文化背景含括進來看，「教師對文本分析的功力有多深厚，決定孩子看文本看得有多深入。」

## 教科書的價值與侷限

九下的學習即便放在會考衝刺，但在校內共備討論後，仍舊補了〈座右銘〉、〈王冕的少年時代〉、〈湖心亭看雪〉、〈為學一首示子姪〉這四篇文本。這是孩子手邊所使用的教科書未選錄，但老師們認為孩子沒有閱讀到十分可惜的文章。在九下期間，單純回到文本，沒有題解及課文賞析的干擾，僅僅就文本對話，是很舒心的上課節奏。

課後筆記中，有個孩子是這樣寫的，讀來令人莞爾：「〈座右銘〉：一篇殺人犯逃亡多年後歸納出的人生哲學。〈王冕的少年時代〉：一個家教好的學霸自學有成的故事。〈湖心亭看雪〉：一篇敘述厭世男人看雪看到被逼了酒的慘事。〈為學一首示子姪〉：一篇愛子姪心切的叔輩啟示錄。」

以〈湖心亭看雪〉一文提問為例：「一般用的量詞是什麼？張岱用的量詞是什麼？張岱用這些不同量詞的原因是什麼？用這個量詞造成的效果是什麼？」孩子回應：「假設第二段特殊量詞『痕』、『點』、『芥』、『粒』的用法，是由遠寫到近，最後扣回自己身上的話，那作者是不是想以廣闊的環境，來襯出自己的孤寂和渺小呢？」孩子透過提問，已能讀出張岱透過「非常態」量詞的句子描寫，造成遠近景及空間的效果，進而推論出其心境感受。

因此孩子寫下：「有時我們會想掩飾自己內心的孤獨，而勉強嘗試與一些也許不是很喜歡的人走在一起。但想想，獨自一人並不孤單，一群人也不意味著陪伴。真正孤單是當你為了一些人而放低身段，努力融入他們，而沒有保留最真實的自己。在獨處中，我們更能體會自身感受，更能懂得安靜觀察他人的言行舉止，也更加清晰的體會到成長的意涵。」

孩子已是天生的哲學家，我只能回覆他：「成長很多時候就在一瞬間，知道了自己與他人的不同，僅是知道，而非要去改變自己或他人。這是一種選擇，『群』或『己』，非關對錯，沒有好壞！」

▲九上〈大明湖〉文轉圖。

▲九上〈與宋元思書〉文轉圖。

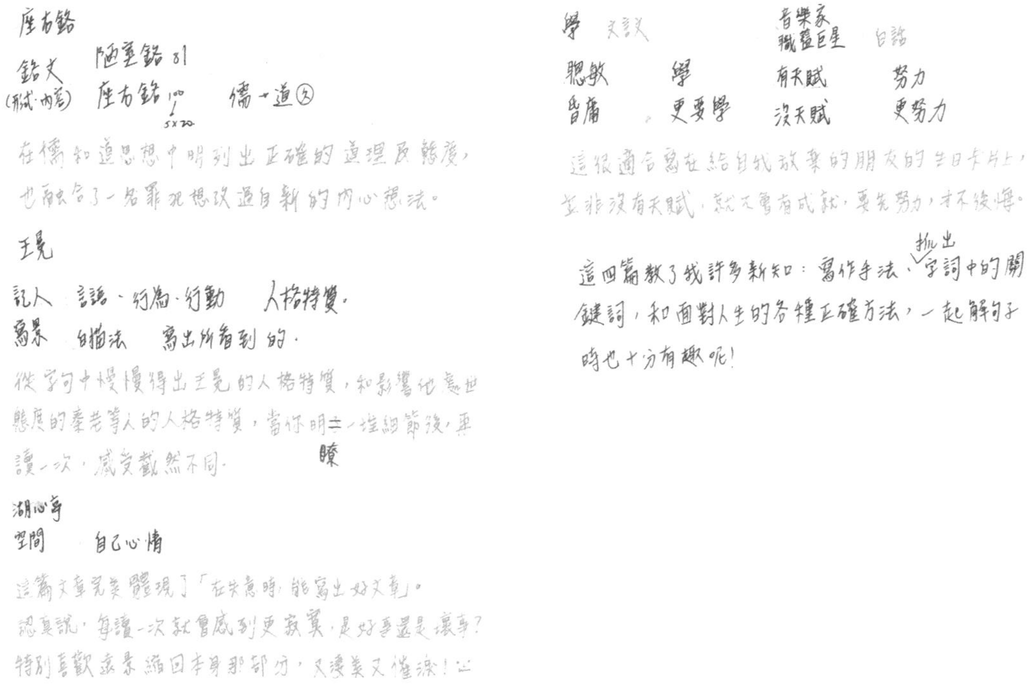

座右銘

銘文 陋室銘 81
(形式·內容) 座右銘 100 5x20 儒+道②

在儒和道思想中明列出正確的道理及態度，
也融合了一名罪犯想改過自新的內心想法。

王冕

記人 言語、行為、行動 人格特質。
寫景 白描法 寫出所看到的。

從字句中慢慢得出王冕的人格特質，和影響他處世
態度的秦老等人的人格特質，當你明瞭一些細節後，再
讀一次，感受截然不同。

湖心亭
空間 自己心情

這篇文章完美體現了「在失意時，能寫出好文章」。
認真說，每讀一次就會感到更寂寞，是好事還是壞事？
特別喜歡遠景縮回本身那部分，又淒美又憔淚！

學 文言文 音樂家 職籃巨星 白話
聰敏 學 有天賦 努力
昏庸 更要學 沒天賦 更努力

這很適合寫在給自我放棄的朋友的生日卡片上，
並非沒有天賦，就不會有成就，要先努力，才不後悔。

這四篇教了我許多新知：寫作手法、抓出字詞中的關
鍵詞，和面對人生的各種正確方法，一起解句子
時也十分有趣呢！

▲學生四課課文統整。

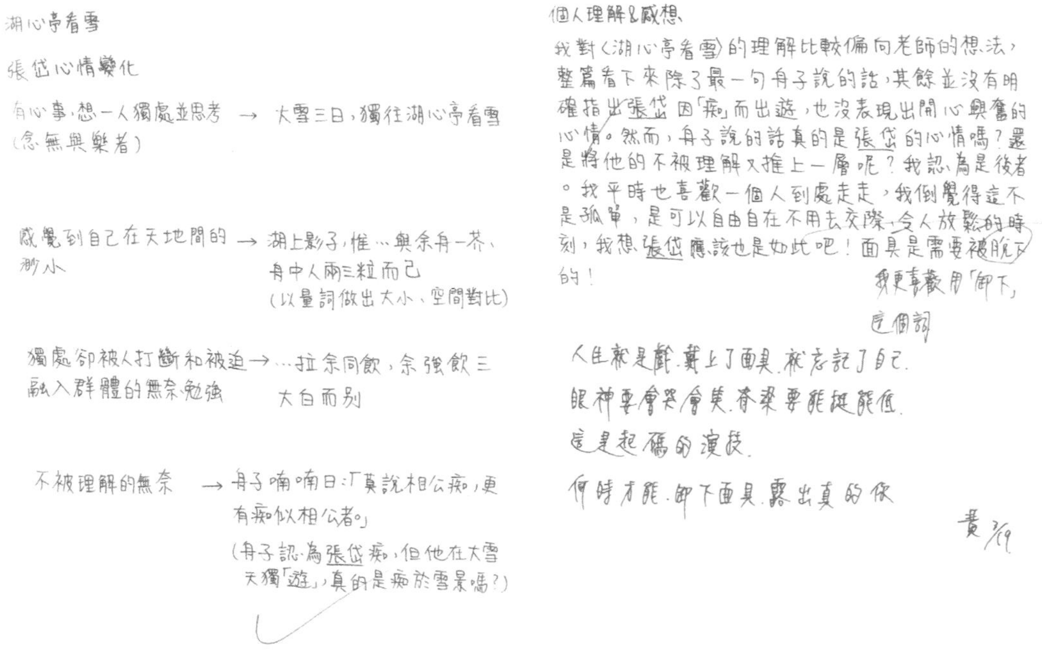

湖心亭看雪

張岱心情變化

有心事，想一人獨處並思考 → 大雪三日，獨往湖心亭看雪
(念無與樂者)

感覺到自己在天地間的渺小 → 湖上影子，惟……與余舟一芥、舟中人兩三粒而已
(以量詞做出大小、空間對比)

獨處卻被人打斷和被迫融入群體的無奈勉強 → ……拉余同飲，余強飲三大白而別

不被理解的無奈 → 舟子喃喃曰：「莫說相公痴，更有痴似相公者。」
(舟子認為張岱痴，但他在大雪天獨「遊」，真的是痴於雪景嗎？)

個人理解&感想

我對〈湖心亭看雪〉的理解比較偏向老師的想法，整篇看下來除了最一句舟子說的話，其餘並沒有明確指出張岱因「痴」而出遊，也沒表現出開心興奮的心情。然而，舟子說的話真的是張岱的心情嗎？還是將他的不被理解又推上一層呢？我認為是後者。我平時也喜歡一個人到處走走，我倒覺得這不是孤單，是可以自由自在不用去交際，令人放鬆的時刻，我想張岱應該也是如此吧！面具是需要被脫下的！

我更喜歡用「卸下」這個詞

人生就是戲，戴上了面具，就忘記了自己。
眼神要會哭會笑，脊梁要能挺能低，
這是起碼的演技。
何時才能，卸下面具，露出真的你

黃 3/19

▲學生〈湖心亭看雪〉作業。

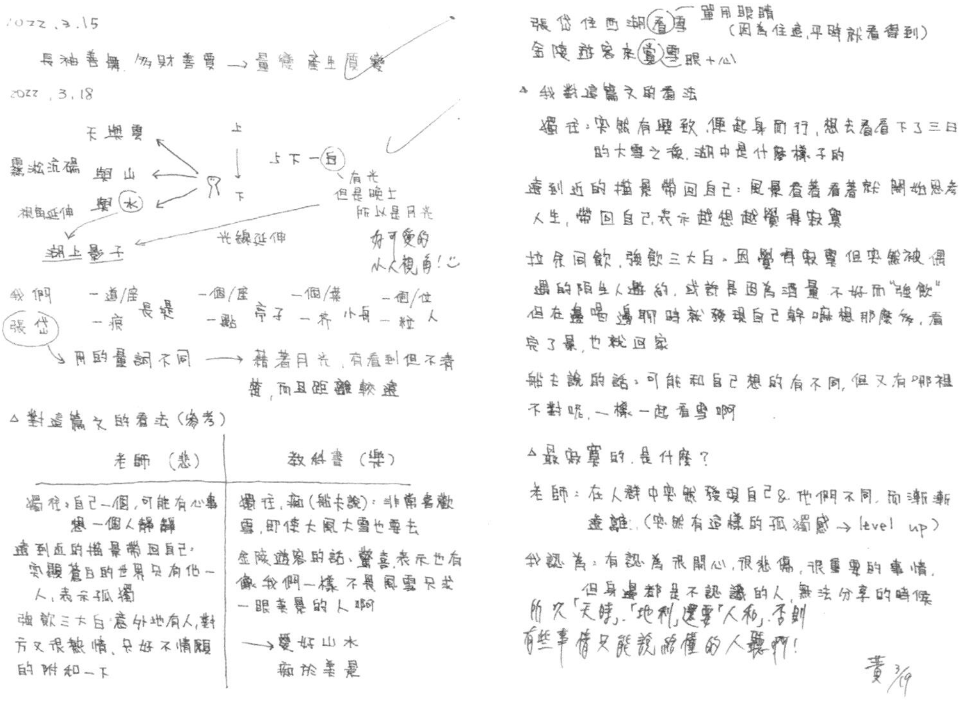

2022.3.15

長袖善舞，多財善賈 → 量變產生質變

2022.3.18

天與雲
霧凇沆碭 與山
與水 視角延伸
上下一白 有光 但是晚上 所以是月光
光線延伸
湖上影子

好可愛的小人視角！:)

我們：一道/座 長堤　一個/座 亭子　一個/葉 小舟　一個/位 人
張岱：一痕 長堤　一點 亭子　一芥 小舟　一粒 人
用的量詞不同 → 藉著月光，有看到但不清楚，而且距離較遠

△對這篇文的看法（參考）

| 老師（悲） | 教科書（樂） |
|---|---|
| 獨往：自己一個，可能有心事想一個人靜靜 | 獨往、痴（船夫說）：非常喜歡雪，即使大風大雪也要去 |
| 遠到近的描景帶回自己，突顯著自的世界只有他一人，表示孤獨 | 金陵遊客的話、驚喜，表示也有像我們一樣不畏風雪只求一眼美景的人啊 |
| 強飲三大白：意外地有人，對方又很熱情，只好不情願的附和一下 | → 愛好山水，痴於美景 |

張岱住西湖看雪 — 單用眼睛（因為住這，平時就看得到）
金陵遊客來賞雪 眼＋心

△我對這篇文的看法

獨往：突然有興致，便起身前行，想去看看下了三日的大雪之後，湖中是什麼樣子的

遠到近的描景帶回自己：風景看著看著就開始思考人生，帶回自己，表示越想越覺得寂寞

拉余同飲，強飲三大白：因覺得寂寞但突然被偶遇的陌生人邀約，或許是因為酒量不好而「強飲」但在邊喝邊聊時就發現自己幹嘛想那麼多，看完了景，也就回家

船夫說的話：可能和自己想的有不同，但又有哪裡不對呢，一樣一起看雪啊

△最寂寞的是什麼？

老師：在人群中突然發現自己＆他們不同，而漸漸遠離（突然有這樣的孤獨感 → level up）

我認為：有認為很開心，很悲傷，很重要的事情，但身邊都是不認識的人，無法分享的時候

所以「天時」、「地利」還要「人和」，否則有些事情只能說給懂的人聽啊！

黃 3/19

▲學生〈湖心亭看雪〉作業。

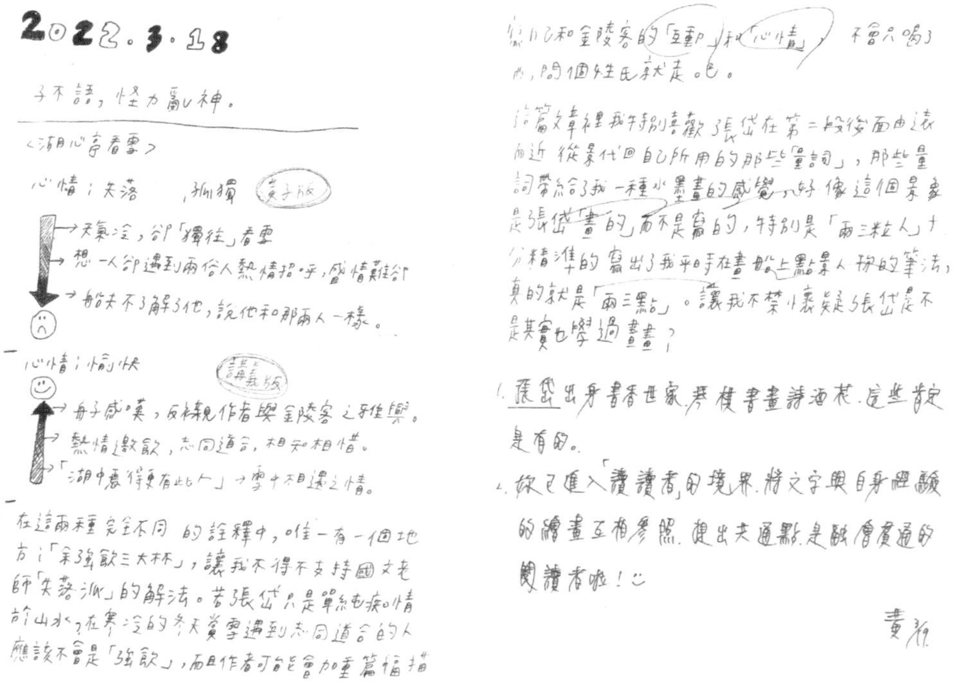

2022.3.18

子不語，怪力亂神。

〈湖心亭看雪〉

心情：失落，孤獨（黃子版）
→ 天氣冷，卻「獨往」看雪
→ 想一人卻遇到兩俗人熱情招呼，盛情難卻
→ 船夫不了解了他，說他和那兩人一樣。

心情：愉快（講義版）
→ 舟子感嘆，反襯作者與金陵客之雅興。
→ 熱情邀飲，志同道合，相知相惜。
→「湖中焉得更有此人」→ 雪中相遇之情。

在這兩種完全不同的詮釋中，唯一有一個地方：「余強飲三大杯」，讓我不得不支持國文老師「失落派」的解法。若張岱只是單純痴情於山水，在寒冷的冬天賞雪遇到志同道合的人應該不會是「強飲」，而且作者可能會加重篇幅描繪自己和金陵客的「互動」和「心情」，不會只喝了酒，問個姓氏就走了吧。

這篇文章裡我特別喜歡張岱在第二段後面由遠而近，從景代回自己所用的那些「量詞」，那些量詞帶給了我一種水墨畫的感覺，好像這個景象是張岱「畫的」而不是寫的，特別是「兩三粒人」十分精準的寫出了我平時在畫船上點景人物的筆法，真的就是「兩三點」。讓我不禁懷疑張岱是不是其實也學過畫畫？

1. 張岱出身書香世家，琴棋書畫詩酒茶，這些肯定是有的。
2. 妳已進入「讀讀者」的境界，將文字與自身經驗的繪畫互相參照，提出共通點，是融會貫通的閱讀者啦！:)

黃 3/19

▲學生〈湖心亭看雪〉作業。

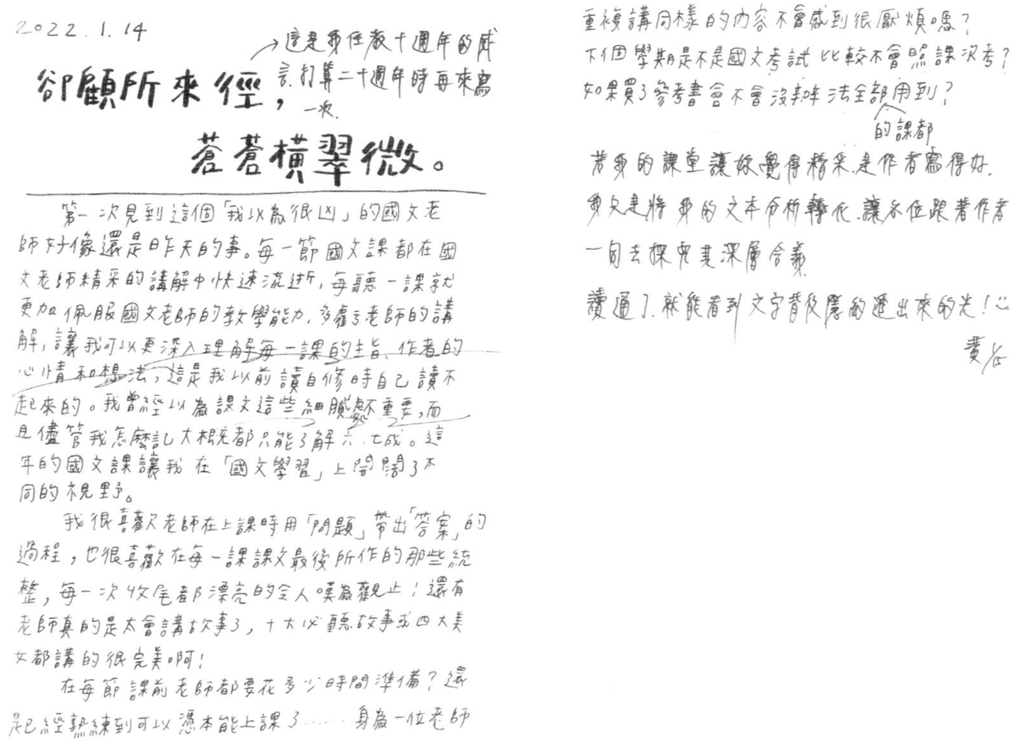

2022.1.14

卻顧所來徑，（→這是我任教十週年的感言，打算二十週年時再來寫一次。）

蒼蒼橫翠微。

第一次見到這個「我以為很凶」的國文老師好像還是昨天的事。每一節國文課都在國文老師精采的講解中快速流逝，每聽一課就更加佩服國文老師的教學能力，多虧了老師的講解，讓我可以更深入理解每一課的主旨、作者的心情和想法，這是我以前讀自修時自己讀不起來的。我曾經以為課文這些細節不重要，而且儘管我怎麼讀大概都只能了解六、七成。這年的國文課讓我在「國文學習」上開闊了不同的視野。

我很喜歡老師在上課時用「問題」帶出「答案」的過程，也很喜歡在每一課課文最後所作的那些統整，每一次收尾都漂亮的令人嘆為觀止！還有老師真的是太會講故事了，十大必聽故事或四大美女都講的很完美啊！

在每節課前老師都要花多少時間準備？還是已經熟練到可以憑本能上課了……身為一位老師重複講同樣的內容不會感到很厭煩嗎？下個學期是不是國文考試比較不會照課次考？如果買了參考書會不會沒辦法全部用到？

黃勇的課堂讓妳覺得精采，是作者寫得好。勇只是將勇的文本分析轉化，讓各位跟著作者一句去探究其深層含義。讀通了，就能看到文字背後隱隱透出來的光！

黃啟

▲學生九上學期紀錄。

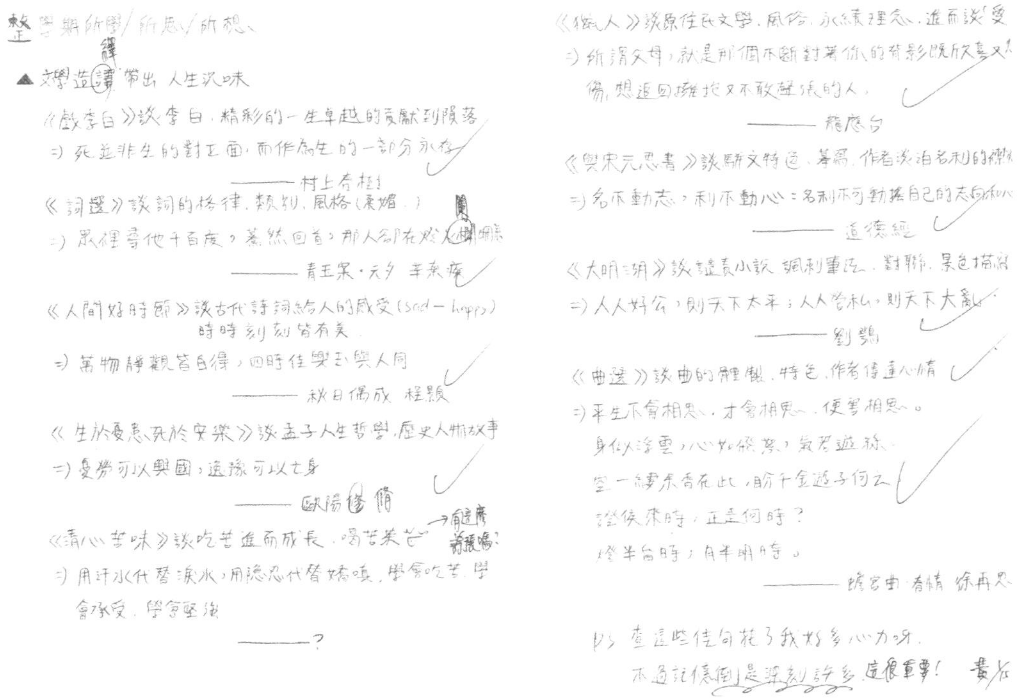

整學期所學／所思／所想、

▲文學造譯帶出人生況味

《戲李白》談李白，精彩的一生卓越的貢獻到隕落
⇒ 死並非生的對立面，而作為生的一部分永存
——村上春樹

《詞選》談詞的格律、類別、風格（柔媚⋯）
⇒ 眾裡尋他千百度，驀然回首，那人卻在燈火闌珊處
——青玉案‧元夕 辛棄疾

《人間好時節》談古代詩詞給人的感受（sad－happy）時時刻刻皆有美
⇒ 萬物靜觀皆自得，四時佳興與人同
——秋日偶成 程顥

《生於憂患死於安樂》談孟子人生哲學，歷史人物故事
⇒ 憂勞可以興國，逸豫可以亡身
——歐陽修脩

《清心苦味》談吃苦進而成長，喝苦茶（→有這麼誇張嗎？）
⇒ 用汗水代替淚水，用隱忍代替嬌嗔，學會吃苦，學會承受，學會堅強
——？

《獵人》談原住民文學、風俗、永續理念，進而談「愛」
⇒ 所謂父母，就是那個不斷對著你的背影既欣喜又悲傷，想追回擁抱又不敢聲張的人。
——龍應台

《與宋元思書》談駢文特色、寫景、作者淡泊名利的心
⇒ 名不動志，利不動心＝名利不可動搖自己的志向和心
——道德經

《大明湖》談譴責小說、諷刺筆法、對聯、景色描寫
⇒ 人人好公，則天下太平；人人營私，則天下大亂
——劉鶚

《曲選》談曲的體製、特色、作者傳達心情
⇒ 平生不會相思，才會相思，便害相思。
身似浮雲，心如飛絮，氣若遊絲，
空一縷餘香在此，盼千金遊子何之。
證候來時，正是何時？
燈半昏時，月半明時。
——蟾宮曲‧春情 徐再思

P.S. 查這些佳句花了我好多心力呀。
不過記憶倒是深刻許多，這很重要！ 黃啟

▲學生九上學期紀錄。

about本學期

所學：從老師一開始教的寫作修辭、解剖寫作考題、和賞析課文的總分分合、每次開啟新一課都要畫的九宮格連想表、培養課文剖析及內容整理的能力。每當遇到文言文都會要我做的切句號標123、一個字變兩個字，甚至提問一些從來沒有思考過有關課文背後的問題並給予我們討論，每次上完一篇課文都會佩服老師一次。解析判斷也能用在模擬考題，看出題目的外殼，再作答，到現在的期末考猜題也是，將每課整理出自己認為關鍵的考點。每次上國文課都能學到很多，不僅僅是課文和解題技巧，還有更多是看事物的觀點。

所思：

透過老師有系思考的訓練，現在的我能看得更廣，想得更深。以前就有聽穎娜學姐說暉凱老師把她的國文從B拯救到A，現在看來，果然老師名不虛傳。我過獎了，盡要所能而已。

喜歡這樣的國文課：

喜歡老師這樣上的國文課，聽了老師的課文解析後，課本上冰冷無情的文字瞬間熱情的跳動起來，加上老師有趣的問答，每次討論都能聽到同學不一樣想法的答案，我想，這樣的國文課我可以！:)

老師的課堂讓你覺得精采，是作者寫得好，更是老師的文本分析轉化，讓各位跟著作者一同去探究其深層含義。讀通了就能看到文字背後隱約透出來的光！:) 暉凱

▲學生九上學期紀錄。

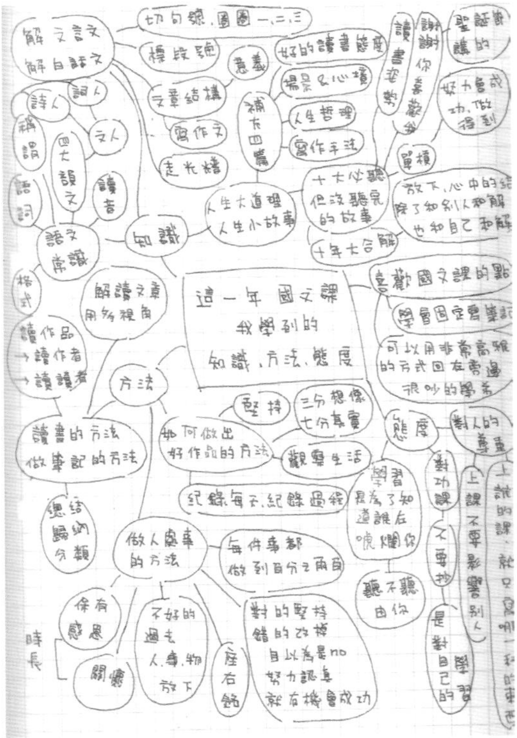

▲學生國文課一年所學。

△讀書三層次

1. 讀作品
2. 讀作者
3. 讀讀者

三上國文。

△解析文章的方法（白話文&文言文）

1. 切句號、問號：找出事件或觀點的分段，並以篇幅占比抓重點
2. 圈出轉折詞：找出作者真正認同或強調的觀點
3. 總說、分述架構圖：梳理文章架構
4. what, why, so：深入分析，理解文意
5. 一字變兩字（文言文、成語）

⇒ 理解作者的言下之意

△寫作技巧

1. 藉物抒情：以具象表示抽象的情感

ex. 橘子→父愛
紙船→母愛
吃冰→童年

☆我的不足：在使用藉物（景）抒情的手法時，多強調「物」的部分，反而忽略了「情」的刻畫，實物是為了帶出情感，最重要的是啟發想法情感

當寫出物品背後所蘊藏的情感，就賦予此物不凡的意義了。

▲學生九上學期紀錄。

有別於平時教科書的編排，我使用的方式，是上完〈湖心亭看雪〉文本之後，再發給孩子「課文賞析」講義當作參考，避免孩子一開始就先看完賞析。當孩子讀完我發下的講義之後，發現與我在課堂上所引導的文本分析方向截然不同，孩子直接問我：「哪種講法才是對的？」我反問：「你支持哪一種講法？原因是什麼？」藉著提問對文本產生困惑與好奇，而能夠讓讀者反覆閱讀思辨的文章，即是經典。在不同的年歲、閱歷中，一層層讀出文章的況味，以為讀懂了、通透了，再一次深究，仍會有不同的想法與觸發，這是經典的迷人之處。

N、H、K三家選文各有千秋，文本安排的課次順序亦有各自的緣由。例如〈運動家的風度〉，上個學年K版放在八下，H版放在九下，同一課但放在不同年段，學習內容是一樣的，談議論文的論點、論據、論證，但老師的切入點與教法就要有所不同。

選文是工具，教學者藉由這篇選文，要讓學習者看到什麼樣的世界？有什麼方式可以系統化的進行學習遷移？此時教師的提問功力就更顯得重要。真正的提問，是扣合文本核心價值，課前以孩子的生活經驗或是舊有的學習經驗作為切入點，導入課文後，進行提問，最後以延伸的學習任務作為收束。教科書選文或是教師自行使用的選文，都只是引領孩子看到世界、閱讀世界的起點，是鷹架，而非框架。

因此繪製出我自己的國文科課程地圖是重要的，更甚者，建構出同一學年、甚至是這個學校的國文科課程地圖，就成為我想做、也該做的事。但這不是一個人就能完成的，需要許多人同心。校內共備社群的夥伴在九下時，一起重新檢視三年每一課的共備評量點，整理合併刪改，定調每個年段該學的重點，也恰恰符合綱領所訂定的學習重點。

## ◆從「我」到「我們」

這些年參與過大大小小的研習或工作坊，初衷都是「找到好夥伴，來學好方法。學會好方法，教會學生們。」要當好老師之前，得先當好學生。期末時老師總喜歡讓孩子寫學習心得，但老師自己似乎很少做教學的回顧。但只有知道自己是怎麼走到這裡的，才能知道接下來該往何處去。也因為有校內社群成員的支持，一同參加第三屆MAPS工作坊的鍾雅綉老師，擔任實踐家發表了「我的MAPS實踐之路」；蘇育瑩老師也擔任實踐家，以「探究實作——MAPS關於提問的那些事」為題進行發表。參加第二屆工作坊的張涵瑜老師與蔡明桂老師，大作皆收錄於《夢的實踐2：MAPS種子教師教學現場紀實》一書中。

或口頭、或書面，當老師都能夠對自己的教學說出「孩子的學」與「自己的教」，並根據孩子的學習狀況，將教材重新包裝、進行客製化調整，這才是MAPS的真正精神！

我的MAPS很不MAPS，但每個老師的MAPS都有自己的靈魂。「我」從校外吸取新知，回到校內與夥伴共備，一起面對「我們」的孩子在學習上的盲點，共同調整教學方式，讓「我們」的孩子今天比昨天再多一點點的進步，這是我想要的MAPS。

我們繼續在課堂上做夢，殊途同歸，各自精彩！

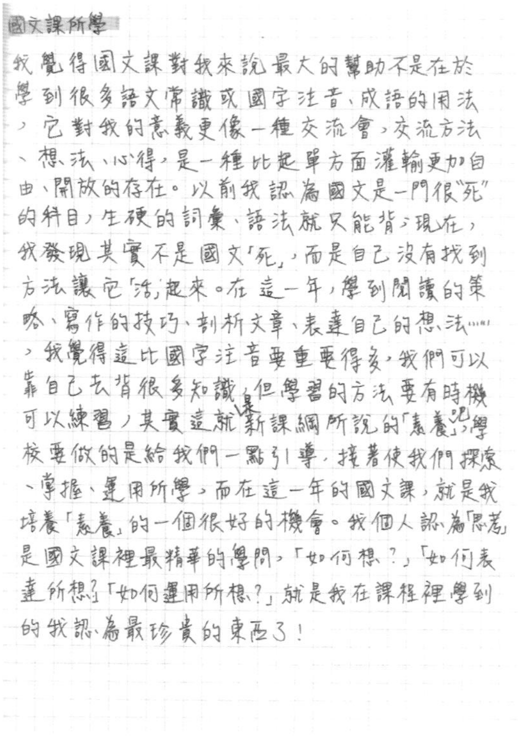
國文課所學

我覺得國文課對我來說最大的幫助不是在於學到很多語文常識或國字注音、成語的用法，它對我的意義更像一種交流會，交流方法、想法、心得，是一種比起單方面灌輸更加自由、開放的存在。以前我認為國文是一門很"死"的科目，生硬的詞彙、語法就只能背；現在，我發現其實不是國文「死」，而是自己沒有找到方法讓它「活」起來。在這一年，學到閱讀的策略、寫作的技巧、剖析文章、表達自己的想法……，我覺得這比國字注音要重要得多，我們可以靠自己去背很多知識，但學習的方法要有時機可以練習，其實這就是新課綱所說的「素養」吧，學校要做的是給我們一點引導，接著使我們探索、掌握、運用所學，而在這一年的國文課，就是我培養「素養」的一個很好的機會。我個人認為「思考」是國文課裡最精華的學問，「如何想？」「如何表達所想？」「如何運用所想？」就是我在課程裡學到的我認為最珍貴的東西了！

▲學生國文課一年所學。

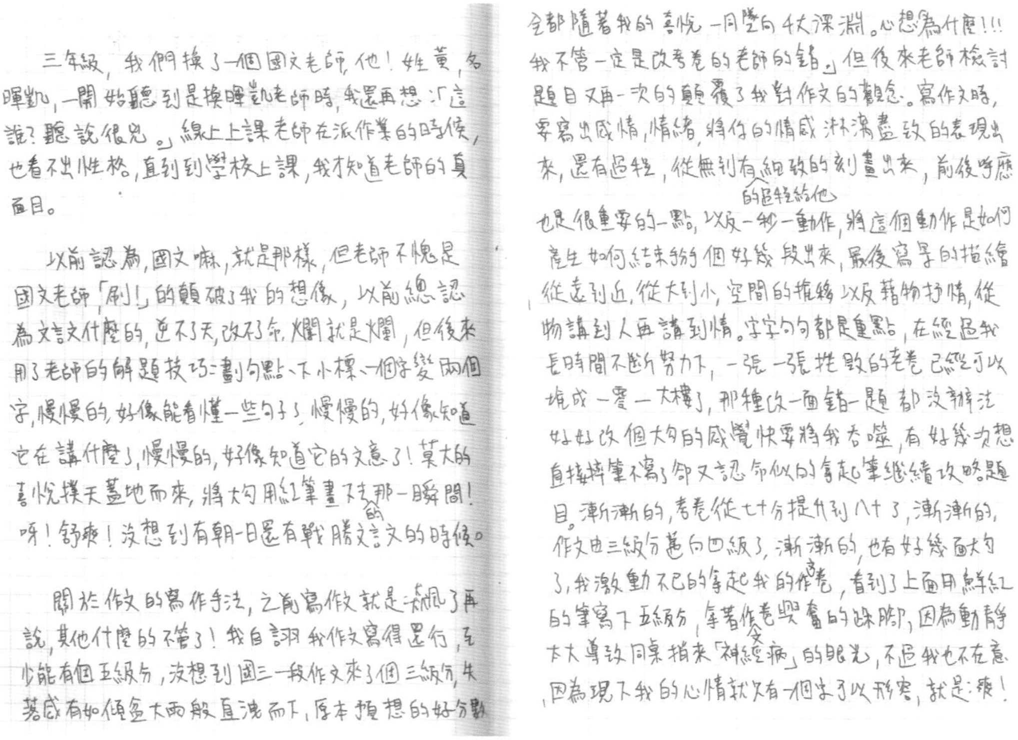
三年級，我們換了一個國文老師，他！姓黃，名暉凱，一開始聽到是換暉凱老師時，我還再想：「這誰？聽說很兇。」線上上課老師在派作業的時候，也看不出性格，直到到學校上課，我才知道老師的真面目。

以前認為，國文嘛，就是那樣，但老師不愧是國文老師，「刷！」的顛破了我的想像，以前總認為文言文什麼的，逆不了天，改不了命，爛就是爛，但後來用了老師的解題技巧：劃句點、下小標、一個字變兩個字，慢慢的，好像能看懂一些句子了，慢慢的，好像知道它在講什麼了，慢慢的，好像知道它的文意了！莫大的喜悅撲天蓋地而來，將大句用紅筆畫下去的那一瞬間！呀！舒爽！沒想到有朝一日還有戰勝文言文的時候。

關於作文的寫作手法，之前寫作文就是一撿風了再說，其他什麼的不管了！我自詡我作文寫得還行，至少能有個五級分，沒想到國三一段作文來了個三級分，失落感有如傾盆大雨般直洩而下，原本預想的好分數全都隨著我的喜悅一同墜向千丈深淵。心想為什麼！！！我不管一定是改考卷的老師的錯。」但後來老師檢討題目又再一次的顛覆了我對作文的觀念。寫作文時，要寫出感情，情緒，將你的情感淋漓盡致的表現出來，還有過程，從無到有的過程給他細致的刻畫出來，前後呼應也是很重要的一點，以及一秒一動作，將這個動作是如何產生如何結束夠個好幾段出來，最後寫景的描繪從遠到近，從大到小，空間的推移以及藉物抒情，從物講到人再講到情。字字句句都是重點，在經過我長時間不斷努力下，一張一張挫敗的考卷已經可以堆成一座一大樓了，那種改一面錯一題都沒辦法好好改個大句的感覺快要將我吞噬，有好幾次想直接摔筆不寫了卻又認命似的拿起筆繼續攻略題目。漸漸的，考卷從七十分提升到八十了，漸漸的，作文由三級分邁向四級了，漸漸的，也有好幾面大句了，我激動不已的拿起我的作文卷，看到了上面用鮮紅的筆寫下五級分，拿著作文卷興奮的跺腳，因為動靜太大導致同桌投來「神經病」的眼光，不過我也不在意，因為現下我的心情就只有一個字可以形容，就是：爽！

▲學生國文課一年所學。

【國中領域】

4

# 潘渝鈺／我被 MAPS 了嗎？——國文教學的小開始，大改變

彰化縣彰化市彰興國中

## 山中大叔導讀

**從國文教科書編輯到國文教師，渝鈺老師更能深刻體會國文老師能夠獨立思考是多麼重要的素養。**

**從對 MAPS 教學法充滿疑惑與不解到反問自己：我被 MAPS 了嗎？渝鈺老師充分詮釋了國文老師在獨立深刻思考後的行動，是多麼勇敢而必然的水到渠成。**

**邀請各位夥伴一起見證渝鈺老師從思考到行動產出的簡易版分組、生活元素融入核心主題、系統化思維的提問設計與激發創意的讀寫合一等等。**

**一起見證從感動到敢動的這一切。**

## ◆ 接觸 MAPS 的緣起

結論寫在前頭——接觸並實踐 MAPS 教學法至今第三年，我腦海中的教學 MAPS，從混沌不明，愈漸清晰。

倒不是因為這個教學法有多神、有多經典、有多麼堅不可摧，而是在參與了一場場夢N、MAPS 研習與第三屆 MAPS 種子教師培訓……這一趟趟華麗的冒險過後，曲終人散，獨留在心中的那股單純感動，如渺小星火，仍默默燃燒。

「對每個人而言，真正的職責只有一個：找到自我。然後在心中堅守其一生，全心全意，永不停息。」——《流浪者之歌》。我是一名流浪教師，今年三十三歲，我知道自己要什麼，我要一直教下去。

有句老話「有夢最美，築夢踏實」，執筆當下的我正因著心中的那顆火苗，燃燒生命，實習Online中。實習?是的，在校代課七年的我，今年終於循著遊戲規則，從研究所、修教程、考教檢，到教育實習的關卡。是什麼支持著我，在年過而立後仍堅持走在教師夢的路上呢?便是政忠老師與強大的夢N團隊了。

### 一顆種子

大學畢業後，我在高中教科書出版社擔任國文編輯，對於國文教材企劃、編審、印製與市場反應有基本的認識。此期間，我不斷思考如何編製出「最適用於師生的教材」——這篇選文的難易度適合嗎?課後練習的題型應如何安排?這樣的文字敘述易讀嗎?教師用書要提供哪些資訊能讓教師更便利?……在孵出每本書、每張教學光碟、每個教育輔材前後，總是吾日N省吾身，期望在每個產品問世後，能夠嘉惠學子、裨益教師。

透過腦海中的沙盤演練，想像著師生在國文課堂中的風景，是小編的日常。編製教材的期間，也收到許多教師們的回饋，得聞教育的酸甜苦辣，也感佩教師在各種教育現場之中，水裡來火裡去的義不容辭。無限種種，都讓我想起自己求學歷程中遇見的恩師貴人，感謝他們在我心中種下的善的種子。

### 點燃火種

二〇一七年冬天，那些年高中教育最火紅的關鍵字不外乎「翻轉」、「學思達」，當我在編製高中國文教材時，偶然讀到王政忠老師的《我的草根翻轉：MAPS 教學法》，其中「草根」及「翻轉」這兩個詞彙引起了我的興趣。

我出生於鄉下，也成長於鄉下，大學報到的那一天第一次踏上臺北的土地，北漂十年，深知城鄉差距的具體形貌。

政忠老師在書中這樣說：「我完全認同且非常欣賞翻轉教室的學習模式與理念，可是我的學生目前尚不適合以翻轉教室的形式進行學習，……翻轉教室模式要發生在爽中孩子身上的關鍵條件，不是數位落差，而是動機與能力。」

政忠老師的一番話「翻轉」了我的腦袋。長久以來，我總是以「我要給學生什麼」作為出發點，總是希望蒐羅最厲害、最強大的素材，編排最精準、最美觀的教材，提供師生使用，然而，卻在燈火燦耀之中，漸漸模糊了焦點。關於教育，最重要的不就是「學生需要什麼」嗎？

我開始反思，我真的了解學生需要什麼嗎？我是否都是以教師的立場、編輯的立場、大人的立場去揣度，而忽略孩子真正的需求呢？

## 萬里長征的開始

我決定改變現狀，投入教學的場域，用最直接的方式感受孩子的需求，並試著回應他們的需要。卸下編輯職務後，我同時修習研究所及教程，並在國中兼授國文課程，即便這樣的安排可能使就學年限拉長，但我仍認為「教學實踐」是最重要的事。

與此同時，我也大量參加各式研習，閱讀、寫作、會考、遊戲融入、資訊工具、繪本教學、出題技巧……無所不包，學習並體驗許多教學前輩的心法與技能，並在自己的課堂當中，化為屬於我和孩子的教學歷程。

值得一提的是，前兩年的國文課堂裡，我並沒有貿然使用 MAPS 教學法，而是以自己和學生都較熟悉的傳統模式為主，教師講述、學生筆記、偶爾分組討論——我所任教的學校屬於傳統升學型導向，課業壓力不輕，且有超前進度（提早上九年級課程，以利會考複習）的習慣。憶及最初對孩子的印象，是「個性純樸、怯於發表」，猶記七年級第一次段考後，我讓孩子填寫國文課的學習回饋單，多數孩子的回應是「很好」、「不錯」……如此「省話」的回覆，整體來看，孩子似乎因為過往偏向於「選項式的思考」，導致在遇到開放式問題時，也慣於「罐頭式的回覆」了。

然而，人生不是 RPG 遊戲，沒有預先寫好的劇情，當我們遇到問題時，並不會跳出問題視窗，冒出和藹可親的單選題。我們終究要讓孩子明白，開放與無常才是人生的真相。在瞬息萬變的世局中，問題常常沒有標準答案，只能自己保有獨立思考、加以辯證，甚而跳脫常理，才能創發新局。

等等，我這不又是落入「老師想要給學生什麼」的窠臼了嗎？回歸最初，我遙想身為國中生的自己，我真正需要的是……

### 頭痛醫頭，腳痛醫腳

我開始進行一場不為人知的市場調查，關於國中生最頭痛（在意）的議題究竟是什麼？經過粗略統計結果，排行前三名的困擾有：

1. 課業成績
2. 課業成績
3. 還是課業成績

這個結果著實令人驚訝，原來對於這些孩子而言，課業成績是生命中不可承受之重。「好可愛啊！」我的內心吶喊著，對於孩子如此重視課業，真是一則以喜，一則以憂。喜的是他們的困擾單純明確，憂的是在學習的旅途中，不應該只有一種風景；在國文的課堂中，不應該只有一種味道！

於是，我和孩子的國中國文教學目標已底定——要有還可以的成績，也要有很可以的課堂風景！

## ◆ 屬於我和孩子的 MAPS 之旅

### 前兩年的暖身

打開 MAPS 學習單，「暖身→基礎→挑戰」是三層次提問的經典模組，而我和孩子三年來的 MAPS 之旅，前兩年可說是都在「暖身」。日常國文課的進行方式，就是傳統的課本講解、抄筆記、學習單練習與檢討、試題練習與檢討等。說實在的，要讓孩子能在國文成績上立即見效，刷題檢討是成藥，短期內就能有所斬獲，但是長此以往，不僅會破壞孩子對學習的興趣，也可能因為「不求甚解」的態度，在大範圍的考試慘遭滑鐵盧。

因此，我試著在適合的課次中，融入一些 MAPS 的精神——心智繪圖的練習、學習單的提問設計、口說發表的任務、小組共學的同儕鷹架。這樣的作法並不「正統」，只是略懂皮毛，試試水溫罷了，但透過每次課堂的練習，也逐步訓練孩子的各項能力。

### 水到，渠成

孩子八升九的暑假（二〇一九年），我參加了 MAPS 第三屆種子教師培訓（又名：MAPS 魔鬼訓練營），不同以往參與的研習，這場培訓是場血淋淋的硬仗，我將 MAPS 教學法扎扎實實的苦練，並化為我和孩子們的「九下國文的『微』MAPS 方案」：

**九下國文的「微」MAPS方案**

- 目標：培養國文素養&提升會考成績
- 對象：和時間賽跑的、已開發的九年級學生
- 實施課次：
  (1) 禮記選——不食嗟來食、苛政猛於虎
  (2) 獵人
  (3) 漆商
  (4) 二十年後
  (5) 青春留影——雲門舞集序
- 要點：每課1張A4學習單、任務盡量精簡、題目清楚搭鷹架、影片回家看、讀寫合一、紓壓功能。

## 九下國文的「微」MAPS方案要點分享

### ▲終點前的腎上腺素

學生程度中上，前兩年的學習偏向傳統形式，現已接近會考，學習興趣與續航力逐漸低落，在漫長的征途中，國文課似乎須來點不一樣的！

#### 簡易版分組

在同儕鷹架的部分，省去MAPS教學法當中對於分組的細膩安排（角色任務分配、紅利點數計算），僅就「異質性分組」的精神進行分組討論。實際的作法是，學生座位一開始設定好異質化組別，每三至五位同學為一組，上課討論時不必更換座位，只需拉個椅子，即可培養感情、發表意見、激發創意。若遇大型議題，亦可先小組討論後，再兩兩併組，集思廣益。

#### 融入各種生活元素

思考每課的核心主題，連結生活元素，設計該課的學習單——扣合各項議題，深化文本的價值，並讓學生從實作中有機會多加反思，並加強與生活的連結。

例如在〈禮記選——不食嗟來食、苛政猛於虎〉一課，《禮記》的成書，係源自於知識分子面對禮崩樂壞的時代，

希望藉由「禮」來導正人心、重整秩序，進而編修彙整出一本「禮儀論著選集」。兩則故事是簡單的文言文，但背後的意義卻十分深刻——面對動盪時代，知識分子對於改造社會，「士不可以不弘毅，任重而道遠」。因而，我在本課暖身題與挑戰題的設計理念，便是讓孩子反思當今社會的問題，並試著思考解方。

又如〈二十年後〉敘述兩個分道揚鑣的好友，二十年後截然不同的人生際遇，對於九年級的學生而言，「人生」大概還是一個太生澀的詞語吧？然而歲月的洪流有時來得猛烈，驀然回首，也許已然白頭——為避免孩子們有像浦島太郎般的遺憾，我希望孩子們可以稍微對未來有些想像，讓現在的自己與未來的自己進行「換位思考」的腦內小風暴。

又或者，〈青春留影——雲門舞集序〉中，針對學生較不熟悉的主題，進行動畫欣賞，並設計結構化的問題，幫助學生「惡補」一下，並連結至「序」的引導性質與業配功能，請學生以七年級時進行的PBL活動影片為本，撰寫短篇具推銷業配性質的文字。此外，本課作者在藝術創作中所流露出的滿腔熱血、對於藝術之美能弭平社會紛擾的期許，亦足以撼動人心。「有願，就有力。」緣此，我在挑戰題當中，邀請孩子們對未來進行想像，大膽做夢。

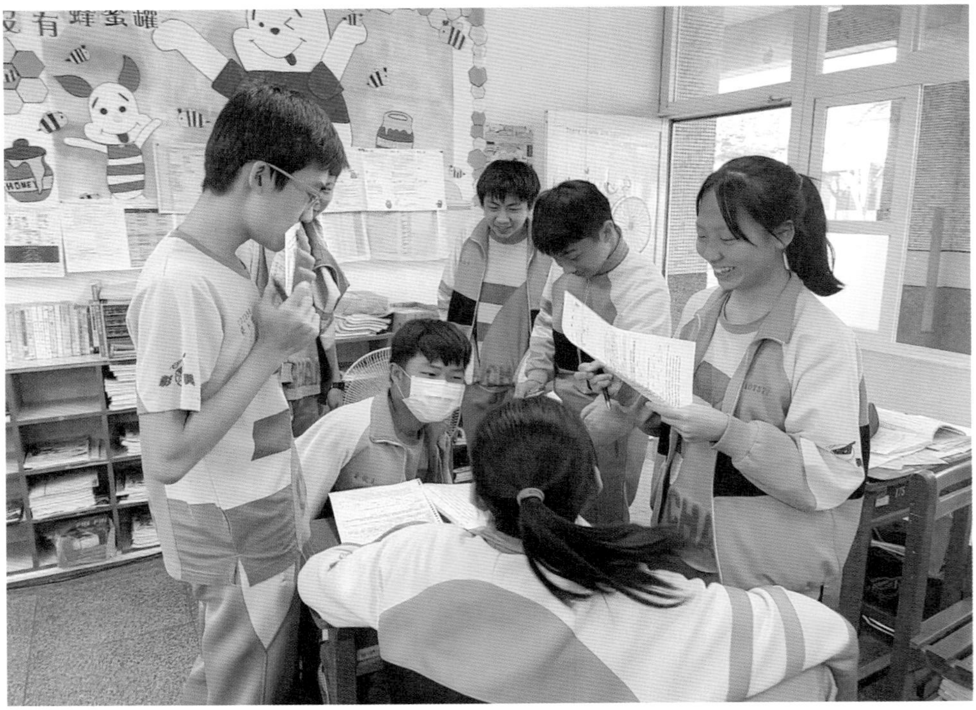

▲異質分組討論，同儕互搭鷹架，激發想像與創意。班級座位需先和導師進行討論，約每個月更換一次。

潘渝鈺老師 編撰

L6〈禮記選〉講義（〈不食嗟來食〉、〈苛政猛於虎〉） 班級：302 座號：30 姓名：蔡易霖

暖身題

1. 暢銷書大調查：請你調查「電子書或實體書店」最暢銷的三本書，並完成下列分析。

調查地點／網站：微信讀書

調查時間：110 年 2 月 27 日

| | 書名 | 作者 | 主題／特色 | 推測暢銷原因 |
|---|---|---|---|---|
| 1 | 被討厭的勇氣 | 岸見一郎、古賀史健 | 以對話的方法書寫內容多與人的心裡活動有關 | 內容較沒有學術性知識，且常發生在每個人的生活中。 |
| 2 | 硅谷鋼鐵俠 | 阿什利.萬斯 周恒星譯 | 特斯拉之父—埃隆.馬斯克的冒險人生 | 較有故事性，且人物有名比較會想看 |
| 3 | 怎樣才是最好的學習 | (韓)KBS製作團隊 | 用旅遊的方式帶領大家認識各國學習方法 | 因為很有趣，而且很適合給小孩(學生)看容易有共鳴。 |

2. 預測標題：本課為《禮記》中節錄的二則故事，請根據標題猜測內容，並完成下列表格。

| | 字面解釋（用自己的話說說看） | 故事可能的發展 |
|---|---|---|
| 〈不食嗟來食〉 | 不吃別人施舍的食物 | 跟吃 or 不吃有關 |
| 〈苛政猛於虎〉 | 苛政比老虎厲害 | 有人因苛政而受害 |

▲〈禮記選〉暖身題：

1. 以暢銷書調查活動，帶領孩子關注社會現象與趨勢，進而引導思考古代知識分子所關心的議題，帶出《禮記》成書背景。
2. 根據標題，預測課文內容，為基礎題奠基。

3. 狄更斯：「這是最好的時代，也是最壞的時代。」你看見了世界什麼樣的「壞」？若你有能力撰寫一本書，你想以什麼為主題，改變、成就世界的「好」呢？

| 現象之「壞」 | 「改變」之書（內容主題） | 成就什麼樣的「好」 |
|---|---|---|
| 過度沉迷於3C用品導致學習成效低落 | 把學習的東西用遊戲的方式呈現，使大家更愛學習 | 學習率提高，學習不再痛苦 |

→老師也正在努力加入不同教學方式

2

▲〈禮記選〉挑戰題：挑戰題呼應暖身題，請孩子反思當今社會，並種下改變的種子。

潘渝鈺老師 編撰

L9《二十年後》講義（O. Henry *"After Twenty Years"*） 班級：312 座號：31 姓名：鄭立雯

暖身題：

1. 人生如煙：請觀賞五月天〈如煙〉MV，並回答下列問題。

(1)歌曲中的時序安排應為何？【今】→【昔】→【今】

(2)請根據MV內容，依序推測主角一生中可能經歷過哪些事件？

| 7歲 | | 17歲 | | 27歲 | | 37歲 | | 77歲 |
|---|---|---|---|---|---|---|---|---|
| 玩耍抓蟬 | → | 談戀愛 | → | 生小孩 | → | 吵架、離婚 | → | 回味人生、回憶 |

▲五月天〈如煙〉

(3)你覺得故事中的主角想要「改寫」什麼？

答：不要認識當初那個她。

(4)歌曲的名稱「如煙」指的是什麼？

答：回憶漸去漸遠。

▲〈二十年後〉暖身題：觀賞五月天〈如煙〉MV，思考人生劇場之樣貌，感受年華似水流逝。

挑戰題

1. 耐「您」尋味：

(1) 你贊成吉米「假手便衣警察逮捕鮑伯」的處理方式嗎？請說明理由。

答：☑贊成 ☐不贊成，因為只有逮捕鮑伯讓他在獄中改過自新才能回歸正道

(2) 你認為不守法的鮑伯為什麼能夠遵守諾言來赴約？

答：因為兩人交情深而且信任吉米。

2. 人生劇場：請你根據自己的興趣／社會的趨勢，假想自己未來的一生大事紀。

| 7歲 | | 17歲 | | 27歲 | | 37歲 | | 77歲 |
|---|---|---|---|---|---|---|---|---|
| 逛夜市 | → | 選大學 | → | 結婚 or 創業 | → | 旅遊 | → | 講古 |

3. 請模擬77歲時的「自己」對現在的「自己」說一番話。

我無法改變出生時的條件，但你可以選擇未來的高度，放手一搏，無悔。

2

以及人生無數美好的風景！

▲〈二十年後〉挑戰題：對自己進行回顧與展望，並與老年的自己進行「對話」。

潘渝鈺老師 編撰

**L10《青春留影——雲門舞集序》講義（林懷民）** **班級** 302 **座號：** 1 **姓名：**

**暖身題**

1. 請觀賞「Taiwan Bar-雲門舞集光芒的背後(04:03)」影片，並回答下列問題。

▲Taiwan Bar-雲門舞集光芒的背後(04:03)

(1)影片的開頭運用連續設問凸顯出？（複選題）

☑創業維艱 ☑創辦人背景 □舞蹈特色□企業規模

(2)雲門舞集大事記：

| 1973 | | 1988 | 1991 | | 2008 | 2018 |
|---|---|---|---|---|---|---|
| 創立，跳出好成績 | 《白蛇傳》受邀至國外首演 | 因【資金】問題解散舞團。各自進修，涵養能量 | 重新集合，發表出【九歌 水月】、《行草》等震撼人心之作。在八里鐵皮屋（a.k.a【天堂】排演） | 成立雲門2，作為年輕世代發表創作之平台 | 無名大火【燒毀】排練場。各方【資源】挹注 | 雲門45周年，林懷民準備退休 |

(3)國外舞評家常稱讚「雲門舞集找到了嶄新的語言」，懷民怎麼看？

答：①只是透過塑造【新的身體】，找尋一種【精神】和【氣質】。

②東方的身體【美學】和【心靈】活動，存在著神聖不可分離的關係。

(4)雲門舞集的核心願景為何？

答：讓舞蹈走入臺灣人心中。

▲PBL 融入國中國文教學實作：<音樂家與職籃巨星>(04:06)

2. 請觀賞「PBL 融入國中國文教學實作：<音樂家與職籃巨星>(04:06)」，~~按讚分享開啟小鈴鐺~~，並為其寫一段 50 字內的「介紹（業配）文」。~~◎目標：讓點閱率破 1000。~~ XD 只有一頁日

最新鮮的創意教學方式，最不一樣的國文課，都在本片中，這期將告訴你一堂最酷、最好玩、最有趣的課程。

▲〈青春留影——雲門舞集序〉暖身題：配合動畫進行資訊摘要，對課文背景進行初步了解。

**挑戰題**

**1. 古文中的「序」：請閱讀王羲之〈蘭亭集序〉並回答下列問題。**

(甲)永和九年，歲在癸丑，暮春之初，會於會稽山陰之蘭亭，修禊事也。群賢畢至，少長咸集。此地有崇山峻嶺，茂林修竹；又有清流激湍，映帶左右，引以為流觴曲水，列坐其次。雖無絲竹管絃之盛，一觴一詠，亦足以暢敘幽情。是日也，天朗氣清，惠風和暢，仰觀宇宙之大，俯察品類之盛，所以遊目騁懷，足以極視聽之娛，信可樂也。

(乙)夫人之相與，俯仰一世，或取諸懷抱，悟言一室之內；或因寄所託，放浪形骸之外。雖趣舍萬殊，靜躁不同，當其欣於所遇，暫得於己，快然自足，不知老之將至。及其所之既倦，情隨事遷，感慨系之矣。向之所欣，俯仰之間，已為陳跡，猶不能不以之興懷。況修短隨化，終期於盡。古人云：「死生亦大矣。」豈不痛哉！

(丙)每覽昔人興感之由，若合一契，未嘗不臨文嗟悼，不能喻之於懷。固知一死生為虛誕，齊彭殤為妄作。後之視今，亦猶今之視昔。悲夫！故列敘時人，錄其所述，雖世殊事異，所以興懷，其致一也。後之覽者，亦將有感於斯文。

**Q：文中畫底線處，「創作的背景」為【甲】，「創作的目的」為【丙】，「作者的感慨」為【乙】**

**2. 心有多大，世界就有多大：甘地倡導非暴力抗爭促使印度獨立；林懷民以舞蹈之美促進社會對話；齊柏林用鏡頭記錄台灣，喚醒人們珍愛、保護鄉土之心。那你呢？多年以後的你，是否已點燃夢想之火？是否還走在夢想的路上？請在右方空白處，寫／畫出你的理想藍圖。**

謙虛、體貼、善良、成熟、具同理心、冷靜沉穩

心態

理想 — 工作：1.醫治病患 2.臨床研究，造福大眾 3.成為親民的醫界權威

家庭：1.幸福和諧，充滿愛 2.包容，雖然可能因為工作少見面

身體：1.健康 2.體力好

視病如親、持守善念，願你美夢成真!!

▲〈青春留影——雲門舞集序〉挑戰題：題目設計融入讀寫練習，並埋入對「序」的認識與應用。

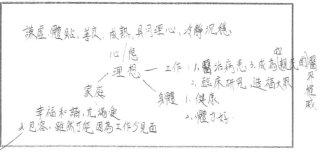

## ▲系統化統整的思維

看過前述教學活動，您可能會這樣想：不就是花俏的教學設計嗎？然而，MAPS三層次提問設計是具有脈絡性的，每個題目的存在都有其必要性，從「暖身題→基礎題→挑戰題」的進程必須環環相扣，並回應該課核心重點。

即便身處九年級趕課煉獄之中，我仍希望能透過精簡化、系統化的MAPS提問設計，引領學生深入文本核心、連結舊有經驗、進行思考與產出。

我強迫自己，在設計提問單時，設定每課一張A4正反結束，任務與活動盡量精簡，運用段落標記／勾選／填空／簡答等，節省活動進行時間，提升學生作答意願（長篇寫作另有作文練習，此處較偏向發想與省思）。

以〈漆商〉的設題架構為例，暖身題著重引起學生對寓言體裁的興趣，並暗示寓言撰寫的背後含意；基礎題則針對文本當中，良匠殞落之歷程進行探討；挑戰題帶領學生分析劉基生平與時代背景，思考其撰寫寓言的目的，並透過延伸篇章〈趙人患鼠〉進行兩難情境之困境思考。

## ▲激發創意、讀寫合一

運用圖像策略協助學生發揮想像力，善用圖文互轉的題目設計，訓練學生圖文閱讀與創作的能力。除了心智繪圖以外，〈漆商〉一課中，請學生將課文中的人物進行形象繪製與比較，並在閱讀劉基生平後，繪製其「人生起伏折線圖」；〈獵人〉一課擷取文本中對老獵人的描述，進行「形象摘要與圖像描繪」；〈二十年後〉以「光的速寫」為線索，梳理小說情節變化……各項子題大多能在十分鐘內完成，並收概念具象化之效。

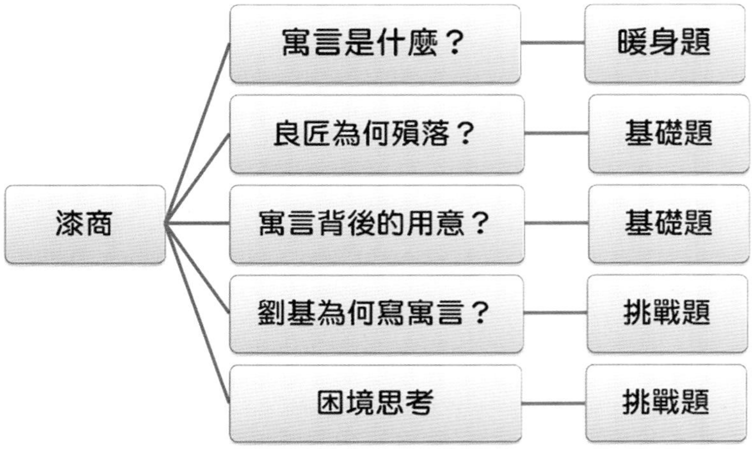


▲〈漆商〉設題架構：三層次各有要點，彼此相互呼應。

最後，在挑戰題的設計上刻意扣合寫作，讀寫合一，希望透過各種議題的延伸，刺激學生思考，拓展寫作題材方向，一魚多吃。例如〈禮記選〉以今人之姿對故事中的人物進行短評，給予鼓勵與建議。學生面對文本不僅是單純瀏覽，能更進一步與個人經驗產生連結，並產生價值觀的震盪。〈獵人〉一課探討傳統文化議題，扣合會考作文（一〇六年〈在這樣的傳統習俗裡，我看見……〉），草擬寫作計畫。

## ◆ 實踐後的反思

### 一個小開始，三個大改變

回首這幾年的改變歷程，從戰戰兢兢、胡亂抓藥，到參加MAPS後逐漸沉澱、聚焦，算是能勾勒出屬於我和學生之間大抵的教學地圖了。MAPS之於我，有三個最大的影響：

其一，是系統化的思考。從單一課次中，抓準文本核心與學習重點，透過MAPS提問設計的技巧，有條有理的，和學生共同深入文本、回到生活。且不僅於此，政忠老師與其他MAPS前輩教師分享過的，國文學習不應該是零碎的拾取，可以是更有系統的「見林才見樹」，我們可以拋開以往那種游擊戰式的備課模式，將教學地圖放大、再放大，以較為宏觀的角度去思考一次段考、一學期、一學年、中學階段各應有什麼樣的學習目標，甚至，「合併同類項」進行教學活動整合，讓國文課變得「可學、易學、好學」。

其二，是讓孩子開口。MAPS教學法中的「口說發表」（Presentation）有四個進程，由P1到P4，從I see到I feel／I think，讓我看見教師在教學上「無處不鷹架」的概念。當然，實際執行上可能無法依循那麼細緻的安排，我只能以整體班級的程度為主，設定大方向，並試著慢慢加深難度。課堂之中的師生問答，我的提問可能有這幾種：全班性的調查（易）→個人的分享（易）→課文內容（中）→延伸反思（難）……偶爾也會穿插一些天外飛來一筆的機智問答，希望讓每個孩子都能順利「搭上國文課的車」，並前往屬於他自己的目的地——很喜歡政忠老師在《老師，你會不會回來》中，將教師比喻成「司機」的說法，老師們在教學時，切莫只是「自嗨」，否則回頭一看，乘客根本沒上車，豈不枉然？

除了平時課堂多讓學生發表，讓他們多加「輸入→輸出」外，我也希望孩子能有更大的發表舞臺。搶救電臺節目企劃、珍惜水資源宣傳短片、策畫學習歷程檔案展覽、各項投稿……雖然，很多活動的成果看起來也許「有點落漆」，或者「不夠專業」，但「你不需要很厲害才能開始，但你需要開始才會很厲害」，不是嗎？教學的過程中，我和孩子不斷的開始，就不斷的越來越厲害！

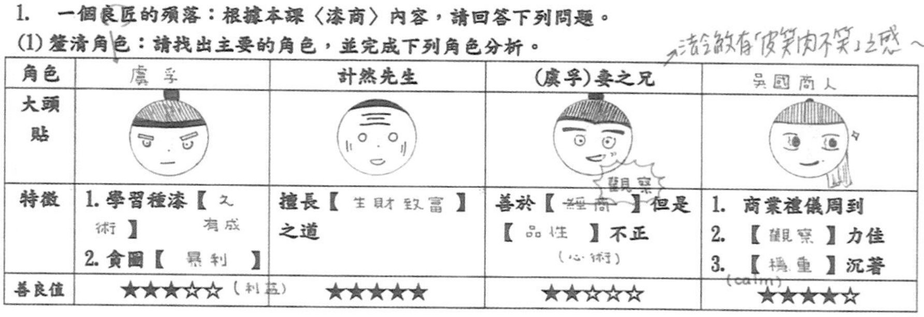
1. 一個良匠的殞落：根據本課〈漆商〉內容，請回答下列問題。

(1) 釐清角色：請找出主要的角色，並完成下列角色分析。

給人有「皮笑肉不笑」之感～

| 角色 | 虞孚 | 計然先生 | (虞孚)妻之兄 | 吳國商人 |
| --- | --- | --- | --- | --- |
| 大頭貼 | | | | |
| 特徵 | 1. 學習種漆【久術】有成<br>2. 貪圖【暴利】 | 擅長【生財致富】之道 | 善於【~~經商~~ 觀察】但是【品性（心術）】不正 | 1. 商業禮儀周到<br>2. 【觀察】力佳<br>3. 【穩重（calm）】沉著 |
| 善良值 | ★★★☆☆（利益） | ★★★★★ | ★★☆☆☆ | ★★★★☆ |

▲設題融入文轉圖：〈漆商〉角色形象比較。

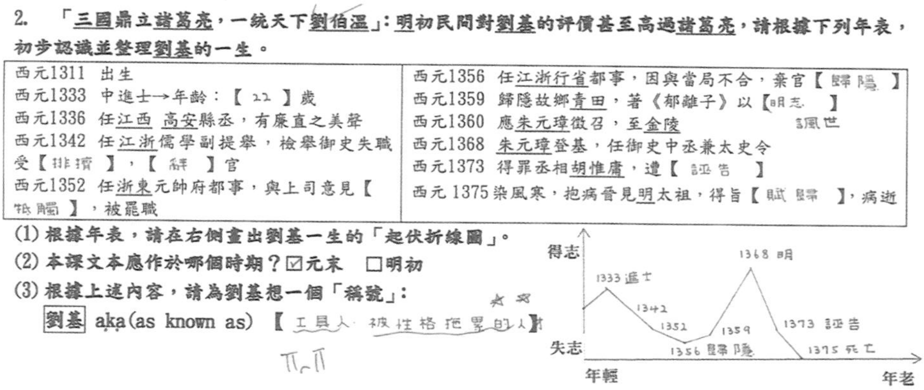
2. 「三國鼎立諸葛亮，一統天下劉伯溫」：明初民間對劉基的評價甚至高過諸葛亮，請根據下列年表，初步認識並整理劉基的一生。

| | |
| --- | --- |
| 西元1311 出生<br>西元1333 中進士→年齡：【22】歲<br>西元1336 任江西 高安縣丞，有廉直之美聲<br>西元1342 任江浙儒學副提舉，檢舉御史失職受【排擠】，【辭】官<br>西元1352 任浙東元帥府都事，與上司意見【牴觸】，被罷職 | 西元1356 任江浙行省都事，因與當局不合，棄官【歸隱】<br>西元1359 歸隱故鄉青田，著《郁離子》以【明志 諷世】<br>西元1360 應朱元璋徵召，至金陵<br>西元1368 朱元璋登基，任御史中丞兼太史令<br>西元1373 得罪丞相胡惟庸，遭【誣告】<br>西元 1375 染風寒，抱病晉見明太祖，得旨【賦歸】，病逝 |

(1) 根據年表，請在右側畫出劉基一生的「起伏折線圖」。

(2) 本課文本應作於哪個時期？☑元末 ☐明初

(3) 根據上述內容，請為劉基想一個「稱號」：

劉基 aka(as known as) 【工具人．被性格拖累的人】



▲設題融入文轉圖：〈漆商〉劉基人生折線圖。

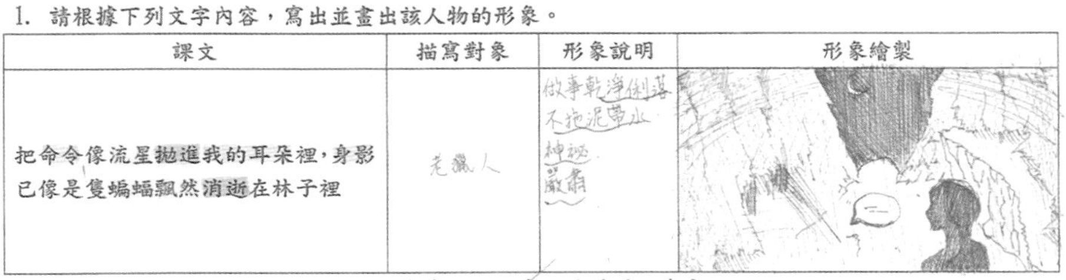
1. 請根據下列文字內容，寫出並畫出該人物的形象。

| 課文 | 描寫對象 | 形象說明 | 形象繪製 |
| --- | --- | --- | --- |
| 把命令像流星拋進我的耳朵裡，身影已像是隻蝙蝠飄然消逝在林子裡 | 老獵人 | 做事乾淨俐落<br>不拖泥帶水<br>神秘<br>嚴肅 | |

▲設題融入文轉圖：〈獵人〉人物形象描繪。

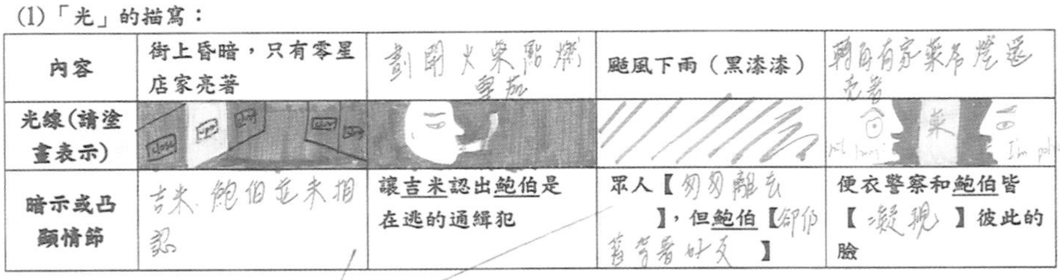
(1)「光」的描寫：

| 內容 | 街上昏暗，只有零星店家亮著 | 劃開火柴點燃雪茄 | 颳風下雨（黑漆漆） | 轉角有家藥房燈還亮著 |
| --- | --- | --- | --- | --- |
| 光線(請塗畫表示) | | | | |
| 暗示或凸顯情節 | 吉米、鮑伯並未相認 | 讓吉米認出鮑伯是在逃的通緝犯 | 眾人【匆匆離去】，但鮑伯【卻仍舊等著好友】 | 便衣警察和鮑伯皆【凝視】彼此的臉 |

▲設題融入文轉圖：〈二十年後〉光的細節速寫。

**挑戰題**

1. 人物短評：請根據〈不食嗟來食〉、〈苛政猛於虎〉二則之人物，給予鼓勵&建議各一則評語。

| | | 鼓勵 | 建議 |
|---|---|---|---|
| 〈不食嗟來食〉 | 黔敖 | 能將心比心，此行為可取！ | 要記得禮貌往往是最重要的。 |
| | 餓者 | 希望他人尊重自己而有所堅持是好的 | 但凡事不可做得太過，也應包容一下他人的小錯。 |
| 〈苛政猛於虎〉 | 婦女 | 懂得山不轉路轉，路不轉人轉的道理 | 但是生命誠可貴，先保住自己的性命吧！ |
| | 孔子 | 問他人問題時很有禮貌。 | 還是別在大眾面前直接訓教學生吧，感覺起來像他們做錯事了。 |

5. 老獵人對作者沒有捕到山豬的反應為何？為何他會作此反應？

答：1.意料之中 2.他懂人的內心和獵人的精神

雖然：雜貨店賣的東西不如便利商店多、美
但是：很多童年的東西卻找不到了
所以：傳統雜貨店還是有存在的價值

**挑戰題**

1.「傳統」隨時代變遷可能變得不合時宜，然而是否有哪些傳統其實具有「永恆的價值」呢？請根據106.會考作文題目（在這樣的傳統習俗裡，我看見……），草擬一個寫作計畫（主旨／取材）。

| | |
|---|---|
| 主題訂定（習俗） | 眾人取材：祭祀 vs 我的取材：雜貨店買東西 |
| 主旨擬定 | 雖然 新科技和外來文化如酸雨般侵蝕傳統文化，<br>但是 當傳統文化變成新主潮，就能留存下來，<br>所以 如何讓傳統文化擁有另一種價值是重要課題。 |
| 架構安排 | 小時候去雜貨店買傳統零食 happy → how → 改變 step → 結（雜貨店消失）<br>靶心人公式：目標→阻礙→努力→成果 結局←轉彎←意外← |
| 細節設計（用詞） | Ex. 雜貨店「柑仔店」 |
| 境界提升 | ☑身體→心靈 ☑事件→情感體悟 ☑現在→過去&未來<br>☐自己→他人&群體 ☑想法→步驟&行動 |

▲挑戰題設計讀寫合一題型，激發創意、草擬寫作計畫。

▲學生將國文科學習歷程集結成檔案，分組完成靜態展覽，並錄製動態影片說明。

其三，就是那股「用生命感動生命」的心念。回想起第一次聽政忠老師的課，老師滔滔不絕的分享其教學心法，著實讓我震驚，但還不那麼感動與敢動——因為我有一顆叛逆與懷疑的心，總會問：「真的嗎？」「這樣做不會太繁瑣嗎？」「學生可以做得到嗎？」「一定要按照這樣做，才對嗎？」「這些人這麼嗨，有影沒？」「我聽不懂，是因為我做不到嗎？」……研習結束後，我抱著萬個問號回家，然後……報名下一場MAPS的相關研習（哈哈），真的不誇張，我是聽了N場後，參加了第三屆MAPS種子教師培訓後，才漸漸理好思緒與邏輯，才敢開始「正式」將MAPS用在課堂上，並且，還是「微MAPS方案」——屬於我和孩子的課程設計。必須孩子準備好了，老師也準備好了，才出發！

說服我這個懷疑精的，不僅是MAPS教學法的專業，更是政忠老師與諸位教師前輩的教育熱血。每場研習，我都能看見並感受到，在教育現場中，有無數的教師努力為孩子改變教學模式、有無數的教師熱情向夥伴分享經驗與靈感……信念，是一點一滴堆疊而成的。當這麼多的願力在不同時空、以不同形式注入，改變，就會不斷發生。

## 感動，敢動

一顆種子播在心田，需要多久的澆灌與呵護，才能萌芽茁壯？我們實難確知。教學路上，或者，人生路上，往往不會永遠晴空萬里。當我們自以為竭盡心力並絞盡腦汁為學生付出，卻未必看得見成果時，難免失意沮喪，難免自責自怨，陷入得失心構築而成的象牙塔中。然而，這些日子以來，我的急躁慢慢沉澱，我的不安漸漸消弭；我學會了等待，學會了耐煩，學會了不去計較一時半刻的所謂「成果」，因為我相信，若賦予真心誠意和專業投入，以愛心澆灌，終有一天，這份善意會以各種形式發芽、成長、開花的。

播撒種子的一路上，除了政忠老師、靜慧老師、MAPS與夢N團隊外，我要特別感謝共備夥伴慧玉、展浩的時相討論，無論晴雨，我們隨機出沒在新竹、苗栗、臺中……一起思考如何耕耘國文教學這片田地。透過共備，讓我更能挑出設計盲點，並加以修正；讓我靈感枯竭的腦袋，得以注入活泉；讓我們一起面對困難、挑戰困難、戰勝困難；讓我們在教學路上的某時某刻，想起這段共備日子，也許會這樣對自己說：「多好啊！我曾經這麼認真又努力的教著；多好啊！我依然這麼認真又努力的教著。」

▲第三屆 MAPS 種子教師培訓計畫大合照。

【國中領域】

5

# 温展浩／當 MAPS 遇上科技

新竹縣竹北市鳳岡國中

## 山中大叔導讀

我們或許可以在數位浪潮裡隔岸觀望，但我們無法在疫情海嘯中閃躲奔逃。

展浩老師不但沒有閃躲奔逃，更沒有在數位融入教學的浪潮裡觀望，即便他曾經在偏鄉國中任教，面對的是科技軟硬體資源相對缺乏的教學現場，但他仍然努力以平板作為主要載具，運用包含教學平臺、APP、應用程式及線下工具等等教學軟體，融入以三層次提問設計為主體的 MAPS 課堂，更發展以文本主題為架構的國文教學地圖，帶領他的孩子透過科技，學會閱讀，展現數位原住民世代的多元樣貌。

## ◆ 鳳中與我

### MAPS 初體驗

在撰寫這篇文章的此刻，我的教學生涯正邁入第五個年頭，褪去新手菜鳥教師的生澀茫然，但也未臻前輩老師的游刃有餘。在這段說長不長、說短不短的教學旅程中，十分幸運，有「MAPS 教學法」的陪伴。

擔任實習老師時，初試啼聲，三層次提問撐起我的教學演示，讓我完成結構井然又兼具師生互動的課程；初任教師的前兩年，在無數個備課到深夜的日子裡，MAPS 臉書社群中政忠老師的課室紀錄影片，成了我教學備課的盞盞明燈；猶記得第一次發下提問單、第一次操作分組合作、第一次孩子的口說發表……孩子們發亮的眼神，是最美的課堂風景。

教學實踐的路上磕磕碰碰，幸運的是，我身在有 MAPS 的時代，身在有「神人老師」傾囊相授的時代。「MAPS 教學法」陪伴著我，見證著孩子與我的成長，也讓我看見孩子的無限可能！

本文的內容，主要想分享我初出茅廬的第一個三年，在「MAPS 教學法」上的一些嘗試。

### 「客製化」的國文課

我教學生涯的第一個三年任教於鳳岡國中，這是一所鄰海的迷你學校，全校三個年段合計僅七個班級，遠離了城市的繁華喧囂，這裡的孩子顯得更為質樸單純。因為學生人數少，師長能熟悉全校每位孩子，陪伴在他們身旁，關心他們的日常、關心他們的學習，給予孩子們更細緻的照顧，我喜歡這裡漫著濃濃人情味的校園氛圍。

然而，在孩子的學習與老師的教學上，位於竹北市邊陲地帶的鳳中，也存在許多偏遠學校所須面對的挑戰。因為位處偏遠，孩子的學習資源與文化刺激相對薄弱；許多孩子的家庭支持力道較弱，高關懷的孩子不在少數；許多孩子的學習動機不足，對於課業學習經常興致缺缺，導致整體學力較弱，已讀不懂的狀況成了教與學的日常。

「你不用很厲害才開始，只要願意開始，你就會越來越厲害！」

我想起了實習時，師傅乃誠老師給我的提點——「加法原則」。孩子永遠是教室裡的主人，廣泛學習、吸收各種不同的教學方式，是為了帶回自己的課堂，按照孩子的屬性與學習狀況融會調整，為孩子「客製化」屬於他們的國文課堂。

面對孩子的「學習動機低落」，我嘗試運用科技融入課堂，期待能引起孩子的學習動機；面對孩子的「已讀不懂」，

▲我參考了許多前輩老師們的研發，將國文課本中的文本依照「文本形式」做分類。

▲鳳中學生的困境。

我嘗試將「學習模組」導入課程規劃，規劃孩子的「學習地圖」，期待能建構孩子基礎閱讀能力，讓孩子學會如何閱讀；面對孩子的「缺乏刺激」，我嘗試在課堂上運用「三層次提問」，期待引導孩子思考與表達，帶領孩子循序漸進的「走入文本」，領略文本意涵，進而「走出文本」，讓文本走入孩子的生活、走入孩子的生命。

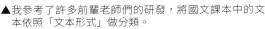

## 「學習模組」與「課程地圖」

因應孩子的學習狀況，我認為「學習模組」的課程規劃方式，能讓孩子更容易掌握閱讀的方法，進而學會閱讀。因此，我參考了許多前輩老師的研發，將國文課本中的文本依照「文本形式」區分為：「記敘－抒情文本」、「記敘－議論文本」、「小說」與「韻文」。「記敘－抒情文本」再分為「藉人事抒情」與「藉景物抒情」；「記敘－議論文本」再分為「藉人事說理」與「藉景物說理」。我觀察到，其實國中國文課本中收錄的文本，不外乎就是這幾大類，透過這樣有系統的分門別類，並加以引導，如同給予孩子攻略閱讀迷宮的地圖，孩子能輕易掌握閱讀方向，學習不同類型文本的閱讀要領。當孩子能讀懂一篇文本是「藉什麼抒什麼情？」或「藉什麼說什麼理？」便已建構起基礎的閱讀能力。

小型學校擁有得天獨厚的「彈性」之處，同年段的國文老師僅有教務處裕清主任與我，對於課程進度的規劃、段考範圍的訂定，擁有非常大的彈性。因此，我們能依照「學習模組」，為鳳中的孩子「客製化」屬於他們的「學習地圖」。在寒暑假時，我會與裕清主任共同備課，盤點整冊十二課的課文文本，依「文本形式」微調課次，並定調每課重點，為孩子規劃整學期的「課程地圖」。

參加MAPS種子教師後，在培訓課堂上政忠老師為我們整理了「MAPS教學設計重點」，我發現能直接與「課程地圖」做結合，在寒暑假備課時，直接定調每課的教學主軸，並規劃每課「三層次提問」之重點。

這張「地圖」是孩子們的「學習地圖」，更是老師的「備課地圖」，讓我後續進行每課提問設計時，能更加聚焦重點，不再「亂槍打鳥」。

## ◆科技融入MAPS：我的國文教學五階段

我將政忠老師的「MAPS教學法」融會了乃誠老師的「SPEED教學模組」，設計出我的「文本教學五階段」，期待透過這五階段的教學步驟，帶領孩子走入文本、深入文本，再進一步走出文本，讓文本走入孩子的生活與生命。

**MAPS教學設計重點**

| | | |
|---|---|---|
| 暖身題 | 猜測想像 | 猜測「形式架構」或想像「內容主題」 |
| | 經驗連結 | 連結「生活經驗」或「學習經驗」 |
| | 先備知識點 | |
| 基礎題 | 找一找 | (1)找訊息 (2)找句號 (3)找主詞 |
| | 說出主要 | (4)寫摘要 (5)畫結構圖 |
| | 為什麼 | (6)說因果 (7)排順序 (8)寫分類 (9)做比較 (10)字詞替換 (11)簡化複雜句 |
| 挑戰題 | 讀寫合一 | (1)詞語造句 (2)句型仿寫 (3)段落縮寫擴寫 (4)觀點改寫 (5)架構仿寫 (6)主題作文 |
| | 觀點探究 | (1)議題觀點 (2)類文比較 (3)主題閱讀 (4)價值澄清 (5)情意深化 |
| | 跨域延展 | (1)連結在地 (2)生活情境 (3)班級經營 |
| | 閱讀理解策略 | (1)提看法 (2)推論 (3)文轉圖 |

▲參與MAPS種子教師時，政忠老師為我們整理了「MAPS教學設計重點」。

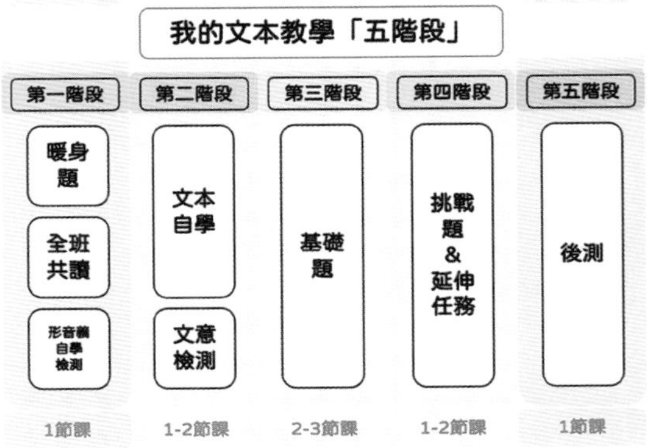


▲我的國文課「文本教學五階段」。

109-1 鳳岡國中 九年級國文課程地圖表（109 康軒九上）

| 期程 | 記敘-抒情文本 | | | | 記敘-抒情文本 | | | | | 議論文本 | | | |
|---|---|---|---|---|---|---|---|---|---|---|---|---|---|
| 總複習配搭 | 藉事抒情 | | | | 藉景抒情 | | | | | 藉人事說理<br>直接說理 | | | |
| 課別 | 01<br>席慕蓉<br>〈一棵開花的樹〉 | 06<br>佚名<br>〈青青子衿〉 | 02<br>宋詞選：<br>李清照<br>〈武陵春〉<br>辛棄疾<br>〈醜奴兒〉 | 03<br>張曼娟<br>〈人間好時節〉 | 語文天地：<br>對聯 | 04<br>吳均<br>〈與宋元思書〉 | 05<br>劉鶚<br>〈大明湖〉 | 07<br>張岱<br>〈湖心亭看雪〉 | 08<br>陳幸蕙<br>〈再見，西莎〉 | 09<br>孟子<br>〈生於憂患死於安樂〉 | 11<br>崔瑗<br>〈座右銘〉 | 10<br>麥克阿瑟<br>〈為子祈禱文〉 | 12<br>李偉文<br>〈別讓地球成為垃圾場〉 |
| 文本性質 | 現代詩<br>-敘事抒情 | 古典詩歌<br>-直接抒情 | 古典詩歌<br>-藉景物抒情<br>-藉事抒情 | 現代散文<br>-敘事抒情 | -- | 古典散文<br>-敘事/藉景抒情 | 古典小說<br>-藉景抒情<br>-記遊 | 古典散文<br>-敘事抒情<br>遊記 | 現代散文<br>-敘事抒情 | 文化經典/<br>古典散文<br>-藉人說理 | 古典散文<br>-直接說理<br>應用文(銘文) | 現代散文<br>-直接抒情<br>應用文(祈禱) | 現代散文<br>-藉事說理 |
| 核心問題（主軸） | 愛情-追求 | 愛情-熱戀 | 愛情-失去<br>各種愁緒 | 詩詞與人生 | -- | 景物描寫 | 視角變化<br>景物描寫 | 敘事、寫景、抒情 | 動保議題 | 論證方式<br>批判思考 | 自我期許 | 自我期許 | 環保議題 |
| 暖身題<br>引起動機<br>經驗連結<br>知識點 | 韻文-現代詩 | 韻文-詩經 | 韻文-詞<br>流行歌與詩詞 | | -- | 駢文 | 古典小說 | 小品文 | | 孟子<br>論題思考 | 銘文<br>九流十家 | 祈禱文 | 電影 |
| 基礎題<br>閱讀策略<br>重點 特點<br>難點 亮點 | 情緒變化圖<br>象徵 | 情緒變化圖<br>象徵 | 情緒變化<br>所抒之情 | | -- | 景物特色<br>所抒之情 | 遊歷路線<br>景物特色<br>所抒之情 | 敘何事<br>寫何景<br>抒何情 | | 論點、論據、論證方式 | 名言分析 | 祈禱之品格 | |
| 挑戰題<br>讀寫合一<br>跨域延展<br>觀點探究<br>閱讀策略 | 情詩創作<br>比較閱讀 | 愛情觀<br>比較閱讀 | 愁的調適<br>比較閱讀 | 典故運用 | -- | 文轉圖 | 老殘 IG 打卡 | 文轉圖 | 動保議題 | 弗瑞爾模型<br>議題思辨 | 議題思辨<br>仿寫 | 品格雷達圖<br>仿寫 | 環保議題 |
| 議題融入 | 性別平等教育 | 性別平等教育 | 生命教育 | 生命教育 | -- | 戶外教育 | 戶外教育 | 戶外教育 | 生命教育 | 品德教育 | 品德教育 | 生涯規劃教育 | 環境教育 |
| 作文 | | | | | | | | | | | | | |

▲ 109 學年上學期，結合「MAPS 教學設計重點」，為鳳中九年級孩子規劃的國文課「課程地圖」。

## 第一階段：「暖身題」、「全班共讀」與「形音義自學檢測」

「暖身題」的主要目的在於「猜測想像」（猜測「形式架構」或想像「內容主題」）、「經驗連結」（連結「生活經驗」或「學習經驗」）與「建構先備知識點」。

在進到文本討論之前，會先利用大約半節課的時間，透過「暖身題」的提問，帶領孩子預測文本的形式內容，或連結生活經驗引起閱讀動機，若有重要國學常識，也會在暖身階段先進行知識點的建構。

如〈世說新語選〉這課，決定先為孩子建構關於「筆記小說」與《世說新語》的先備知識，也引導孩子思考作者描寫人物形象時，可能會運用到的寫作手法。

結束了「暖身題」的引導，接著進入「全班共讀」。透過全班朗讀、接力朗讀、小組圍圈朗讀、男女生朗讀PK等各種方式，讓孩子初嘗文本內容，並從中確認生難字詞義與正確讀音。

完成「全班共讀」後若有時間，我會透過「Quizlet」平臺，讓孩子自學該課的「國字注音」與「注釋」，並進行遊戲化檢測。藉著科技與遊戲化的導入，能十分容易的引起學習動機，讓形音義的記誦不再乏味，也能達到檢核學習成效的目的！

「Quizlet」平臺有網頁版與APP版，是一款「數位單字卡」，供孩子記誦英文單字或複習特定知識，也有「配對遊戲」、「選擇題測驗」、「團隊模式」等遊戲化檢測的功能，從自學到檢測都囊括，功能十分完備。因此，基本的國字注音、注釋、成語等需記誦的內容，都很適合導入「Quizlet」這項工具，老師只需簡單匯入要讓孩子記誦的內容，創建「學習集」，便能提供孩子自學。

## 第二階段：「文本自學」與「文意檢測」

在這個階段，我會利用一到兩節課的時間，帶孩子到電腦教室或使用iPad，進到「1Know」平臺進行「文本自學」，讓孩子收看課文講解影片、閱讀補充資料，並撰寫重點筆記。在這一階段，希望讓孩子對文本內容有最基本的理解。

我會在「1Know」平臺上建置每課的「自學資料」，包含自製的課文講解影片、作者動畫、補充資料，或補充影音。在自學時間，孩子能按照自己的步調完成學習——步調慢的孩子，我會要求他們至少看完一次的課文講解，並書寫簡單的筆記；步調快的孩子，我會鼓勵他們進一步閱讀補充資料，讓課本上的筆記內容更加詳盡。

孩子個別自學時，老師巡視其間，關照孩子的學習狀況，進行一對一的個別指導，達到「差異化教學」的目的。

## §暖身題§

Q1: 根據過去學習經驗，吳敬梓的**《儒林外史》**、吳承恩的**《西遊記》**與羅貫中的**《三國演義》**等經典小說屬於**「章回小說」**。「章回小說」的篇幅較長，分章分回，故事劇情、人物連貫。

如果說「章回小說」就像是**「連續劇」**，那麼《世說新語》這類的**「筆記小說」**適合用麼劇種來比喻？這樣的比喻呼應了「筆記小說」的哪些**寫作特色**？

試著根據上述引導語及自學知識，完成**「章回小說」**與**「筆記小說」**的比較表。

| 小說類型 | 比喻 | 寫作特色 | 作品舉例 |
|---|---|---|---|
| 章回小說 | 連續劇 | 篇幅長<br>分章分回<br>故事劇情，人物連貫 | 《儒林外史》<br>《西遊記》<br>《三國演義》 |
| 筆記小說 | 單元劇 | 篇幅較短<br>劇情，人物不連貫 | 《世說新語》<br>《搜神記》 |

Q2: 這張圖片總結了**《世說新語》**這部筆記小說的內容：

①你在這張圖片中「看見」了什麼？呼應了**《世說新語》**的哪些**「內容特色」**？②

① 圖片上都是名人，前方三人似在討論什麼。

② 名人之奇聞軼事與對其評斷。

Q3: **《世說新語》**由南朝 宋 劉義慶召集文士合力編成，收錄東漢至東晉約兩百多年間，　　一千一百多短篇故事，每篇故事主要凸顯 人物性格 。

試著根據上述說明推測，如果要凸顯 人物性格 ，作者要從哪些方面來描寫人物，才能有效達成這個目的？

言行。

▲〈世說新語選〉暖身題。

▲老師可預先建置每課「學習集」，提供「國字注音」、「注釋」、「成語」讓孩子自學。

▲孩子進到「Quizlet」平臺，自學該課的「國字注音」。

▲這是「Quizlet」平臺的「學習模式」，可檢測孩子學習成效。

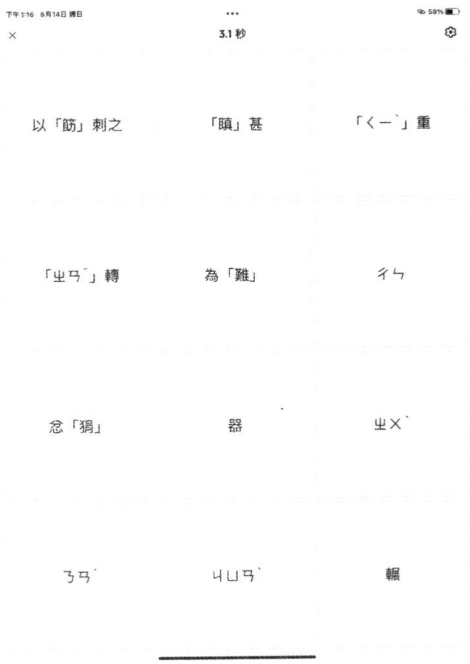


▲這是「Quizlet」平臺的「配對模式」，透過配對遊戲的方式，檢測孩子學習成效。（可以挑戰破關速度）

▲藉著科技與遊戲化的導入，引起學習動機。

▲我會在「1Know」平臺上建置每課的「自學資料」。

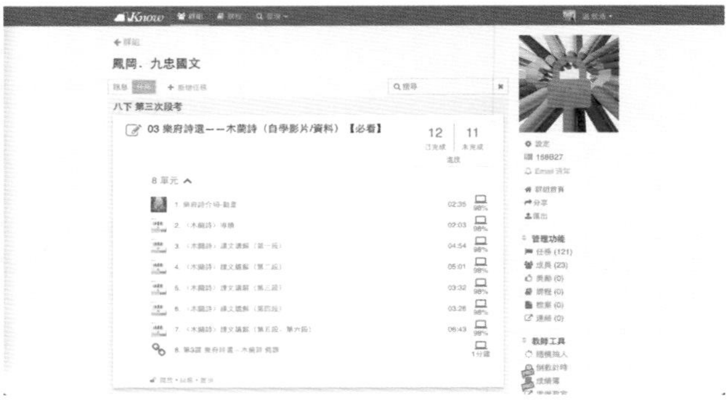


▲每課的「自學資料」包含自製的課文講解影片、作者動畫、補充資料，或補充影音。

▲請孩子在「1Know」平臺收看老師的「課文講解影片」，並書寫筆記。

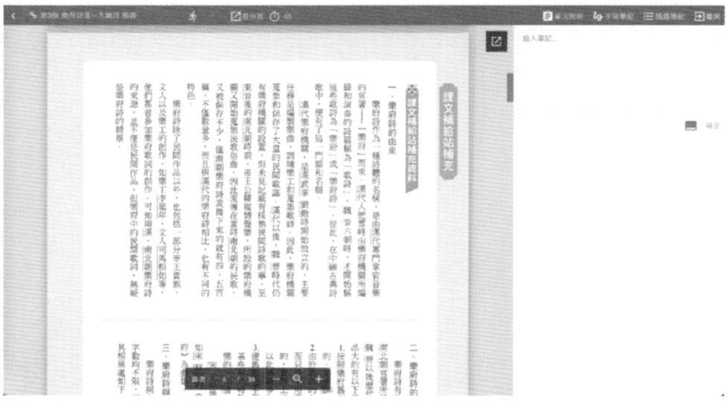

▲步調快的孩子，可在「1Know」平臺上進一步閱讀補充資料。

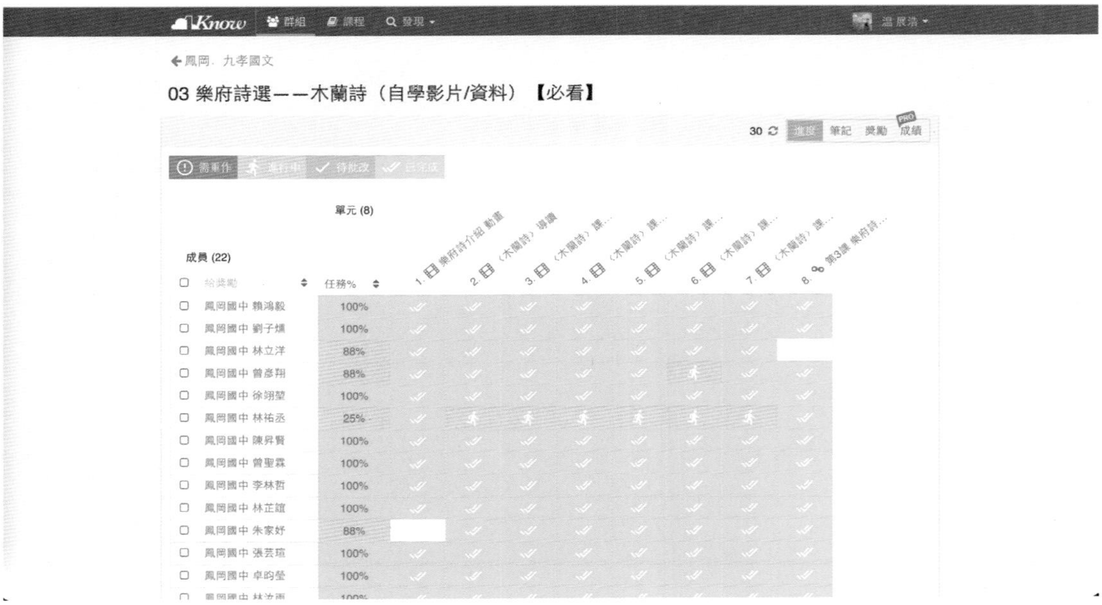


▲「1Know」平臺後臺端，能追蹤學生自學情況，協助老師掌握孩子的學習。

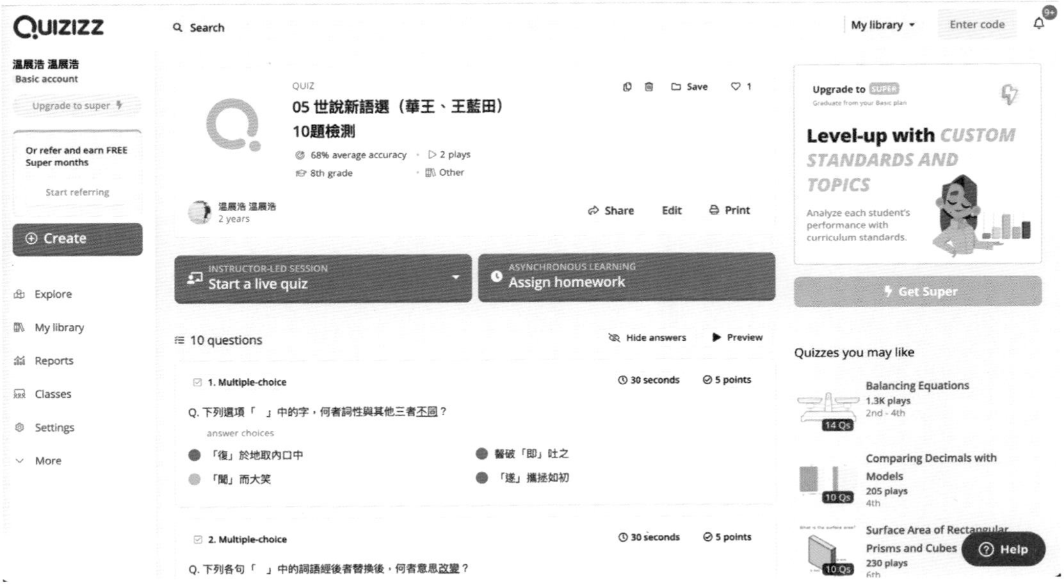


▲「Quizizz」測驗平臺主要以「選擇題」測驗為主，能隨機跳題，或讓學生重複施測。

完成「文本自學」後，我會利用下課前十分鐘，運用「Quizizz」或「Kahoot!」等測驗工具，檢核學生該節課的自學成效。

「Quizizz」與「Kahoot!」是許多老師熟悉的線上測驗平臺，一樣有網頁版或APP版，老師能建置選擇題、投票等題型，將測驗連結或QRCode傳給孩子，即可讓孩子進行測驗。透過遊戲化的測驗方式，測驗成了刺激的競賽活動，能激發孩子的「鬥志」，讓他們更加投入其中。而孩子的答題狀況在後臺端也一目瞭然，老師能即時掌握孩子的學習狀況，做進一步的補救教學或教學微調。

## 第三階段：「基礎題」

在這個階段，我會使用二至三節課，帶孩子進行「基礎題」的提問與討論。

我希望以「學習模組」為架構，藉由提問引導，結合閱讀策略的練習，帶領孩子從訊息擷取、統整歸納到推論解釋，讓孩子對文本有更全面而完整的理解。我也嘗試「ABC三人小組」的分組競賽機制，組內異質性合作、組間同質性競爭，希望搭起同儕鷹架，也刺激學習動機，除了拔尖也期待扶弱，讓不同程度的孩子都有思考與發表的機會。

以〈世說新語選．王藍田食雞子〉這篇文本為例，這

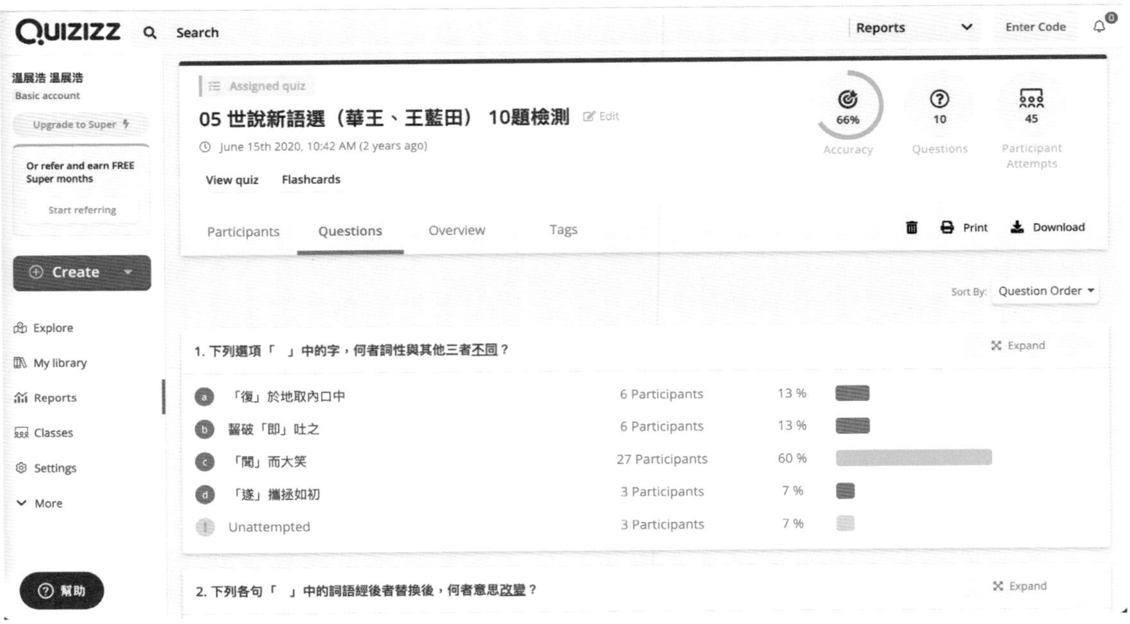

▲「Quizizz」的後臺端能即時呈現孩子的測驗結果，掌握學習成效。

是一篇「藉人事說理（評論）」的文本，因此我的提問主軸放在「情節分析」、「人物分析」與「寓意評論」。Q1的提問，先讓孩子聚焦整篇故事的主旨；接著Q2的提問以「武打動作戲」作為包裝，帶孩子進一步梳理「故事情節」，藉著表格提示練習簡單的摘要；進到Q3的問題，孩子要聚焦分析故事中的人物，推論故事中主角王藍田各階段的情緒反應，用曲線圖的方式繪製主角的「情緒變化圖」；最後Q4的問題，梳理文本中對主角王藍田的評論。

到了九年級，我在提問設計上也做了不同的挑戰，將「文本形式」相同的兩篇文本直接進行雙文本對讀。以〈一棵開花的樹〉與〈青青子衿〉這兩課為例，這兩篇文本正好都是「藉人事抒情」的詩歌作品，因此我將兩課一起教學，把提問主軸放在「情節分析」、「人物分析」與「情感意象」。

在Q1的系列提問中，我試圖帶孩子處理情節與人物分析，讓孩子討論兩首詩歌中，主角在各階段的情緒反應，並繪製主角的「情緒變化圖」，比較兩詩主角的人物形象；接著在Q2的提問中處理詩歌中的象徵，引導孩子思考詩歌中的「意象」。

在課堂的實際操作上，我最常採用的是「ABC三人小組」分組競賽，異質性合作、同質性競爭，讓孩子討論與發表。

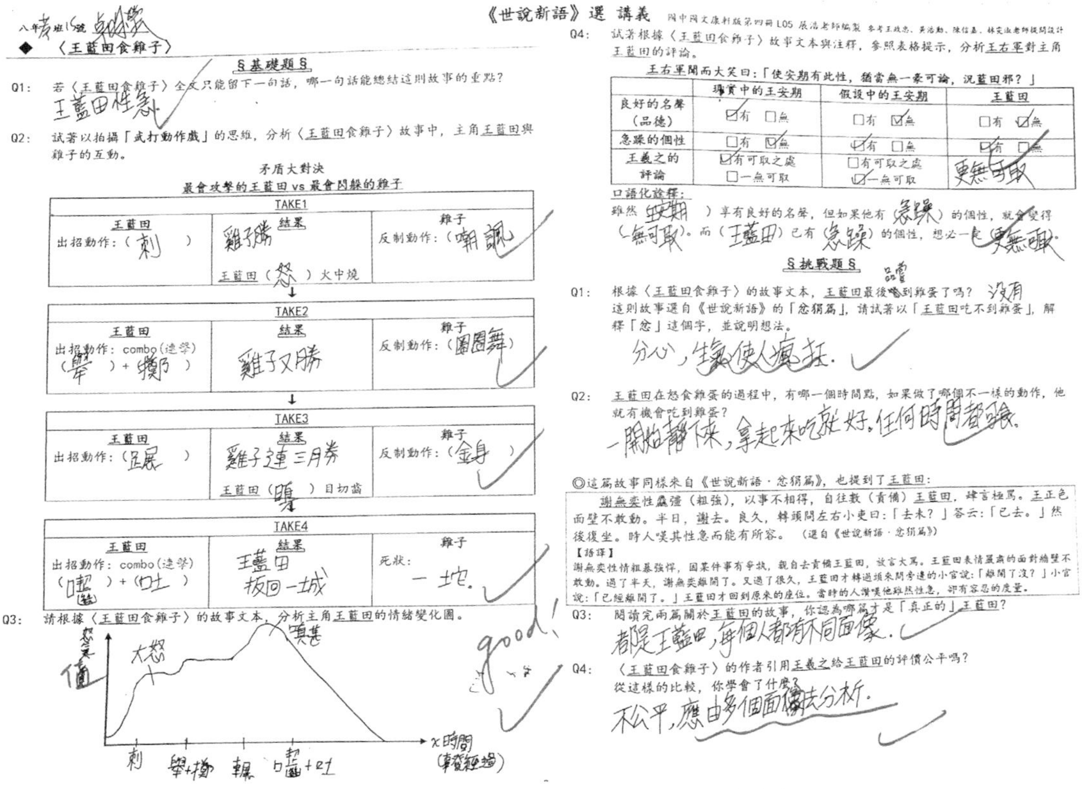
《世說新語》選 講義　國中國文康軒版第四冊L05 展浩老師編製 參考王政忠、吳浩勳、陳信嘉、林奕淑老師提問設計

◆〈王藍田食雞子〉

§基礎題§

Q1：若〈王藍田食雞子〉全文只能留下一句話，哪一句話能總結這則故事的重點？

Q2：試著以拍攝「武打動作戲」的思維，分析〈王藍田食雞子〉故事中，主角王藍田與雞子的互動。

矛盾大對決
最會攻擊的王藍田vs最會閃躲的雞子

| TAKE1 | | |
|---|---|---|
| 王藍田<br>出招動作：（　） | 結果<br>王藍田（　）火中燒 | 雞子<br>反制動作：（　） |

| TAKE2 | | |
|---|---|---|
| 王藍田<br>出招動作：combo（連擊）<br>（　）+（　） | 結果 | 雞子<br>反制動作：（　） |

| TAKE3 | | |
|---|---|---|
| 王藍田<br>出招動作：（　） | 結果<br>王藍田（　）日切齒 | 雞子<br>反制動作：（　） |

| TAKE4 | | |
|---|---|---|
| 王藍田<br>出招動作：combo（連擊）<br>（　）+（　） | 結果 | 雞子<br>死狀： |

Q3：請根據〈王藍田食雞子〉的故事文本，分析主角王藍田的情緒變化圖。

Q4：試著根據〈王藍田食雞子〉故事文本與注釋，參照表格提示，分析王右軍對主角王藍田的評論。

王右軍聞而大笑曰：「使安期有此性，猶當無一豪可論，況藍田邪？」

| | 現實中的王安期 | 假設中的王安期 | 王藍田 |
|---|---|---|---|
| 良好的名聲（品德） | □有　□無 | □有　□無 | □有　□無 |
| 急躁的個性 | □有　□無 | □有　□無 | □有　□無 |
| 王羲之的評論 | □有可取之處<br>□一無可取 | □有可取之處<br>□一無可取 | |

口語化詮釋：
雖然（　）享有良好的名聲，但如果他有（　）的個性，就會變得（　）。而（　）已有（　）的個性，想必一定（　）。

§挑戰題§

Q1：根據〈王藍田食雞子〉的故事文本，王藍田最後吃到雞蛋了嗎？
這則故事選自《世說新語》的「忿狷篇」，請試著以「王藍田吃不到雞蛋」，解釋「忿」這個字，並說明想法。

Q2：王藍田在怒食雞蛋的過程中，有哪一個時間點，如果做了哪個不一樣的動作，他就有機會吃到雞蛋？

◎這篇故事同樣來自《世說新語．忿狷篇》，也提到了王藍田：

謝無奕性麤彊（粗強），以事不相得，自往數（責備）王藍田，肆言極罵。王正色面壁不敢動。半日，謝去。良久，轉頭問左右小吏曰：「去未？」答云：「已去。」然後復坐。時人嘆其性急而能有所容。（選自《世說新語．忿狷篇》）

【語譯】
謝無奕性情粗暴強悍，因某件事有爭執，親自去責備王藍田，放言大罵。王藍田表情嚴肅的面對牆壁不敢動。過了半天，謝無奕離開了。又過了很久，王藍田才轉過頭來問旁邊的小官說：「離開了沒？」小官說：「已經離開了。」王藍田才回到原來的座位。當時的人讚嘆他雖然性急，卻有容忍的度量。

Q3：閱讀完兩篇關於王藍田的故事，你認為哪篇才是「真正的」王藍田？

Q4：〈王藍田食雞子〉的作者引用王羲之給王藍田的評價公平嗎？
從這樣的比較，你學會了什麼？

▲〈世說新語選．王藍田食雞子〉基礎題提問單及學生作品。

## §基礎題§

法國當代文學家羅蘭・巴特（Roland Barthes）曾說：「文本誕生，作者已死」。當文本被完成的瞬間，作者與文本之間的關係就結束了，因為這篇文本，之後都要交由讀者來解讀了。

〈一棵開花的樹〉與〈青青子衿〉這兩首詩歌，時間跨度橫跨千年，長久以來都被讀者解讀為「愛情詩」，兩首詩皆以「獨白」的口吻，刻劃了愛情中女子的心聲。

Q1：〈一棵開花的樹〉與〈青青子衿〉兩首詩皆分為＿＿＿節。

兩首詩中的主角形象十分鮮明，在文本的不同階段，呈現著不同的情緒。

Q1-1：試著透過文字，感受詩中主角各階段的情緒，並利用表格，統整兩首詩詩中主角的「情緒變化」，也請指出是哪些文字帶給你這樣的感受？

詩中主角「情緒變化」表

| | 第一節 | 第二節 | 第三節 |
|---|---|---|---|
| 青青子衿 | （情緒）<br>（文本證據） → | （情緒）<br>（文本證據） → | （情緒）<br>（文本證據） |
| 一棵開花的樹 | （情緒）<br>（文本證據） → | （情緒）<br>（文本證據） → | （情緒）<br>（文本證據） |

Q1-2：根據兩詩文本，試著透過「折線圖」或「曲線圖」的方式，呈現兩詩主角的「情緒變化」。（請將各個事件點標注出來）

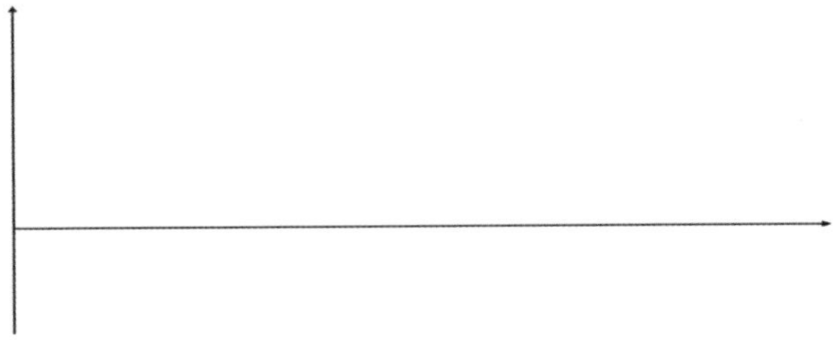

Q1-3：試著比較兩首詩中的主角，分別呈現什麼樣的「人物形象」？

詩中主角「人物形象」

| | 青青子衿 | 一棵開花的樹 |
|---|---|---|
| 形象 | | |
| 文本證據 | | |

Q2：「詩歌」是精練的文學體裁，一字一句背後都有進一步的深層涵義。

〈一棵開花的樹〉與〈青青子衿〉兩首詩，都透過許多「物象」，來呈現詩中人的「情感」。試著提出文本證據或進行合理推論，分析兩詩中幾個重要「物件」或「畫面」，背後所代表的象徵意義。

| | 物件／畫面 | 象徵意義 |
|---|---|---|
| 青青子衿 | 青青（藍色） | |
| | 衿（衣領） | |
| | 佩（佩玉） | |
| 一棵開花的樹 | 花開 | |
| | 花落 | |
| | 花瓣 | |
| | 葉 | |
| | 佛 | |
| | 路 | |

▲〈一棵開花的樹〉、〈青青子衿〉基礎題提問單。

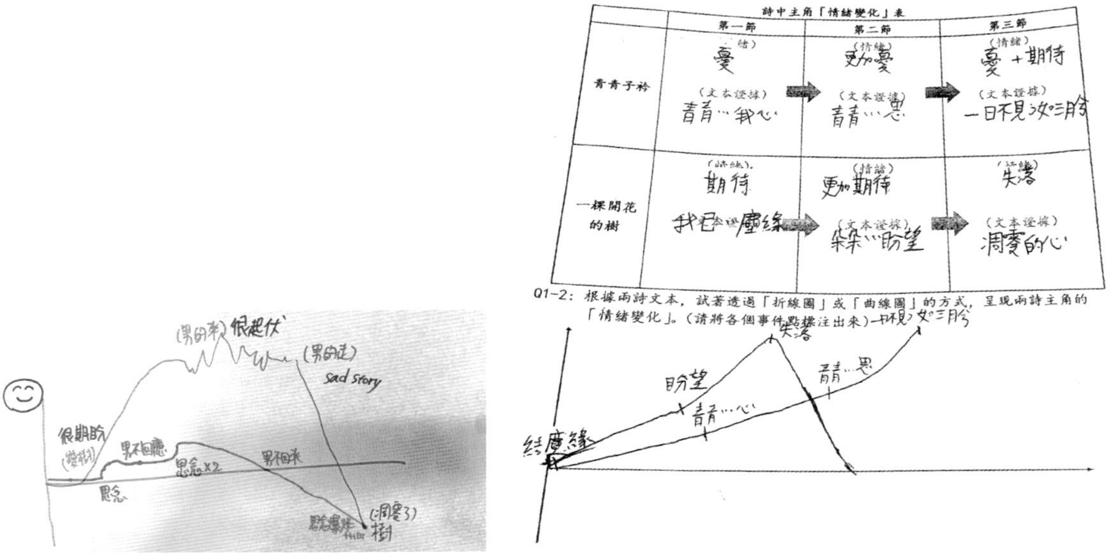


▲〈一棵開花的樹〉、〈青青子衿〉基礎題學生作品。

**§挑戰題§**

Q1：比較〈一棵開花的樹〉與〈青青子衿〉兩首詩，詩中的主角分別是「熱戀」、「苦戀」、「單戀」、「失戀」……哪種愛情狀態？試著搭配文本證據佐證，支持你的看法。

| | 青青子衿 | 一棵開花的樹 |
|---|---|---|
| 愛情狀態 | | |
| 文本證據 | 因為 | 因為 |

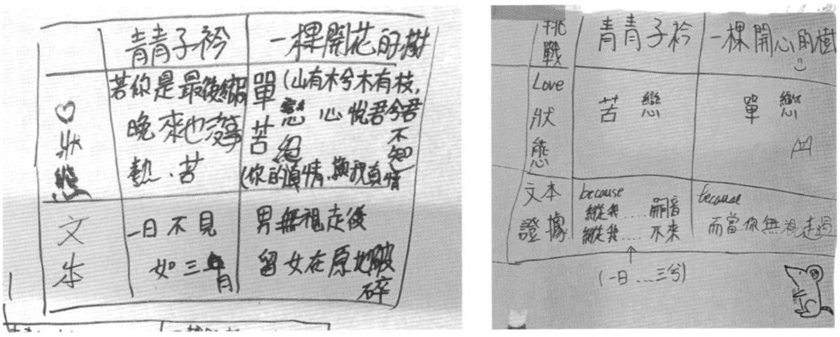


▲〈一棵開花的樹〉、〈青青子衿〉挑戰題提問單及學生作品。

我以段考為分界，每次段考後進行「分組選秀」。依照段考分數與課堂表現排行，將孩子分成A（教練，程度較佳）、B（明星球員，程度中等）與C（先發球員，程度較弱）三群組。參考了許多老師的作法，我讓先讓A（教練）選擇合得來的B（明星球員），再讓C（先發球員）選擇適合自己的組別，讓孩子有「選擇權」，也達到老師「異質性分組」的目的。

有了小組角色分配，在課堂進行文本討論時，就能針對角色程度分派不同任務。如程度較好的A（教練），可賦予指導其他組員的責任；而訊息擷取類的基本問題，則可邀請各組的C（先發球員）起立搶答；各組書寫小白板後的上臺發表，則邀請各組的B（明星球員）上臺練習發表、各組的A（教練）補充說明。

以〈王藍田食雞子〉這篇文本的提問設計為例，Q1的提問邀請全班自由舉手回答，輔以老師口頭講解；Q2的提問，請各組A同學帶領組內討論，討論結束後，邀請各組C同學起立，針對表格內的答案進行搶答；而Q3的提問則讓小組合作，在各自的「小白板」上繪製「主角情緒變化圖」，最後抽籤邀請二至三組的B同學上臺進行發表；最後的Q4，邀請孩子思考後，由老師進行講解。

期望這樣的安排，能達到差異化教學的原則，也讓課堂學習不再有「客人」。

## 第四階段：「挑戰題」與「延伸任務」

完成第三階段「基礎題」的討論，來到第四階段，我希望藉著「挑戰題」與各種「延伸任務」，讓孩子有進一步「跨閱」的機會，展現孩子的多元能力。也期待告訴孩子，真正的「閱讀」除了「讀書」，更要「讀人」、「讀世界」，文本是有感、有用的，甚至能與生活產生連結、與生命產生共振。

政忠老師的「MAPS教學設計重點」，「挑戰題」的設計主要可關注這三個面向：「讀寫合一」、「觀點探究」與「跨域延展」。

除了「口頭發表」的形式，我也藉著iPad的導入，為孩子設計各式延伸任務，看見了孩子們無窮的創意與潛力。

在「觀點探究」的部分，以〈一棵開花的樹〉與〈青青子衿〉這兩課為例，我設計這樣一道提問，以「愛情」的主題進行延伸與收束，邀請孩子思考這兩篇文本中的主角屬於「熱戀」、「苦戀」、「單戀」或「失戀」哪一種愛情狀態？期待孩子激發不同的想法與觀點。

以〈宋詞選〉這課為例，我則以「愁」為主軸，設計如後的提問，帶領孩子進行「觀點探究」。孩子們閱讀完〈武

## § 挑戰題 §

◆李煜〈虞美人〉

春花秋月何時了？往事知多少。小樓昨夜又東風，故國不堪回首月明中。

雕欄玉砌應猶在，只是朱顏改。問君能有幾多愁？恰似一江春水向東流。

【語譯】

春來花開，秋來月明，這樣美好的光景何時才能終了？過去的事，在腦海裡究竟還剩下多少印象呢？昨天夜裡，春風又吹進了我所住的小樓。在這明亮的月光下，舊日的國家，實在不忍心再去回想它了！在舊日的國家裡，那些雕刻著美麗花紋的欄杆以及如玉石般的臺階，應該還存在著吧，只是我年輕時紅潤的容貌已變得憔悴衰老。如果要問我心中有多少哀愁？那正像滿江的春水不斷地向東奔流。

◎比較李清照〈武陵春〉、辛棄疾〈醜奴兒〉與李煜〈虞美人〉這三闋詞，都呈現了詞人內心的「愁」：

Q1：試著根據文本及你對這三位詞人的認識，比較這三闋詞的「愁」的原因，並分析詞中透過什麼具體的物件或畫面來承載「愁」？

| | 李清照〈武陵春〉 | 辛棄疾〈醜奴兒〉 | 李煜〈虞美人〉 |
|---|---|---|---|
| 「愁」的原因 | | | |
| 「愁」的承載 | | | |

Q2：依讀者角度，你認為那一闋詞所表達「愁」最為深重？
請為三闋詞評定「**憂愁指數**」（1–10），並試著完整說明你的評定理由。

| | 李清照〈武陵春〉 | 辛棄疾〈醜奴兒〉 | 李煜〈虞美人〉 |
|---|---|---|---|
| 憂愁指數 | | | |
| 評定理由 | | | |

Q3：我們在這三闋詞中，讀到了詞人千迴百轉的心情與精彩的生命故事。
試著根據三闋詞的氛圍，為它們各挑選一首符合「意境」的主題曲。

| | 李清照〈武陵春〉 | 辛棄疾〈醜奴兒〉 | 李煜〈虞美人〉 |
|---|---|---|---|
| 主題曲 | | | |
| 選擇理由 | | | |

▲〈虞美人〉挑戰題提問單。

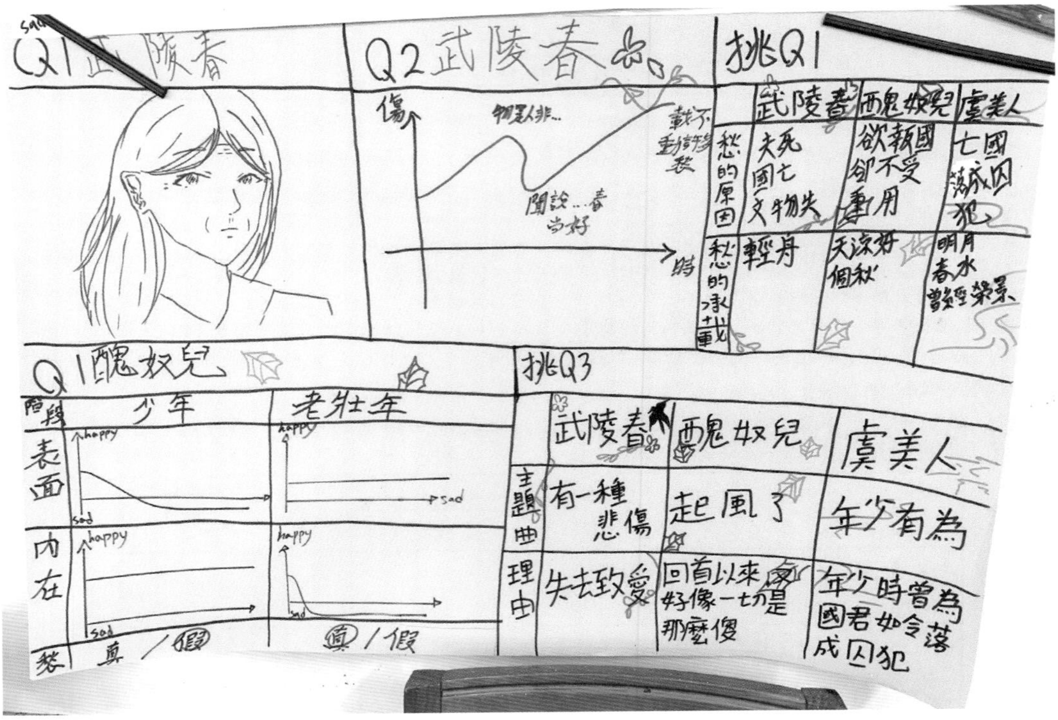
Q2武陵春
挑Q1
武陵春
醜奴兒
虞美人
愁的原因
夫死 国亡 文物失
欲報國 卻不受重用
七國 淪成囚犯
愁的承載
輕舟
天涼好個秋
Q1醜奴兒
少年
老壯年
表面
內在
挑Q3
主題曲
有一種悲傷
起風了
年少有為
理由
失去致愛
回首以來 好像一切是那麼傻
年少時曾為國君如今落成囚犯

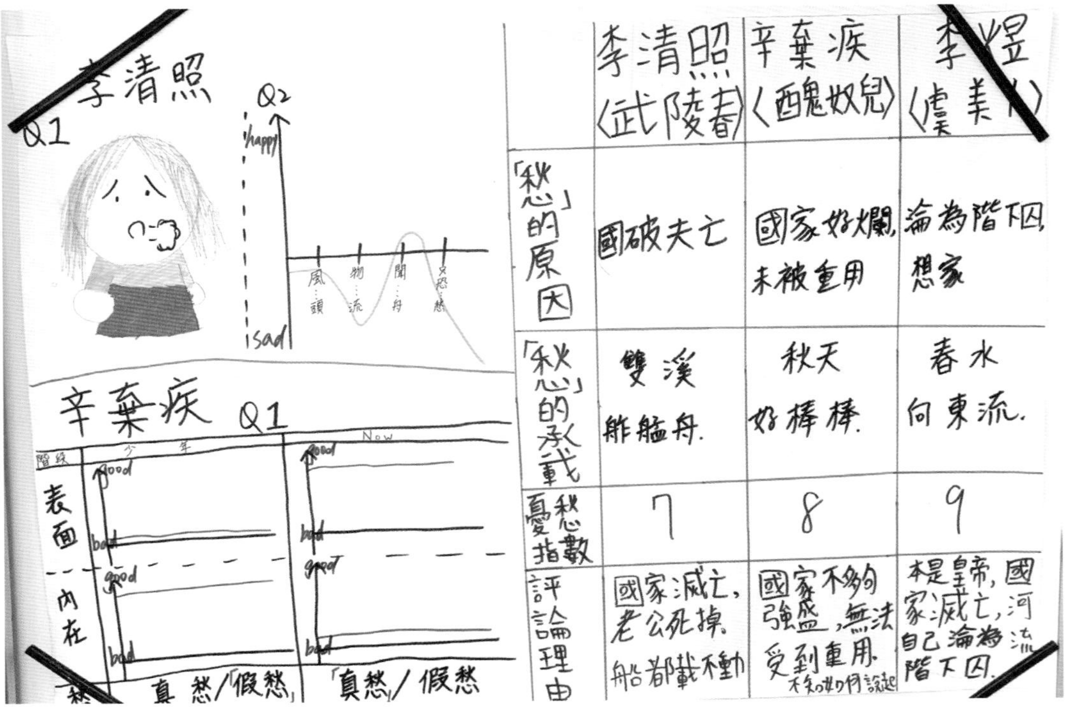
李清照
Q1
Q2
辛棄疾 Q1
表面
內在
李清照〈武陵春〉
辛棄疾〈醜奴兒〉
李煜〈虞美人〉
「愁」的原因
國破夫亡
國家好爛,未被重用
淪為階下囚,想家
「愁」的承載
雙溪舴艋舟.
秋天好棒棒.
春水向東流.
憂愁指數
7
8
9
評論理由
國家滅亡,老公死掉,船都載不動
國家不夠強盛,無法受到重用.

▲〈虞美人〉挑戰題學生作品。

陵春〉、〈醜奴兒〉與〈虞美人〉三闋詞作後，我邀請孩子站在讀者觀點，為三闋詞評定「憂愁指數」，並進一步感受這三首作品的氛圍與情感，為它們挑選符合「意境」的主題曲。在這樣的討論中，可以發現每位孩子的看法都不盡相同，有的孩子認為李後主〈虞美人〉中，國破家亡的憾恨不堪最沉痛；也有孩子認為李清照〈武陵春〉中，失去摯愛的物是人非愁更濃。

孩子們激盪出的想法與觀點各自精彩，彼此點燃的學習之火，是最令人驚豔的禮物。

在「讀寫合一」的部分，以〈幽夢影選〉這課為例，我邀請孩子們以「鳳中幽夢影」為主題進行短文仿作，再進一步使用 iPad，將短文內容製作成小短片。透過 iPad 中內建的「Keynote」簡報軟體，孩子能輕鬆的將自己所創作的文字內容搭上圖片，製作圖文並茂的簡報；再運用 iPad 的「螢幕錄製」功能，孩子能簡單的為簡報配上旁白，錄製成創作短片。藉由科技工具的導入，可以很容易的讓孩子發揮創意，製作出簡單而有質感的成果作品。

在「跨域延展」的部分，以〈世說新語選〉這課為例，我讓孩子上網搜尋《世說新語》的相關資料，並使用「Popplet」這個 APP，將所查找到的重點繪製成「概念圖」。

▲孩子完成的《鳳中幽夢影》短片創作作品。

▲更多學生的作品。

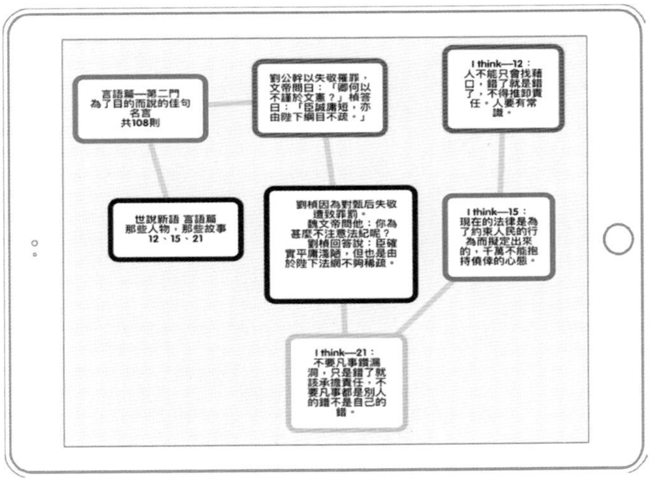


▲孩子使用「Popplet」，將所查找到的重點繪製成「概念圖」。

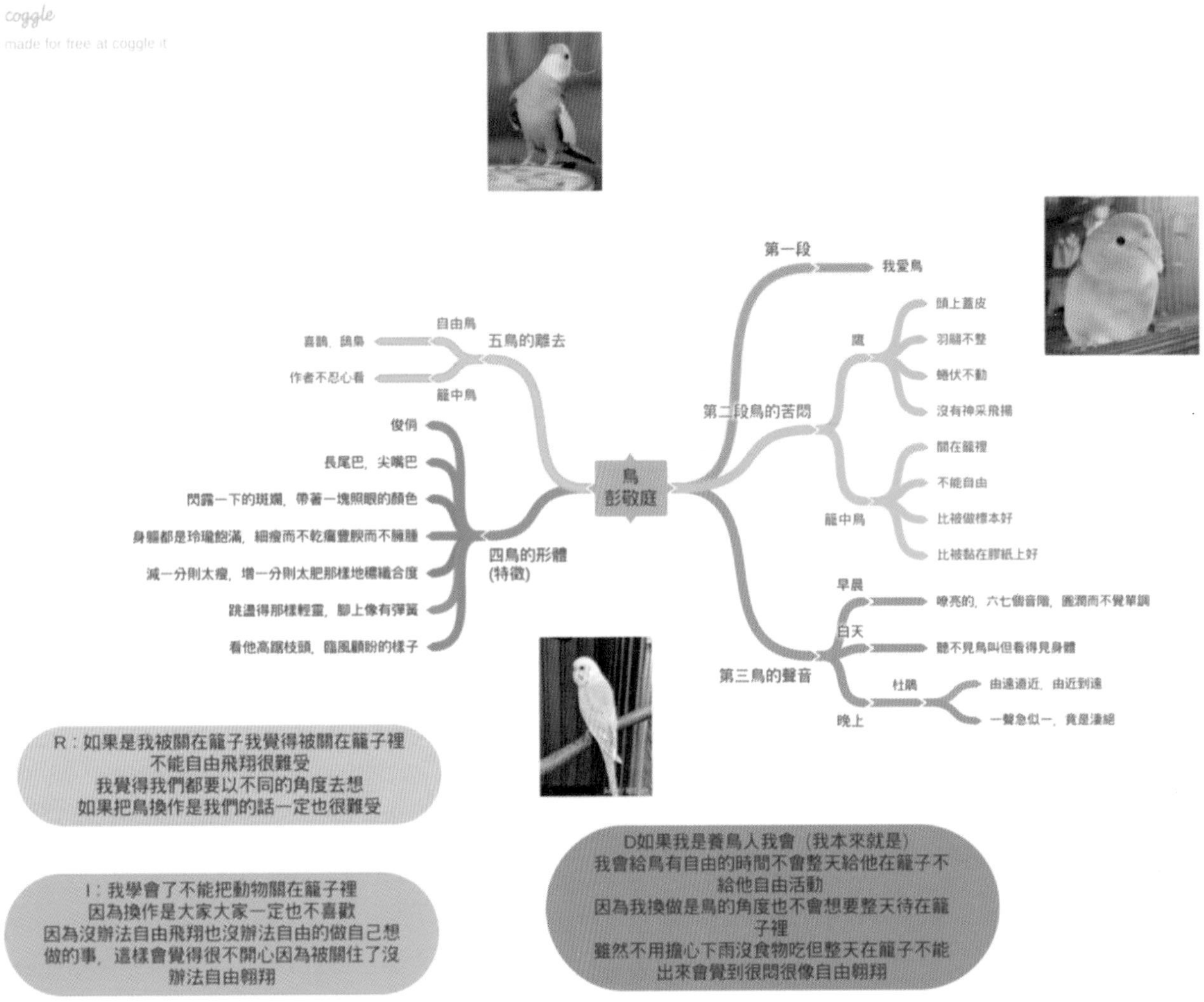


▲孩子使用 Coggle 繪製心智圖，完成版面清晰美觀的心智圖作品。

在文學作品中，常使用「擬人」的手法，賦予動物人的意志與想法。
【甲】、【乙】兩則篇章，皆提及「飛翔的林中鳥」，也都以「擬人」手法賦予「林中鳥」人的意志。但兩則篇章中的「林中鳥」，對於「人生的態度」卻截然不同。請試著比較【甲】、【乙】兩則篇章中的「林中鳥」，對於人生的態度有何差異？

| | 【甲】詩中的「林中鳥」 | 【乙】歌詞中的「林中鳥」 |
|---|---|---|
| 對人生的態度 | 本就生活在林中，認為自由是理所當然的，無法體會籠中鳥的心情 (4%) | 用全力去掙脫命運，贏得了自由後，對世界更加熱血，更加勇敢。 (4%) |

| | | |
|---|---|---|
| 離開了地面就隨風飄搖<br>決定要走遍天涯心比天高 | 那帶血的羽毛不向命運乞討<br>跌倒只能讓我越飛越高 | ——葛林〈林中鳥〉 |

在文學作品中，常使用「擬人」的手法，賦予動物人的意志與想法。
【甲】、【乙】兩則篇章，皆提及「飛翔的林中鳥」，也都以「擬人」手法賦予「林中鳥」人的意志。但兩則篇章中的「林中鳥」，對於「人生的態度」卻截然不同。請試著比較【甲】、【乙】兩則篇章中的「林中鳥」，對於人生的態度有何差異？

| | 【甲】詩中的「林中鳥」 | 【乙】歌詞中的「林中鳥」 |
|---|---|---|
| 對人生的態度 | 在狹小的世界裡，哪有什麼展翅高飛的機會？ ⇒要多出去走走看看世界的廣大。 (4%) | 這一生為自己努力，哪怕只有一秒的光榮，也要堅持下去，就算失敗，也不會放棄，因為那只會讓他更努力，往自己的成功前進 ⇒努力不懈，堅持到底 (4%) |

在文學作品中，常使用「擬人」的手法，賦予動物人的意志與想法。
【甲】、【乙】兩則篇章，皆提及「飛翔的林中鳥」，也都以「擬人」手法賦予「林中鳥」人的意志。但兩則篇章中的「林中鳥」，對於「人生的態度」卻截然不同。請試著比較【甲】、【乙】兩則篇章中的「林中鳥」，對於人生的態度有何差異？

| | 【甲】詩中的「林中鳥」 | 【乙】歌詞中的「林中鳥」 |
|---|---|---|
| 對人生的態度 | 人生應該要自由，被限制了「哪展翅高飛的餘地呢？」 (4%) | 這世界有太多的困難、煩躁，我應該要努力的突破！ (4%) |

（一）在文學作品中，常使用「象徵」的手法，以具體的事物來表現抽象概念或情感。
【甲】、【乙】兩則篇章，皆以「風箏」詮釋「親情」的主題。兩則篇章中的「風箏」，背後象徵著不同的意義。
請試著比較【甲】、【乙】兩則篇章的「文體」，並提出「文本證據」分析文中「風箏」的象徵意義。

| | 【甲】陳冠曄〈風箏〉 | 【乙】陳幸蕙〈五月・風箏・少年〉 |
|---|---|---|
| 文體<br>記敘文、抒情文、議論文、說明文、詩歌 | 本文屬 抒情 文 (3%) | 本文屬 抒情 文 (3%) |
| 文本中「風箏」的象徵意義 | 被綁住的命運 (4%) | 紀念 (4%) |
| 文本證據<br>（直接擷取原文文句） | 卻不知在何時，被線緊緊綁住……它還是乖乖順服。 (2%) | 那絲絲縷縷的紙穗……，都已成了永遠永遠的紀念了。 (2%) |

▲孩子令人驚豔的回答。

### 第五階段：「後測」

完成前四個階段的學習，進到「後測」的階段，也意味著一課的學習進到尾聲。我會利用一節課的時間，讓孩子使用 iPad，進到「PaGamO」平臺或「Quizizz」平臺進行選擇題測驗；同一時間，我也會一一檢核孩子課本、習作與學習單的書寫狀況，做最後的評分或個別指導。

## ◆ 三年一瞬

### 孩子的成長與回饋

三年的教學旅途來到了終點，一路走來有失落、有歡欣、有驚喜、有感動。多麼幸運，能與這群孩子碰撞出教與學的花火，每個歡笑與悲傷的片刻都彌足珍貴。

所帶領的兩班四十三位孩子，或許在會考表現上，沒能完整展現出他們的能力；但我相信，經歷這三年的努力，他們在課堂上學會了主動學習，在小組間習慣了溝通合作，在提問與對話中激盪出多元思辨，這些無形的收穫，會成為他們人生的養分，陪伴著他們走向未來的路。

很難想像，在鳳中這樣的偏遠小校，孩子的國文科段考，練習了三年的「問答題」。在有限的考試時間內，除了完成「選擇題」的作答，還要完成「問答題」延伸思考的考驗。但這群孩子確實做到了，而且每次段考都不乏令人驚豔的答案，讓我看見孩子的無限潛能！

在疫情期間的線上畢業典禮中，有孩子留下這樣一段話：「謝謝您這三年的照顧，其實我很喜歡您的上課方式，會分組討論，會讓同學把自己的想法和答案寫在黑板上，我覺得是師生之間互動最多的上課方式。」我想，課堂上孩子閃亮的眸光，就是最珍貴的風景。

### 因為學生，老師有了存在的價值

最後，想以此文，獻給三年「鳳中歲月」裡，我教師生涯的第一屆孩子。

「因為學生，老師有了存在的價值」，謝謝你們，讓我在磕磕碰碰中學會成為老師；謝謝你們，與我一起成就了這三年精彩而充實的課堂風景！也謝謝緣分，讓我們在最美好的時刻，遇見了最美好的彼此。

教學猶如一場華麗的冒險，在冒險的旅途中，很幸運有「MAPS 教學法」陪伴著我，有神人老師的大力提攜、有共備夥伴的暖心鼓勵，讓我沖淡了恐懼，逐漸成長、逐漸茁壯，更有勇氣披荊斬棘向前行。揮別我教學生涯的第一個三年，教學實踐的旅途，仍未完待續……

【國中領域】

6

# 王慧玉／遇見不一樣的課堂風景——MAPS 的奇幻之旅

苗栗縣公館鄉鶴岡國中

## 山中大叔導讀

慧玉老師說：學科本質是船錨。

那麼，國文的學科本質該是什麼？

於是慧玉老師與 MAPS 種子教師共備夥伴一起發展課程地圖，解構再重構國文教學脈絡，更發想與調修三層次提問單的設計方向，於是國文教學課堂有了羅盤，有了動力，有了乘風破浪的方向。

但，航行出發了，同舟的水手們怎麼合作？怎麼分工？怎麼一起前進？

於是，慧玉老師的課堂裡組織發展了合作學習的各種策略，讓勇敢的水手們不落單。

這樣的出航，誰不想上船？

## ◆ 改變的必要

### 山間小校

從活動中心的二樓看臺一眼望去是連綿不絕的層層山脈，依照著四季遞嬗，有時晴空萬里，天空澄淨的連遠處的三重山、四重山都能清楚看見，有時卻又是山霧煙嵐包圍下的朦朧。身為自小在都市長大的城市小孩來說，一望無際的稻田與山脈是平日少見的，卻成為我來到苗栗教書之後最愛的風景。

我們學校的規模不大，隨著少子化影響，連年減班下，現在的鶴岡國中也僅剩下六個班級，學生總人數不過百餘人。而我擔任的國文科任課老師更是僅只兩位而已。繁忙的行政職務與課務輪番壓迫下，往往很難靜下心來思索自己的方向。

### 改變前的困境

人數不到二十人的班級，教起書來卻一點也不比一班三十五人來得輕鬆。學區內的學生無論是在家庭組成、或是社經背景與家庭投入教育的積極度，相對於鄰近學校都來得微弱許多。學生在課業上的表現並不亮眼，而學習動機更是如高山上的空氣一樣稀薄。對比來到鶴岡之前的大型升學學校，初到鶴岡真的是百般不適應。從班級經營到處理學生課堂間的紛擾與各式各樣我所想像不到的問題，成為我的夢魘，相較於備課與思考課程教材，我似乎更常苦惱於如何順利的完成既有秩序且班經流暢的課程。

於此，我請教教學現場的眾位前輩，卻也在付諸行動改變時，覺得自己過於模仿他人，更顯得束手束腳難以施展。再者，國文課的課程性質使然，課程進度與學生學習必須顧及，也使我顯得手忙腳亂、顧此失彼。但也就是因為種種的不適應，才讓我想要找尋方法，一種可以引起學生動機、增進學習效能的教學方法，期望能為課堂與學生帶來改變。

### 改變的緣起：研習和參與

為了增強自己的教學技巧，相關的研習，我會利用假日或是調課請假的方式，去聽聽各個厲害的老師是怎麼樣豐富教學現場，尤其與閱讀相關的主題，我更是投入大量心力。從研習會場回到學校後，往往滿懷希望的一邊做著上課的講義、學習單，一邊思考如何在課堂上操作。然而，別人的東西再好，囫圇吞棗沒有真正消化後使用的問題，在我實際於課堂操作時便呈現出來了。對於操作背後的真正意圖不夠明確、化用名師或是書商提供的題目，常常使我有種頓挫感，總是無法真正的掌握，最終變成流於形式的改變。為此，我也曾受挫好幾年，不是方法不夠好，就是不那麼適合自己。雖說引起學生學習興趣的方式千百種，但如果只是空有華麗開場而後繼無力，卻也不是我所想要的。課堂的班級經營、秩序管理以及學生學習的起始點參差不齊，這些都是我亟欲改變的。應該說，是我太貪心，想嘗試的東西太多，令人眼花撩亂的各式教學，反而使我在備課時更顯凌亂，難以掌握重點。掌握不到要領的情況之下，對於各類研習獲得的方法與知識，就這樣一次次在「嘗試突破、感到窒礙難行、停頓思考、換方法」的輪迴中不斷重複。

因為想改變的東西實在太多了，回想前幾年的教學，自覺就像是無頭蒼蠅一樣亂亂飛，閱讀的、文本分析的各種教學研習都去聽、去學，學回來以後就迫不及待想要嘗試。眾多的研習當中，MAPS 當然也在其中，但當時的我仍未能清楚自己想要的是什麼。輾轉徘徊在各種研習之間，想找尋方法的我，真正開始決定要以 MAPS 教學融入課堂，則是在二〇二〇年的夏天。二〇二〇年的寒假期間，因為學校的薦派，參加了由 MAPS 種子講師授課的研習。研習的過程中，被講師所陳述的課堂風景深深吸引，進而鼓起勇氣報名了第三屆 MAPS 種子教師的課程。MAPS 成為我的課堂風景轉變的契機，就像朝陽初升的時刻，由渾沌到明亮！

## ◆實踐的歷程：規劃與設計

### 學科本質的探討

因為自己貪心的「什麼都想教」，結果就是什麼都只教一點，也就什麼都沒做好，胡亂瞎忙之後，得到的卻不僅是自己受挫，連學生的學習成效也大打折扣。而 MAPS 最觸動我的就是對於「學科本質」的探討。每次遇到學校有關閱讀的成果、研習，國文老師總是責無旁貸的負責人，似乎只要提到閱讀，任務就自動被分配到國文老師身上，然而「閱讀」不應該是每天都在發生的嗎？所有學科都有需要閱讀文本的時刻，閱讀變成是每個科目都必須教導學生的任務時，那國文科的獨特與無可取代又在哪裡？種子教師研習的第一天，我就被王政忠老師的問題給難倒了！是啊，教書也有六、七年了，我卻從未思考過這個問題。總是想為學生改變，卻忘記問自己，究竟什麼是自己的學科核心價值？「學科的本質」是船錨，當我還未清楚認知到這個問題時，我的教學便缺少目標，茫茫沉浮於教學的大海。

如果說閱讀文本是每個學科都必須面對的課題，那麼對於國文科來說，我認為的學科本質就是「如何能透過一系列的文學文本閱讀，涵養並陶冶學生，使學生能有初步鑑賞文學作品的能力。進而在個人的生命經驗與自我創作中，得以找到寄託。」當我定錨以後，在課程的安排與教學主題的繁簡篩選上便清晰了起來，針對文本的特性安排課程內容，將教學重點精簡鎖定後，對於「課程地圖」的安排也才有了準則與方向。

擔任 MAPS 種子教師還有一個最珍貴的收穫，是身邊多了好幾個共備夥伴。我們學校只有二名國文老師，兩人相依為命，備課討論就更需要有人以不同的眼光協助我看到自身的盲點與不足，而 MAPS 團隊裡有許多同樣對教學環抱熱忱的老師，一起討論、一起備課，對文本精讀之後，原先沒注意或忽略的細節被凸顯出來，也讓後續的課程地圖有更多的發展與想像。

## 課程地圖的發想

同樣一個概念，可能會出現在不同課次、不同冊別、不同年段中，而教師備課的任務就是釐清這些概念，對於反覆出現、學生容易學習的小重點，不一定每一次出現都要特別講解，適時省略一些知識點，反而能夠將時間花在較少出現的概念與學生學習的難點進行講解與討論。「有些東西不是不教，而是不急於此刻。」是我在嘗試練習編寫課程地圖領略到的。課程地圖的構思常常是最耗費時間跟精力的，尤其是經典文本，能夠呈現的知識點與文本切入點很多，更需要思考用怎樣的方式才是最適合學生。

在規劃課程地圖時，我習慣先由一整學期的課次重點進行規劃，標記出反覆出現的知識概念，隨著它出現的次數越多，對於該知識概念的題目討論難度設計，就會越深越廣，並就同一概念的知識拆分在不同課次進行逐步加深。同時也會將每一次的定期考試範圍，視為整體的區塊，在該區塊內融合可串連的抽象概念，如：生命教育、情感表達等主題，並將主題作為作文寫作命題時的主要依據。除了課堂的教學層次能更明確之外，最重要的是能讓學生清楚知道學習的任務是什麼。當老師有方向、有層次的教學，學生更能依循老師設計的提問與討論，進行有序且目標明確的學習。當老師將課程有意識的串聯之後，我發現，每一次的考前複習時，學生對於課與課之間的連結與知識點的回想，有明顯改善，不再認為課文與課文之間是毫無關聯的個體，而能夠有系統的比較與解釋。

## 學習單的編排

有了課程地圖之後，每一次編寫學習單之前，我都會重新打開課程地圖，重複確認該課的課程方向與重點。歷經兩、三個學期的課程地圖運作，我才開始嘗試構築以年度為單位架構的課程地圖。開始執行 MAPS 教學之後的第二年，

| 期程 | | 第一次段考 | | | |
|---|---|---|---|---|---|
| 課別 | | 第一課<br>白靈新詩選 | 第二課<br>古體詩選 | 第三課<br>土芭樂的生存之道 | 自學一<br>世說新語選 |
| 文本性質 | | 新詩 | 韻文 | 散文 | 筆記小說 |
| 課程主軸 | | 藉物抒感 | 喻情於景<br>藉物起興 | 藉物抒感 | 人物寫作 |
| 學習重點 | | 詠物詩 | 古詩19首<br>昭明文選 | 對比的描述 | 世說新語<br>筆記小說 |
| 暖身題 | 引起動機<br>經驗連結<br>知識點 | 1.換位思考<br>2.象徵手法 | 情意猜測<br>離別/遺憾的經驗 | 優缺點的翻轉(因時因地而變) | 重諾守信<br>EQ是甚麼 |
| 基礎題 | 閱讀策略<br>特點<br>難點<br>亮點 | 擬人(小/老飛魚/大海)與(風箏)象徵涵義理解 | 翻譯/文意理解<br>1.庭中有奇樹-思念<br>2.慈烏夜啼-離別 | 分析比較<br>1.土芭樂與珍珠芭樂<br>2.兒時與成年 | 翻譯/文意理解<br>1.華王優劣<br>2.王藍田(忿)食雞子 |
| 挑戰題 | 讀寫合一<br>跨域延展<br>觀點探究<br>閱讀策略 | 觀點探究：改變思維(四色思考) | 跨域延伸<br>安寧病房(道謝/道歉/道愛/道別) | 食物的美醜與味道 | 觀點探究<br>「好朋友」的定義 |
| 議題融入 | | 生命教育<br>熱血與堅持 | 生命教育<br>情感的抒發 | 換位思考<br>年輕與年老的體悟 | 品德教育 |
| 作文 | | (連結個人生命價值與觀點) | | | |

▲課程地圖，以康軒版第三冊為例。

我第一次卸下行政職務，以導師的身分進行國文科教學，於是在課程編排上，我開始思考能不能有意識的將班級經營放入課程中？不同於原本只關注新舊知識連結與引起學生學習動機，我將心力放在建構暖身題，如何透過課程的編排與討論，更有效的凝聚班級共識，使班級經營更加順暢，成為我擔任導師之後的新挑戰。舉例來說：在暖身題加入希望同學注意或討論的相關議題，以班級事務作為實例，引導同學面對問題，並討論解決方法。如：與人溝通時的爭吵、矛盾，或是人際關係的建立、情緒處理的方式，面臨失敗與換位思考等，都曾在我的課堂中實際操作過。過程中，反應快的學生馬上就意識到我是在利用小組討論解決班上容易產生的意見分歧，在討論中帶入第三人稱的觀點進行事件敘述時，學生面對問題更為理性，而且利用課堂實際練習，學生的確更能將學到的情境轉化為行為的改正方向。

基礎題的題目編排上，除了參考來自書商的講義與學習單（書商提供許多各校老師的精彩題目，從中改寫或修改程式和各校學生的題目，也能減輕老師們備課時的壓力），考量大多數學生的能力偏弱，題目設計上，我大致安排中間偏易為主，藉以建立學生學習的自信。從後續的討論也證明，當學生不再只是觀眾，而能夠實際對課程內容提出貢獻與討論時，學習的齒輪就啟動了！而對於程度較佳的學生，則是

如何有效教學?
自我省思
• 認清教學目的
• 思考學生的能力
• 過去教學經驗的累積
• 班級分組在執行上遇到的困難點
共備討論
• 與校內共備夥伴建立共識
• 促進良好的共備氛圍
• 向外尋求資源
提問設計
• 確立各課次主題核心
• 統整主題概念
• 結合班級經營設計提問

▲學習單的設計方向。

在題目內分層次，將難題作為進階討論，或是將難題放入挑戰題使用。另外在挑戰題編寫，則是將重點放在「是否能與暖身題相互呼應」，甚至是能延伸出「延伸閱讀文本」，使學習單中「暖身、基礎、挑戰」成為循環，相互呼應，加深學習印象。

## ◆成長的足跡：討論與發表

### 分組合作經驗

接著想分享我的分組合作經驗。回想一開始的分組，大概用慘不忍睹都不足以形容我內心的崩潰。第一次的分組光是學生討論要跟誰一組、誰跟誰不能同組不然一定會吵架矛盾、以及桌椅的搬動等等，等全班都坐定位了，一節課也去了大半節時間，更不用說組內討論、發表。手忙腳亂的分組經驗，也曾一度使我對於分組授課感到卻步。

有了先前的慘痛經驗，我也陸續參加分組合作學習的數場研習，也在MAPS的帶領下，學習廣大前輩們的分組經驗與訣竅。在接受彷彿金手指一般的指點後，我重新修正自己的分組授課方式。首先從各組人數著手，將小組成員由原先的六人刪減為四人小組。縮減過後，各組人力更為精簡，意味著每個人都必須有明確分工。每個人的工作內容明確劃

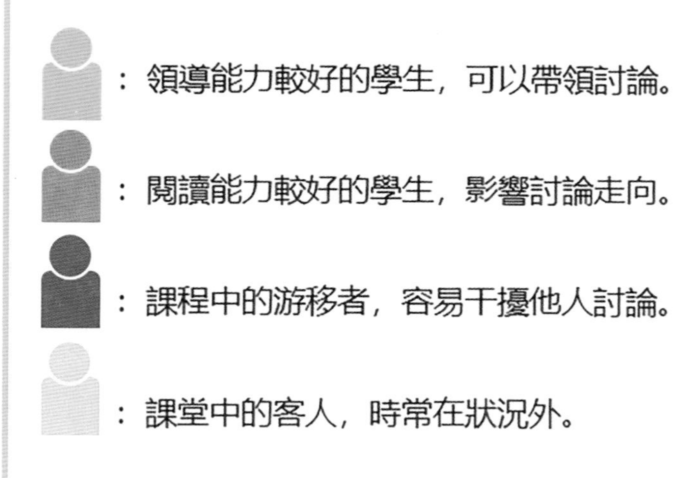
：領導能力較好的學生，可以帶領討論。
：閱讀能力較好的學生，影響討論走向。
：課程中的游移者，容易干擾他人討論。
：課堂中的客人，時常在狀況外。

▲各組學生組成（老師可以技巧性的操作，盡量平均分配，讓各組能力平衡）。

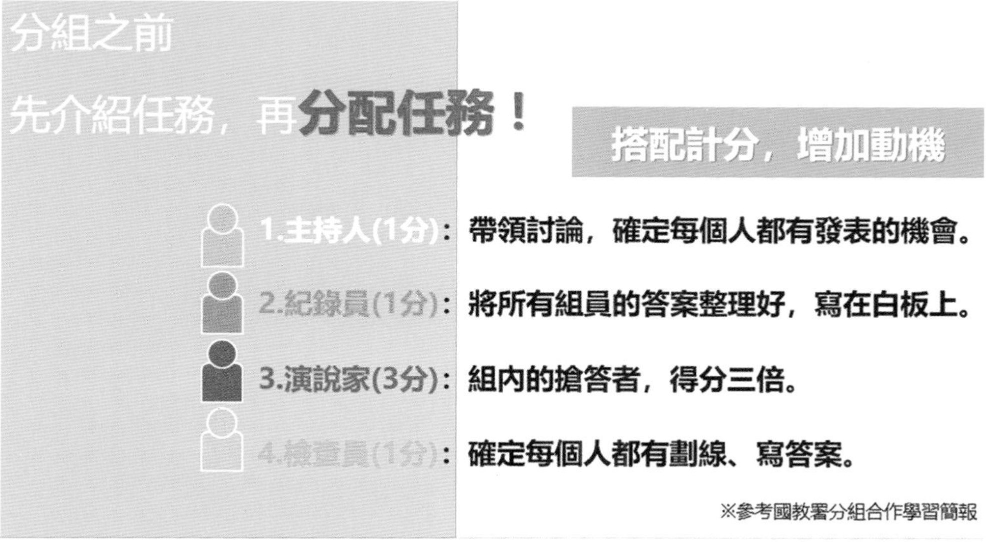
分組之前
先介紹任務，再分配任務！
搭配計分，增加動機
1.主持人(1分)：帶領討論，確定每個人都有發表的機會。
2.紀錄員(1分)：將所有組員的答案整理好，寫在白板上。
3.演說家(3分)：組內的搶答者，得分三倍。
4.檢查員(1分)：確定每個人都有劃線、寫答案。
※參考國教署分組合作學習簡報

▲小組任務分配。

分，減少放空發呆與聊天的機會。與此同時，我將每一次的小組任務給予明確的「時間限制」。原先也有設定每次討論的時間，但我卻常因為同學還未能討論完畢而延長，後來借助計時器的幫助，提醒自己時間到了就真的必須結束，幾次下來，計時器的鈴聲成功制約了我們，讓眾人在有限的時間下，進行最高效率的討論。事實證明老師不需要一再延長討論時間，練習後，學生是能做到的！學生甚至笑稱國文老師沒有計時器就沒有安全感了。遇到難題而卡關時，我就彈性的在鈴響後再次說明提問的重點，進一步引導學生討論，並再次給予討論時間，重複操作一、二課之後，小組討論變成同學最喜愛的課程環節。

## 課堂被翻轉了

而小組討論成果的呈現方式，則希望能夠多一點變化。發表的形式除了課堂中的口頭報告外，會以心智圖的海報繪製、心得小卡、或是戲劇的方式交錯使用，希望藉由更多的變化，維持同學樂於分享的熱度。為了鼓勵不願意開口表達的同學練習口說，在分配組員任務時，我會指定不喜愛發表或是容易分心的學生成為組內的「演說家」，透過較高的得分紅利，鼓勵他們開口練習，同時也培養其他組員團隊合作的練習。

小組討論是課堂中促進學生溝通與合作的管道，也是讓學生「保持清醒」的好方法，當我以小組討論的形式上課後，原先遇到問題不敢舉手發問的孩子，會更願意詢問組內的智多星、萬事通，藉由同儕的手與口，帶領跟不上課程腳步的孩子一起走。當然，小組討論後的學習單回收，我會讓原本屬於課業前段班的這群孩子有另外的發展空間，也會鼓勵他們在小組討論出的答案基礎上，進一步作深入的闡發與解釋，也會保留下課前的幾分鐘時間，讓他們有補充說明個人見解的機會。

孩子們喜歡在分組時發表，為小組賺取分數也為自己贏得掌聲；不少人也漸漸習慣發表，開始能夠侃侃而談。有些人雖然還沒辦法跟上大家的腳步，卻也踏實的進步著。看著他們的改變，才真的有「課堂被翻轉了」的喜悅。

## ◆ 未來的展望：省思與期許

在課堂中推動 MAPS 課程，是想讓學生能有明確的學習目標、有表現的舞臺。一開始分組時，學生總是有各種理由，不滿意組內成員、各種挑剔不配合，或是小組討論時興趣缺缺趁亂放空與玩鬧，總是抱怨說：「浪費時間，不如恢復一開始老師直接講課就好啦。」但怎麼能就此放棄？一次次的

▲課堂討論剪影。

利用下課時間、午休等零碎時間，引導學生練習如何討論、如何發表。在正式課堂中，為了避免學生覺得上臺講不好會丟臉，也會預先利用下課時間讓學生先演練給我看，協助學生修正的同時，也建立他們的自信。漸漸的在課程中，看到學生越來越投入，上臺報告時眼裡閃爍著自信的光芒，這是與過去課室中死氣沉沉的模樣截然不同的光景。

學習態度差、上課總是忍不住趴睡的孩子，透過MAPS的分組合作，發現自己在教室的位置，在一次次的討論與發表中找到自信；時常遲到請假、不想上學的孩子，偶然說出「因為今天有國文課所以才來」，我內心的震盪與感動，至今都還是很難忘懷；沉默寡言、少與人互動的孩子，透過課堂討論，開始願意詢問同學，學會與人溝通；而常規差、不服管教的孩子，則是從小組常規中學到紀律與合作。

回想第一次嘗試使用MAPS分組上課時，學生懷著忐忑的心情站在講臺上，儘管事前早以私下演練做足準備，學生還是感到不安。但發表結束後下臺的眼神跟笑容，卻又讓人覺得感動。過去的經驗似乎讓鶴岡的學生習慣於默默埋首不出頭，害怕表現不好而乾脆不去嘗試，漸漸使他們忘記自己其實也很棒。但每一次的分組，靠著自己的努力為小組創造分數，開始讓學生展現自信的眼神，也逐漸使他們相信成功不是偶然，而是一次次經驗的累積。

鶴岡的孩子也許學科成績不如他人耀眼，但個人努力後的長足進步，便是最好的鼓舞，讓他們用經驗告訴自己，就算他們學習的起點與他人相比顯得弱勢許多，卻不應該就此悲觀放棄！也鼓勵了我，用心準備的課程，用耐心澆灌的教導，學生都能感受得到，而他們會用更多的熱情來回報。

【國中領域】

7

# 蔡金錠／共譜燦爛樂章

新北市中和區中和國中

## 山中大叔導讀

**想都是問題，做就是答案。**

**金錠老師以良好的班級經營為基底，運用 MAPS 教學法的四個核心元素，陪伴彷彿幼蟬的技藝班學生破土而出。我們看見金錠老師四處上山學藝，然後消化吸收轉成各種教學策略與創意發想，帶領學生勇敢面對一次又一次的自我質疑與慣性抗爭，透過用心設計的 MAPS 三層次提問，奮力從舊思維與舊框架掙脫，讓天賦如蟬鳴，叫響那一聲聲的無負青春少年時。**

**金錠老師展示的正是：你不用很厲害才開始，開始了才會很厲害。**

蟬的一生，只為了那燦爛一次的夏季……

七月盛夏，到處可聽到蟬兒高踞樹頭，聲嘶力竭的高歌，共譜生命中最燦爛的樂章。漫長的等待，蟄伏於暗無天日的泥土中，終於有一天鑽出了地面，爬上樹梢，為了三十天的翱翔，燦爛高歌……

## ◆蟬生階段

### 教書，依舊是我的最愛

潔白光亮的琉璃水晶獎座，立體浮雕鑲嵌著紅花綠葉，吐露著杏壇芬芳。雙手接過這沉甸甸的獎座，二十載的青春，彷彿是昨日，依稀記得那個綁著馬尾，全身散發青春氣息的我，拿著粉筆，站在講臺上，有一些不安，有一些興奮，期待著春風化雨，用知識澆灌年輕學子的心。如今也到了這個時候，資深優良教師，我堪當此美譽嗎？

一路求學過程還算順遂，大學北上念書後，就長居臺北。考教師甄試時，感謝上天的眷顧，第一所學校就很幸運的考上新北中和國中，自此在這生根萌芽，埋下一顆教育的種子。光陰荏苒，一晃眼，二十年過去了！教師生涯期間，我也曾擔任過行政職務、兼輔老師、專任、導師和技藝班導師。不論擔任什麼職位，在課堂上教書，依舊是我的最愛。

### 改變的心一飛而起

猶記得二〇一四年翻轉教育的洪流來襲，教育現場開始改變，當時的我十分心動，但心動並沒有馬上行動，心想：就算是單純講述法，也能讓學生聽得津津有味，變或不變，對我來說並沒有太大的不同。

就這樣兜兜轉轉又過了好幾年，但時光的流逝宛如一灘靜止的水窪，五年的時間，只有蛋糕上的蠟燭多了幾根，而教學上的精進卻仍是原地不動。但漸漸的隨著世代的更迭，看著學生逐漸低落的語文能力，3C滑時代的他們，似乎離我越來越遠，我與學生之間的鴻溝也越來越大。看著他們上課時無精打采的面容，我不禁開始懷疑：自己是否有愧於教師這份志業，漫漫長路如何能堅持走下去呢？過去的我，總認為教學上的困境，主要都是來自於學生學習力低落以及家庭教育的影響，也因為有這樣的思維，抱怨的聲量越來越大，陷入無限循環之中，而老師也彼此互相取暖，在不斷的失落中尋求慰藉。我彷彿深宮怨婦，每日的歡喜憂愁，全依附在學生的眼神之上，而自己卻無力又無奈。

這樣下去不是辦法，想要改變的心一飛而起，加上新課綱的來臨，我知道時候到了。我開始向外取經，打掉重練、勇敢出走，參加各式各樣的研習，像塊海綿大量的吸水，希望飽持盈滿，才心滿意足拖著疲累的身軀返家，身心俱疲，才會覺得自己正在進步中。

在多方學習各種教學理論、教學策略之後，我練了許多招式，也急於運用在課堂上，希望能讓學生明顯有感、也明顯改變。可是一段時間下來，對於教學還是有霧裡看花之感，東拼西湊學了這麼多教學方法，但卻沒有長時間的改變歷程，彷彿曇花一現，無法在課堂上深入且有效，好像只是花拳繡腿、好看而已，沒有蹲馬步的扎實功夫，心依舊是空空的一片。

翻轉不只是教學法的創新，更是教學思維的革新。二〇二〇年我看到了第三屆 MAPS 種子教師工作坊報名表，我知道這三天的課程，一定可以解決我心中許多的疑惑，撥開教學的迷霧，找到新的方向。但我遲疑了，我害怕無法堅持，我害怕看到自己的弱點，我就像作繭自縛的蟲蛹，在自己的一方天地中存在，面對未知的一切，擔憂勝過所有的想望。「想都是問題，做就是答案！」我按下送出鍵，告訴自己勇敢去飛吧！MAPS 這張牢不可破的大網，會穩穩的接住你的。

## ◆ 蟬蛻階段

### MAPS 定海神針

之前看了政忠老師的《我的草根翻轉：MAPS 教學法》一書，裡面有著密密麻麻的註記和摺頁，也聽過政忠老師的研習，對於 MAPS 教學法的概念並不陌生。因此在教學中也曾試著將 M（心智繪圖）、A（提問策略）、P（口說發表）、S（同儕鷹架）元素放入，活化教學。但總覺得 MAPS 教學法應該不只是技術層面的步驟和提問，而是要更深層了解教學法背後的核心概念，唯有扎實的跟著政忠老師手把手學習，才有可能對 MAPS 有更精準的認識。

因此我參加 MAPS 第三屆種子教師工作坊，總共為期三天的初階研習、兩天的進階回流以及一次論壇活動，最重要的是要回到課堂實踐，分享實踐經驗。也因為有如此系統化、循序漸進的學習，加上滿滿的實作課程，政忠老師強大的教學脈絡、清楚的 MAPS 教學法架構，讓我們知其然，更知其所以然。工作坊的練功和打磨，斬斷我過去毫無章法的提問，學習扣緊文本，依著文本脈絡，精準提問。

完成種子教師培訓後，我如獲至寶，除了帶回滿滿的感動之外，也學到了具體可操作的方法。此時才真正知道：這才是 MAPS 教學法，對於國文教學的備課流程及教學重點也更清楚了，就連平時會畫的心智繪圖，也重新學習和認識，迫不及待想回到課堂實踐，宛如在茫茫教學文字海中，找到了定海神針。

## 技藝班也有春天

九月開學即將面對新班級，我的腦海中勾勒出許多美麗的風景，期待群蝶飛舞、百花綻放。這次的班級是俗稱的「後母班」，雖然我也有好幾屆中途接班的經驗，但這個班不太一樣，是「技藝專班」。這群孩子是以技職傾向為升學目標，在國二時經過輔導、性向測驗、報名參加技藝學程，經由學校遴輔會通過，才能加入這個班級，展開不一樣的學習路。我們班的學生，一週有兩天到職校上課，學習職業類科，提早生涯試探。

來到新班級，學生要適應，老師也是。面對這一群技職傾向的學生，如何激發他們學業上的學習動機、提高學習樂趣，且不因課堂節數的縮減，讓學習打折扣。此外，看似同質分組的班級，學習程度還是有高低落差，如何建立和諧信任、有安全感的班級氛圍，也是使教學成功的一大關鍵。我思考著：該如何為我的學生量身訂作，設計深入淺出的三層次提問？如何打造我自己的 MAPS 課堂？沒有一次到位的教學，只有不斷修正，才適合自己的學生。我一直思索著……

在翻轉教學之前，我覺得班級經營是影響成敗很重要的因素。只要班級經營順暢，師生間有一定的默契，即便是講述法教學，學生也可以在良善的學習環境中，吸收知識和成長。因此，在開學之初，我一邊安頓班級，凝聚班級良善、安全氛圍，運用各種班經小技巧，期待孩子快速融入這個新班級，彼此有情感的互動，進行小組共學時，才能發揮更大的學習效果。

## MAPS 教學法核心元素

### ▲同儕鷹架

MAPS 教學法的同儕鷹架，採異質性分組的合作學習模式。政忠老師認為：「大聯盟選秀法，就是讓中低學習成就的學生，獲得組內中高學習成就學生的及時協助，同時也促進中高成就的學生，以教會他人的學習模式，進行更高效能的學習。」

以分組合作學習模式上課，對我來說是駕輕就熟，之前就會因為課次安排，而彈性調整上課模式，也曾經一次段考範圍都運用分組方式教學。由於有之前累積的教學經驗，對我來說異質分組、小組討論、口說發表等等，都是運用過的教學模式，所以在導入 MAPS 時，才能讓課堂運作較為流暢。

一開始我也是採用大聯盟選秀法，每組四人，分為：教練、助教、選手、黑馬四種角色，每次段考後分組一次，依照ABCD四種程度以及學生個人特質和男女混合原則，每個角色各司其職。有時也會依據題目的難易度，決定由誰回答或是由誰主導，偶爾難題也會讓程度較低的學生回答，此時就會加分鼓勵，讓學生更有信心和成就感。後來也曾隨機安排，偶爾上課前用撲克牌重抽角色，黑桃是主持人、紅心是發言人、紅磚是記錄者、黑梅是參與者，這樣的不確定性，反而增添遊戲感，學生透過扮演不同角色，各有任務，學會彼此合作與溝通聆聽。

### ▲提問策略

提問策略就是經過包裝與設計的「好的講述」，老師根據文本分析，設計有層次的問題，老師有意識的教學，學生有意識的學習。提問策略是MAPS重要的核心概念，由提問引導思考，有思考才能啟動學習。

三層次提問設計分別是：暖身題、基礎題、挑戰題。暖身題：連結開發學生已知與未知，目的是連結學生的新舊經驗，並對文章主題及內容進行猜測與想像。基礎題：引導建構學生的應知須知，最重要的學習核心——文本分析，引導學生建構閱讀理解策略，能擷取並理解文章重要訊息與意涵。挑戰題：激盪超越學生已知未知，是更高層次的問題設計，也更符合素養導向的閱讀思辨教學。

### ▲口說發表

口說發表可運用在提問設計的回答，也可以在心智繪圖後，小組或個人上臺進行口說發表，除了訓練學生清楚表達之外，也能讓老師檢視學生是否真的學會。

對我的學生來說，這一關是相當有難度的。因為在學習成就上，他們本屬於落後的一群，之前也較無上臺發表的機會，所以一開始，慘狀連連，學生搔頭撓耳、左右晃動、音量太小、內容不清等等，我這才發現：孩子上臺的表達技術，需要好好的從頭訓練。

我先讓學生兩兩一組互相練習，從一分鐘分享開始，讓學生習慣表達與傾聽，這樣的方式讓不敢表達、缺乏自信的學生願意嘗試。接下來再組內口說分享，再次訓練口條和整理思考脈絡，有了兩次的練習，最後再推派一人上臺口說發表。此時老師點評和學生反饋就很重要。我示範三明治回饋法：「讚美—建議—鼓勵」的順序發表評論，也讓臺下的學生練習聚焦正向回饋，透過這樣的方式，學生之間楷模互學，幾次課程後，學生有顯著的進步，上臺口說也能侃侃而談了。

### ▲心智繪圖

MAPS的心智繪圖是要畫出「I see」，也就是文章的結構以及所有的重要訊息，透過分層提問引導心智繪圖。繪製

▲學生各有任務，學會彼此合作與溝通聆聽。

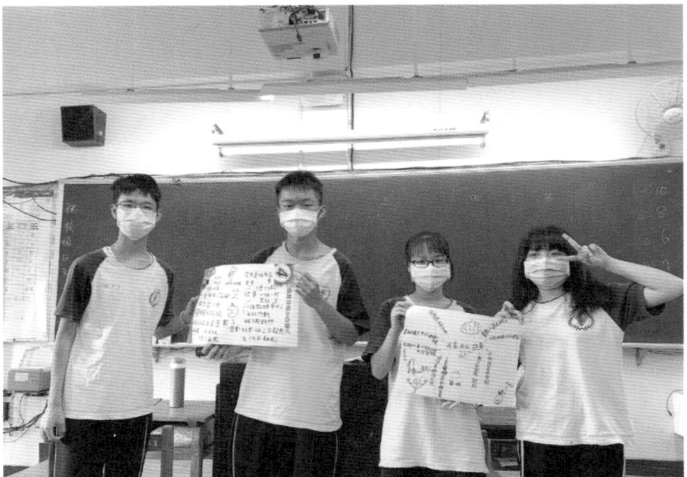

▲學生口說發表。

心智圖時，有些學生已有基礎或是較擅長繪畫，就比較快進入狀況，但我發現學生的心智圖沒有組織架構，只是發散性的擷取文章重點而已。此外，部分學生仍舊缺乏自信，認為心智圖有一致的標準內容，就容易流於抄襲他人作品。

我的操作模式是運用 T-TS-SS-S 教學模式，我會先示範第一層架構，再帶著全班討論共創，接著讓小組於小白板上共同繪製心智圖，然後將小白板張貼在黑板上，讓大家觀賞評論，並了解各組繪製的優缺點，最後回家作業就是個人獨立完成心智繪圖。

## ◆ 蟬鳴階段

### MAPS 實作第一課

南一版九上第一課〈翠玉白菜〉，是我初試啼聲的 MAPS 三層次提問單的首部曲。一開始的初學階段，很擔心題目設計不夠完備，所以我參考多方資料：鄭圓鈴教授、政忠老師、網路上先進老師的講義、學習單以及備課用書裡的參考資源等等，但資料又多又雜，提問設計也是從各個不同角度切入，突然覺得又回到原點，原地踏步。所以我重新思考，再拿出 MAPS 工作坊筆記本，從頭備課一次，畫出這一課的心智圖，思索著如何安排基礎題的提問設計。

先求有再求好，野心不要太大，第一次嘗試 MAPS 教學法，加上學生又是新成立的班級，第一課就先來試水溫吧！也順便了解學生的先備知識。此外，對學生來說，學習新詩應該不陌生，七年級曾學過童詩〈夏夜〉，八年級也學過小詩〈傘〉、〈風箏〉，由此入手應該也會有好的開始。

#### ▲暖身題

暖身題的概念就是要連結新舊經驗與猜測想像去設計題目，同時也要引發學生的閱讀興趣，吸引學生的注意力，但又不能天馬行空，模糊了學習目標的核心概念。所以還是要確認全文主旨，再思考如何透過暖身題來做之後題目的鋪墊，如此設計上比較能掌握核心概念。

因此我運用一篇網路文章〈除了翠玉白菜，臺北故宮還有什麼「寶」？〉設計成閱讀題組三道題目，讓學生初步認識新經驗，透過文章內容認識翠玉白菜和真正的故宮三寶，主要題目內容是在「訊息檢索」的閱讀層次，讓學生先習慣從文本找答案，強化閱讀摘要能力，因題目簡單，也希望讓學生學習有成就感，引起他們持續學習的動力。經由這樣的練習，學生也可以藉此猜測課文主題、想像課文內容，老師也可以藉此收集學生起點行為的資料。

接下來第二題是再次喚起學生的學習舊經驗，題目設計

**除了翠玉白菜，台北故宮還有什麼「寶」？**

其實，「故宮三寶」之名是來自觀光業者的宣傳，藉由華人的民間小吃「酸菜白肉鍋」來形容故宮常態展出的翠玉白菜、肉形石和毛公鼎這三件展品，合稱「故宮三寶」，以雅俗共賞的介紹方式獲得極高人氣。其中毛公鼎屬於「國寶」，肉形石和翠玉白菜都僅屬於「重要古物」。

也就是說，只有「毛公鼎」才稱得上重要國寶，它是西周宣王年間鑄造的青銅器，上面刻有銘文 500 餘字，為傳世青銅器中銘文最多者，且銘文的書法價值也是金文中的上品，故有「抵得一篇《尚書》」、晚清「四大國寶」、「青銅三寶」之譽。

另外，「翠玉白菜」並不是多麼珍稀之物，清朝宮廷珍寶數以萬計，翠玉白菜並不怎麼受人重視。「翠玉白菜」也不只有一個，台北故宮就收藏了 3 顆，中國也有 2 顆分別放在北京故宮和天津博物館，至少就有 5 到 6 顆翠玉白菜，每顆翠玉白菜的大小、樣式各不相同。

而真正的「故宮三寶」，通常指的應該是台北故宮所蒐藏的范寬〈谿山行旅圖〉、郭熙〈早春圖〉和李唐〈萬壑松風圖〉等三幅北宋巨碑式水墨畫，這三幅畫才是地位無可質疑的「鎮院之寶」，台北故宮若有文物保存上的考量，例如較為脆弱的文物，又考慮其珍貴性，會嚴格限制其展覽時間，像是以上三幅北宋名畫。 (節選自 https://www.thenewslens.com/article/97332)

1-1.請問文章中提到，一般我們認知的故宮三寶是哪三寶？翠玉白菜、肉形石、毛公鼎

1-2.承上題，是由誰炒作出來的？觀光業

1-3.真正的故宮三寶為？谿山行旅圖，早春圖 萬壑松風圖

2.這首詩是現代詩，以前我們有學過幾首現代詩，例如：夏夜、傘、風箏，請說明現代詩的格律特色？又稱白話詩、自由詩、新詩，有節奏感，沒有限制(字數句數，押韻)

**L1 翠玉白菜-基礎題**

1.翠玉白菜可以分成三個部分來看，請你為各個部分下標題。

| | 第一部分 | 第二部分 | 第三部分 |
|---|---|---|---|
| 行數 | 第 1 到 10 行 | 第 11 到 16 行 | 第 17 到 22 行 |
| 主要標題 | 玉匠的巧手 | 工匠注入靈魂 | 聚焦繆斯，玉匠轉的 |

精讚

2.前身是緬甸或雲南的頑石經歷哪些過程，才成為通體流暢，含蓄著內斂的光？

請以課文詩句說明。

| 過程 | 詩句 |
|---|---|
| 雕刻 | 被怎樣深刻的雕刀一刀刀，挑筋剔骨從璞石 |
| 撫摸 | 纖指愛撫得更加細膩 |
| 觀賞 | 豔羨的眼神一代又一代愈寵愈亮 |

P.2-2

▲南一版九上第一課〈翠玉白菜〉暖身題。

是提問新詩的形式：「這首詩是現代詩，以前我們有學過幾首現代詩，例如：〈夏夜〉、〈傘〉、〈風箏〉，請說明現代詩的格律特色？」利用這樣的題目提示新詩與其他文本體裁的不同之處，引導學生閱讀本詩時，可以多留意新詩的特色。

### ▲基礎題

基礎題的核心概念，就是檢索訊息、認識架構、統整主題。所以要根據文本，從中檢索訊息、釐清文章架構、發展解釋和推論作者觀點。題目可以先以封閉題型為主，也就是有標準答案的題目，這是屬於初步閱讀－訊息檢索的層次，難度較低，可以讓低成就的學生也能完整作答，參與課堂討論，獲得更大的學習成就感。

在進入基礎題時，我會幫學生搭學習鷹架，直接給予課文大結構，請學生填入相對應的段落即可，因此我第一題設計先全文概覽，切分段落結構，找出意義段，並請學生摘要大意、下段落標題。接著依照本詩的脈絡，設計每一小節的內容統整題，也就是用表格同時統整兩個以上的訊息，讓學生習慣文轉圖表和課文重點歸納整理的技巧，這也是根據文本，訓練學生摘要關鍵的能力。

此外〈翠玉白菜〉是詠物詩，而新詩很重要的概念，就是要了解新詩的二元素──意和象。所以提問設計也包括詩中人物與翠玉白菜的連結和觀點、感受以及翠玉白菜特質細節的了解。最後一題的提問，是本詩的統整以及釐清學生是否理解作者觀點。

我預設所有的題目可以在課堂上討論完成，學生先自己寫答案，然後小組討論，再口說發表或以小白板呈現答案。因為是新的班級和上課方式，他們不太習慣討論，也常常有人是在等待別人的答案，或是等待老師的標準答案，然後再抄寫在學習單上，所以需要多等待、多鼓勵，讓學生願意動手寫，寫出自己的想法。

### ▲挑戰題

挑戰題的設計概念是讀寫合一、觀點探究以及跨域延伸。挑戰題要拉高思考層次，要全文統整、了解作者觀點和文章寫作手法，再跳出文本，讓學習延伸，連結自身經驗，開展出多元觀點，包含學生的想法或感受，或是連結其他文本的對讀，希望可以建立學生的想法和觀點。挑戰題與暖身題有連動關係，暖身題是為挑戰題鋪墊，挑戰題是暖身題的深化，中間的基礎題就是學習後的樣貌，整體的學習歷程環環相扣。三層次提問設計原則就是以終為始的概念，扣緊學習目標，層層疊加能力，學習遷移，累積帶得走的能力。

設計挑戰題對我來說，真的是很困難的任務，不只是學

【九上南一版】第二課 詞選（文體：抒情詞 作者：李清照 辛棄疾 ）
班級： 座號：： 姓名 組別： 身份：

【作者介紹 】 ⇨ 自學課本：(概覽全文、切句號、畫生詞)。請為各句「下小標」：

(1) 姓字(2)籍貫 (3)年代 (4)學經歷 (5)個人特色或寫作風格 (6)貢獻或地位 (7)著作。

作者介紹 p19 補充注釋

易安居士：● 李清照遭受外敵陷國、丈夫逝世、收藏亡失、隻身流亡的打擊後，十分盼望局勢平穩、生活安定，因此定居杭州時，將自己的住處題名為「易安室」，並自號為「易安居士」。

伉儷：夫婦。 唱和：以詩詞互相酬答。 蒼涼：淒涼、悲壯。

● 以「居士」為號的文人：

1.青蓮居士：唐李白 2.香山居士：唐白居易
3.六一居士：宋歐陽脩 4.東坡居士：宋蘇軾
5.易安居士：宋李清照 6.稼軒居士：宋辛棄疾

※作者大挑戰 ⇨請觀賞完李清照作者介紹影片，將影片中重要關鍵字寫在下面九宮格中，並幫李清照寫一段自我介紹。

| | | |
|---|---|---|
| 好學 | 研究鐘鼎碑 | 戰爭 |
| 女詞人 | 伉儷情深 | 詞風轉變 |
| 清廉 | 丈夫病故打擊 | 經濟貧困 |

李清照自我介紹

大家好,我是李清照,我本身好學,喜歡研究鐘鼎碑,是一位女詞人,我和我丈夫伉儷情深,但因戰爭加上丈夫病故,受到打擊的我,改變了詞風,金濟貧困,求贊助。

L2 詞選 暖身活動

一、請寫出中國四大韻文有哪些? 依照年代順序完成
漢賦 唐詩、宋詞、元曲

二、宋詞為什麼會稱為「宋」詞? 宋代流行主流。

三、下列是宋詞的各種別稱，請說說看為何有這樣的別稱?

1. 詩餘：發展於詩後。
2. 曲子詞：跟音樂結合,可入樂。
3. 長短句：每字句數參差不齊,長長短短。

▲南一版九上第二課〈詞選〉作者及暖身題。

## L5 楚人養狙-暖身活動

1. 這篇文章是寓言體裁，根據過去閱讀經驗，這種體裁的文章通常具有哪些成分？

   先敘後議、寓意深刻

2. 根據過去閱讀經驗，或者你事先閱讀了這篇文章，~~全文~~故事結構可以分成哪幾個部分？

   背景、開展、高潮、結局

3. 如果你先閱讀了這篇文章，應該可以知道這篇文章最重要的關鍵角色是誰？

   小狙

4. 如果你事先閱讀了這篇文章，狙公的名字是怎麼來的？

   養狙的人

## L5 楚人養狙-基礎課程

1. 請用 30 個字以內，縮寫全文第一、二段？

   狙公養狙分派眾狙去山中找果實，賦什一以自奉，不服則鞭打眾狙反抗，狙公餒而死

2. 根據第一、二段描述狙公這個角色？

| | |
|---|---|
| 得名由來 | 養狙 |
| 每日工作 | 旦日部分眾狙于庭，使老狙率以之山中，求草木之實 |
| 維生方式 | 賦什一以自奉 |
| 管理手段 | 則加鞭箠焉 |
| 最後下場 | 狙公卒餒而死 |

3. 根據第一、二段描述群狙？

| | |
|---|---|
| 每日工作 | 求草木之實 |
| 團隊工頭 | 老狙率以之山中 |
| 工作所得 | 十分之一的果實 |
| 遭受對待 | 或不給，則加鞭箠焉 |
| 覺悟關鍵 | 有小狙質疑 |
| 覺悟行動 | 破柵毀柙，取其積，相攜而入于林中 |

4. 小狙提出的質疑，可以歸納出哪兩個重要論點？

   1 果實是天生的

   2 我們能不被狙公奴役

5. 文末作者的議論是根據故事而來，請先閱讀第三段，再判讀作者其實藉著故事中的三個角色在比喻誰？

| 寓言故事角色 | 狙公 | 老狙 | 小狙 |
|---|---|---|---|
| 作者 | 上位者（統治者） | 老年人（習慣被控制） | 青年人（敢反抗、反權威）、挑戰、勇敢 |

6. 承上題，請根據表格加以整理作者議論與寓言故事的對應關係。

P. 2-2

▲南一版九上第五課〈楚人養狙〉基礎題。

生學習挑戰，老師也是挑戰自我。我常常思考半天，卻不知道從何布題？擔心前面鷹架未搭好，這邊的題目就容易有學習間隙，所以我常到 MAPS 教學與提問設計社團挖寶，參考政忠老師的學習單，思考老師設題的思路脈絡為何，再調整成適合自己和學生的題目。

由於這是第一課教學設計，所以我比較保守，題目設計就整理全詩文本，再次澄清全文脈絡和讀者觀點，並清楚全詩的核心主旨。

### ▲心智繪圖

學生完成基礎題後，理想的狀態應該是對文本有完整且清楚的理解，這時就可以用心智繪圖來核對學生的學習狀態。不過一開始我還是先帶著學生討論心智圖的架構，然後讓他們在課堂上小組討論，分組完成心智圖，並上臺說明分享，且將小白板張貼在黑板上。這時就發現各組的心智繪圖有不同的呈現方式，或許是他們還按照舊經驗畫出發散式的心智圖，所以架構和每一層次的主題、小主題之間的關係，比較紊亂。但經過我們共同討論和分析各組的優缺點後，再讓學生回家完成個人的心智繪圖，有些是跟小組討論的一樣，有些則是有修正和調整，每個人也有自己的風格和小巧思，令我相當驚豔，而我也會將學生作品與大家分享，讓學生彼此欣賞和學習，形塑班上良好的學習氛圍。因此之後幾課的心智繪圖，學生的表現也越來越棒了。

## ◆蟬生不滅

### 堅持就會看見

蘇格拉底說：「許多賽跑的失敗，都是失敗在最後的幾步。跑『應跑的路』已經不容易，『跑到盡頭』當然更困難。」生命中最可怕的，不是受挫、跌倒，而是輕言放棄。在課堂實踐的過程中，不完美的教學是日常，也曾有所困頓，而懷疑自己：當時為什麼想當老師？但每一次師生交會的火花，讓我真切感受到：老師真的可以改變生命，讓孩子因此不同，改變他們的視野，擁有見識和膽識，而這也是我堅持下去的信念與力量。

改變從覺察開始，我上山學藝，下山練功。沒有文化不利，只有文化不同；沒有偏鄉差距，只有偏鄉差異。對於課堂：我實踐，我驕傲！很慶幸我有機會，進入這桃花源祕境，一窺其中的奧妙。但我還要持續努力和學習，就像大叔對我的建言：「堅持，就會看見。」堅持就會看見學生的亮點，堅持就會讓努力被看見。

教學就是不斷修正和調整的過程，提問設計也是一樣，

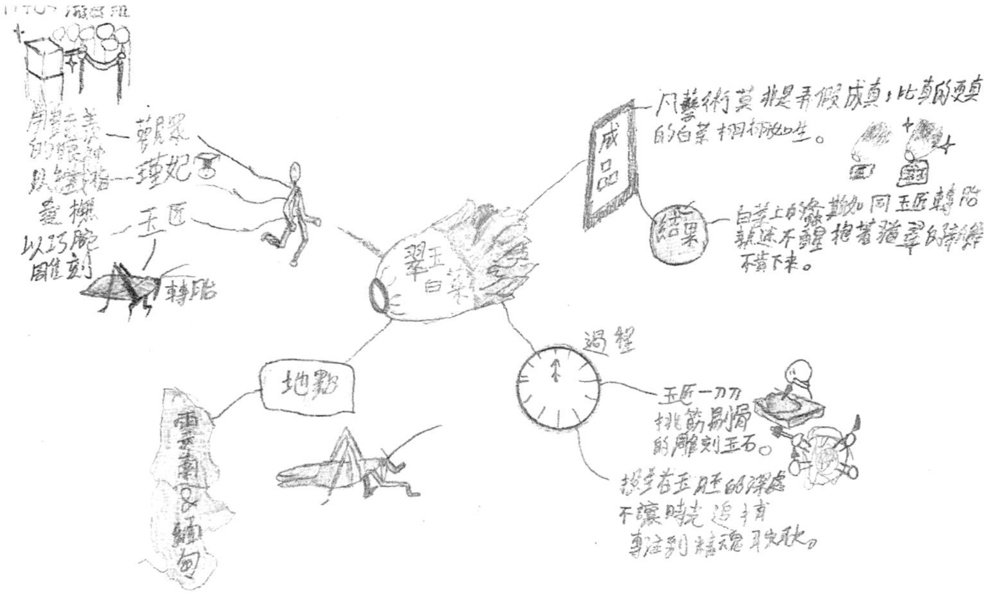


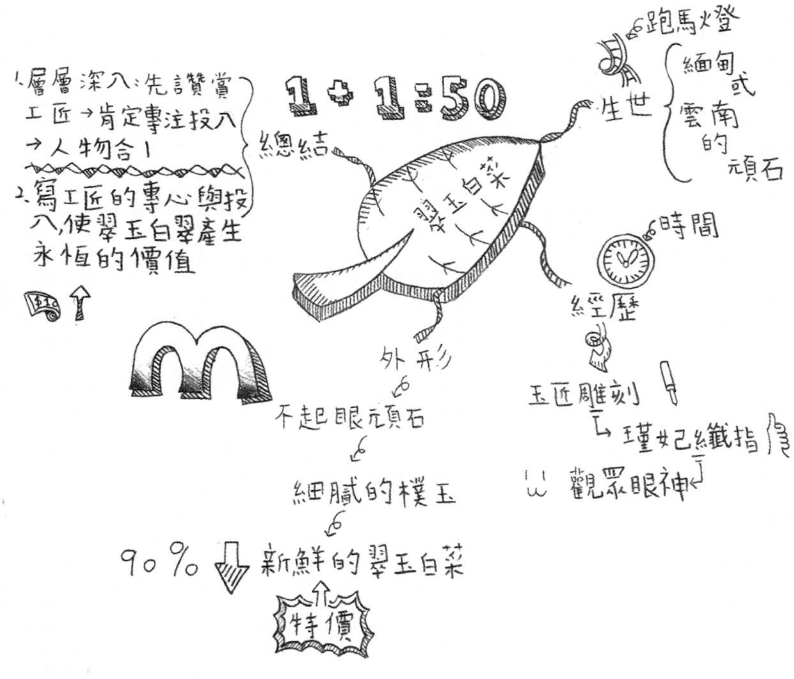


▲南一版九上第一課〈翠玉白菜〉學生繪製的心智圖。

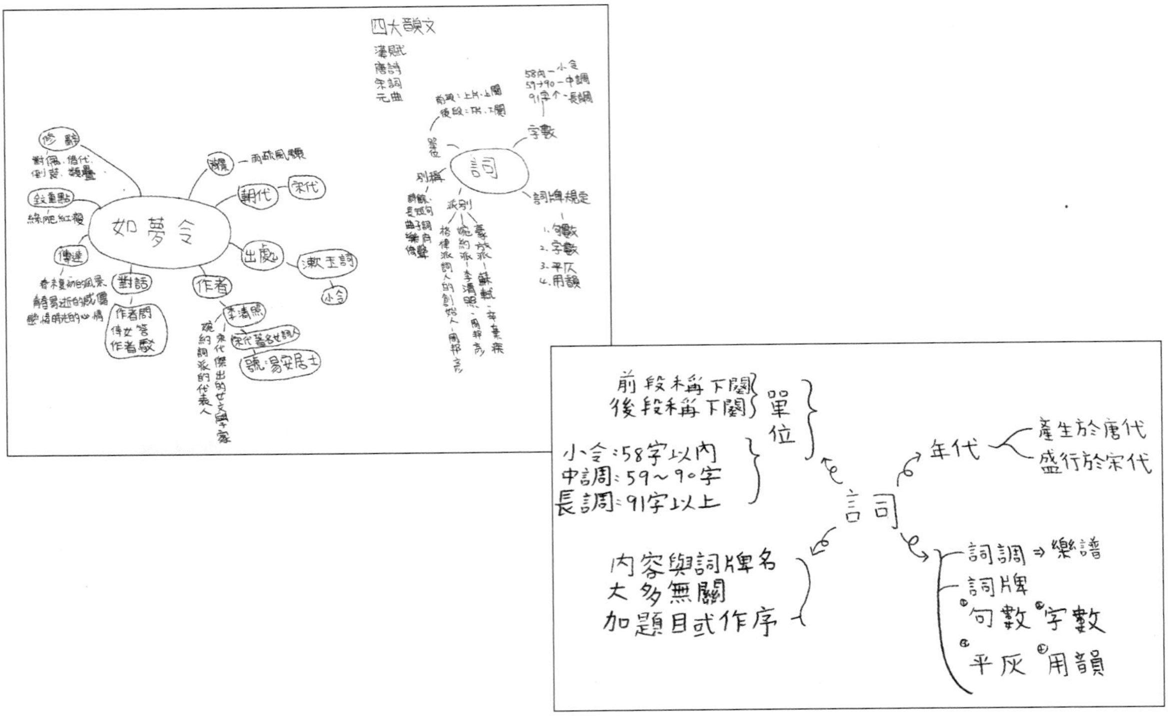


▲南一版九上第二課〈詞選〉學生繪製的心智圖。

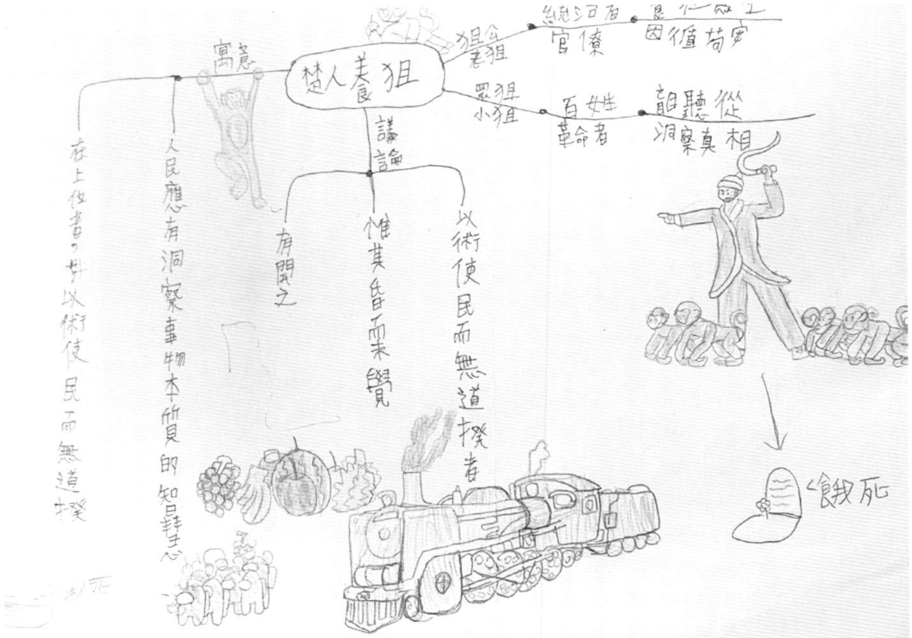


▲學生繪製的心智圖相當令我驚豔。

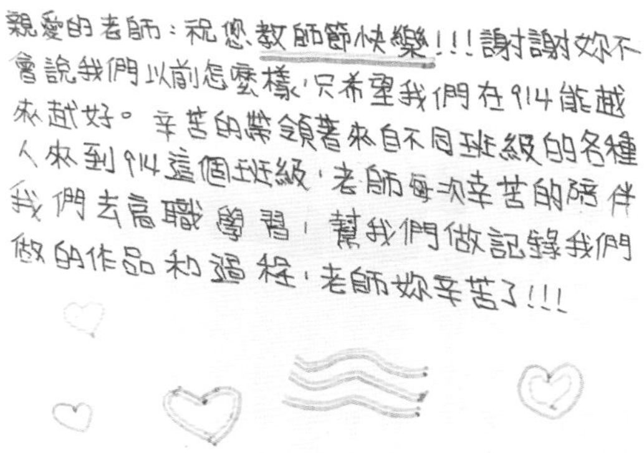
親愛的老師：祝您教師節快樂!!!謝謝妳不會說我們以前怎麼樣，只希望我們在914能越來越好。辛苦的帶領著來自不同班級的各種人來到914這個班級，老師每次辛苦的陪伴我們去高職學習，幫我們做記錄我們做的作品和過程，老師妳辛苦了!!!

▲孩子是我堅持下去的信念與力量。

根據自己的課室，以學生為學習本體，教師懂得反思及接受回饋與建議，才能持續進化，與學生一同成長。沒有一種教學法，可以完美複製在每個課堂，也沒有一種教學法，可以保證一定成功有效。完善的備課、專業的講述都是缺一不可的，找到適合自己、適合學生的，就是有效的教學方法。

透過MAPS教學法，讓文本說話，而提問教學成為路徑，使學生發現文本之美。有層次的三層次提問，有軸線的設計，課堂的脈絡才會清楚。雖然成為老師，已經歷過數十寒暑，但每堂課都是嶄新的嘗試，坦然面對每一次的不完美，這些都會成為我生命中最有意義的成長故事。《牧羊少年奇幻之旅》書中有句話說：「當你真心渴望某樣東西時，整個宇宙都會聯合起來幫助你。」在MAPS的路途上，只要開始，永遠都不會太晚。

幼蟬破土而出後，要經過一場自我抗爭，用自己柔軟的身軀從舊殼背部擠出一道縫來，才能奮力從舊殼中掙脫出來。這是一項艱鉅的任務，金蟬脫殼才會真正的蛻變羽化。天空是寧靜的美，夏天是有聲的畫，我期許自己也能激越高歌，譜出渾厚激昂的生命交響曲，縱使生命短暫，也要綻放光彩！

系列——言無盡06

# 夢的實踐3：MAPS種子教師教學現場紀實

總策劃　王政忠
作者　第三屆MAPS種子教師：鄒庭涵、簡如敏、廖敏惠、沈昱儒、鍾牧桓、管玟羽、陳權滿、胡心如、陳祥、黃暉凱、潘渝鈺、温展浩、王慧玉、蔡金錠（依篇目順序）
特約編輯　李玉霜
特約校對　林冠妏
美術設計　林恆葦—源生設計
版面編排　黃秋玲
總編輯　顏少鵬
發行人　顧瑞雲
出版者　方寸文創事業有限公司
地址　臺北市106大安區忠孝東路四段221號10樓
傳真　（02）8771-0677
客服信箱　ifangcun@gmail.com
出版訊息　方寸之間 http://ifangcun.blogspot.tw
精彩試閱　方寸文創 http://medium.com/@ifangcun
FB粉絲團　方寸之間 http://www.facebook.com/ifangcun
限量品商店　方寸文創（蝦皮） http://shopee.tw/fangcun
法律顧問　郭亮鈞律師
印務協力　蔡慧華
印刷廠　華展彩色印刷股份有限公司
總經銷　時報文化出版企業股份有限公司
地址　桃園市333龜山區萬壽路二段351號
電話　（02）2306-6842
ISBN　978-986-06907-2-9
初版一刷　2022年12月
定價　新臺幣420元



方寸文創
Printed in Taiwan

**想都是問題，做就是答案。**

國家圖書館出版品預行編目（CIP）資料
夢的實踐3：MAPS種子教師教學現場紀實｜MAPS種子教師合著｜王政忠總策劃｜初版｜臺北市：方寸文創｜2022.12
224面｜26X19公分（言無盡系列：6）｜ISBN 978-986-06907-2-9（平裝）｜
1.CST：教學法 2.系統化教學 3.文集｜521.407｜111018883

慢慢來，
比較快。

慢慢來，
比較快。